职业教育综合素养系列教材

普通话训练及应用教程

主　　编　王若霞　苗　青

副主编　张广汉　张建岭

邢小丽　邓全召

电子工业出版社·

Publishing House of Electronics Industry

北京·BEIJING

内 容 简 介

本书共 5 章，包括普通话的基础知识、普通话发音及训练、语音流变的训练、普通话水平测试和口语交际与训练。在编写体例上，采用了"理论知识"与"实践训练"相结合的方法，从基础知识入手，重在训练和应用。本书内容丰富，材料多样并紧跟时代步伐，具有基础性、趣味性、口语交际场景的针对性和较强的实践性、应用性。适合学生自主学习和训练，是大中专院校学生提高口语交际能力的良师益友。

本书可作为职业院校普通话课程教材，也可作为教师以及其他行业从业人员普通话考级辅导用书。

图书在版编目（CIP）数据

普通话训练及应用教程 / 王若霞，苗青主编. —北京：电子工业出版社，2013.4
职业教育综合素养系列教材

ISBN 978-7-121-20054-0

Ⅰ. ①普… Ⅱ. ①王… ②苗… Ⅲ. ①普通话－中等专业学校－教材 Ⅳ. ①H102

中国版本图书馆 CIP 数据核字（2013）第 061596 号

策划编辑：施玉新　syx@phei.com.cn
责任编辑：郝黎明　　文字编辑：裴　杰
印　　刷：三河市君旺印务有限公司
装　　订：三河市君旺印务有限公司
出版发行：电子工业出版社
　　　　　北京市海淀区万寿路 173 信箱　邮编　100036
开　　本：787×1 092　1/16　印张：13.25　字数：348 千字
版　　次：2013 年 4 月第 1 版
印　　次：2024 年 1 月第 13 次印刷
定　　价：27.00 元

凡所购买电子工业出版社图书有缺损问题，请向购买书店调换。若书店售缺，请与本社发行部联系，联系及邮购电话：（010）88254888，88258888。

质量投诉请发邮件至 zlts@phei.com.cn，盗版侵权举报请发邮件至 dbqq@phei.com.cn。

本书咨询联系方式：（010）88254598，syx@phei.com.cn。

前　言

....

普通话是我国的通用语言和世界上使用人口最多的语言，也是世界上影响最大的六种语言之一。推广普通话是我国语言文字工作的一个重要部分，是时代的需要，对于促进我国政治和谐、经济发展、文化繁荣，增强民族自豪感，增强中华民族凝聚力，具有深远的现实和历史意义。

为适应社会对高素质人才的迫切需求，针对大中专职业院校学生的实际情况，帮助他们在求学、求职和未来事业竞争中处于优势地位打下坚实的口语基础，我们组织多年从事普通话教学和普通话水平测试的教师编写了《普通话训练及应用教程》一书，供大中专职业院校学生作为教材使用，同时也可以作为行业普通话培训教材使用。本书与其他同类教材相比，具有如下特点：

第一，在编写体例上，我们采用了"理论知识"与"实践训练"相结合的方法，从基础知识入手，重在训练和应用。

第二，本书以国家语委颁布的《普通话水平测试实施纲要》为依据，参考了近年来国内最前沿的普通话理论研究成果，结合大中专职业院校学生的实际，将普通话基础知识、普通话测试指导、普通话训练等内容作了整体编排，从理论——训练——测试——运用四个方面呈递进状，环环相扣，有的放矢，科学实用。

第三，本书针对河南方言的特点设置训练材料，内容丰富，难易适度，理论联系实际，练习新颖。

第四，针对大中专职业院校学生职业发展的需求，设置了朗诵、演讲、求职等特定语言环境的讲解和训练。注重口语技能训练，突出应用性、实用性、针对性。

普及和推广普通话是一个重大而迫切的课题，标准而专业的教材是推广普通话最坚实的基石。我们希望这套教材能使学生在轻松愉快的学习中，快速提高自己的普通话口语表达能力，也希望这套教材能为国家的语言文字推广工作尽一份绵薄之力。

本书由王若霞、苗青担任主编，张广汉、张建领、邢小丽、邓全召任副主编，韩灿月、张继英、张亚、王晓燕、刘名臣、邵国强、孙国甫、吕汝凯、徐群、周国伟等参与编写和审校工作。由于我们学术水平及编写时间的限制，教材中难免有疏漏和不当之处，恳请大家在使用过程中批评指正，以便我们进一步修改和完善。

编　者
2013 年 2 月

目 录

V

第1章

普通话基础知识

第1节 普通话的形成、规范及推广

训练目标与要求

1. 了解普通话的定义
2. 认识推广和普及普通话的重要意义
3. 掌握学好普通话的技巧

案例分析

有个深圳人出差到河南许昌，因人生地不熟，外出办事以后竟找不到自己的住所。于是，他向路旁的一个年轻姑娘询问："小姐，吻吻（问问）你啦……"话没讲完，一个耳光"啪"地打在了脸上。他丈二和尚摸不着头脑，捂着发烫的脸颊，冲姑娘叫道："你这个小姐，怎么乱打人啊？""就打你这个流氓！""你这么金（珍）贵呀，我吻吻（问问）你都不行吗？""啪"的一声，姑娘又是一巴掌，并大声骂道："你这个臭流氓……"顿时，过往行人都围过来看热闹。其中有一位在许昌工作多年的广东人，当他弄清实情后，不由哈哈大笑。接着，他把深圳人拉到一边说："大老乡，你要好好学学普通话啦！你把'问路'的问（wèn）'说成了吻'（wěn），这位姑娘怎么能不生气呢？两巴掌白挨了。"深圳人不好意思地摸了摸脸，连连向姑娘道歉："小姐，对不起啦……"

这则故事告诉我们：说好普通话多么重要啊！

相关知识

一、普通话的形成

普通话是汉民族的共同语，是规范化的现代汉语，是全国通用的语言。它的科学定义可以这样表述：普通话是以北京语音为标准音，以北方话为基础方言，以典范的现代白话文著作作为语法规范的现代汉民族共同语。普通话的"普通"不是"普普通通"，而是"普遍"和"共通"的意思。它是我国不同方言区以及国内不同民族之间的交际用语，也是我国对外进行国际交流的标准语。

普通话是在北方方言的基础上经过政治、经济和文化的集中逐步形成的，它经历了一个长期的发展过程。从历史资料来看，汉族早在先秦时代就存在着一种共同语。在春秋时代，这种汉族共同语称为"雅言"，从汉代起称为"通语"，隋、唐、宋又称"正音"和"正语"，明清改称"官话"。到了现代，辛亥革命以后又称为"国语"。新中国成立以后，为了适应社会主义建设事业和国际交往的需要，1955 年 10 月，在中国社会科学院召开的现代汉语规范问题学术会议上正式确定现代汉民族的共同语是普通话，普通话的规范是"以北京语音为标准音，以北方话为基础方言"。1956年，国务院又增补了以"典范的现代白话文著作作为语法规范"这一内容。这样，普通话在语音、词汇和语法三个方面的规范就完整地明确起来了。

二、普通话的规范

共同语在形成的过程中，会经常不断地产生一些新的成分和新的用法。其中有些是符合语言规律的，有些则不符合，也不为社会所接受，这些现象会影响交际的正常进行。为了纯洁语言，让它更好地发挥交际工具的作用，在党和政府的领导下，国家对共同语进行了规范化工作。

（一）以北京语音为标准音——语音标准

普通话之所以以北京语音为标准音，这是因为：①自辽金以后，北京几乎一直是我国首都，是全国政治、经济、文化交流的中心，普通话语音早已随着政治、经济和文化的不断发展影响到了全国各地。②20 世纪 30 年代以后，话剧、电影、广播等采用较为纯正的北京语音，北京语音客观上已经成了普通话的语音标准。③北京语音音系简明易学。它只有 30 个音素，400个常用音节，四种声调形式，而发音方法和发音部位又都是普通的、常见的，与一些方言、少数民族语言和外来语相比，它清晰度高，容易辨析，说来易学，听来易懂。④北京语音表达力强。通畅、响亮的元音在音节组合中占优势，元音多，开口呼多，使得北京语音显得清爽、明朗、悦耳、饱满，便于吟咏和入乐；阴、阳、上、去四种声调使北京语音具有了或平、或升、或曲、或降的显著区别，显示出其高扬、婉转、舒展、晓畅、亲切的特点；而构词中双声、叠韵、叠字等手法，配合以四种声调又使其具有节奏明快、抑扬交替、顿挫有致、富有律动感的特点；特殊的"轻声"、"儿化"、"变调"等，使北京语音的表现力更加精微、细腻、丰富、生动。总之，北京语音既清越又柔和，节奏明快洒脱，韵律婉转跌宕，连读连说时，轻松灵动，活泼自然，可如行云流水、娓娓动听，亦可大气磅礴、铿锵激越。在日常交际中，如能表现出北京语音的特色和魅力，就可以使口语表达声情并茂。

（二）以北方话为基础方言——词汇标准

汉语方言复杂，我国语言学界根据全国汉民族居住地把现代汉语按语音系统粗略地划分为七大方言区，即北方方言、吴方言、赣方言、湘方言、闽方言、粤方言和客家方言。1998年出版的《中国语言地图集》把现代汉语划分为十大方言，即在原来七大方言的内部又分出了晋语、徽语和平话。在我国七大方言区中，北方话的分布区域最广、使用人口最多。它东起南京，西到新疆喀什，西南到云南的昆明，东北到黑龙江的哈尔滨，约占全国汉语地域的 3/4，使用人数占说汉语总人口的73%以上。北方话内部一致性最强，使用场合也几乎不受限制。北方话各种方言虽然存在差异，但词汇却有相当的一致性。正因为北方话词汇具有普遍性，所以使用北方话的人，哪怕一个在哈尔滨，一个在昆明，交流起来也几乎没有大的困难。而其他各种方言区，方言内部分歧很大，有的地方甚至两村之间，口音迥异，一溪之隔，不能通话，在通行区域、使用人口、使用场合等方面受到一定限制。以北方话为基础方言的普通话是唯一能跨越方言隔阂、沟通各兄弟民族之间交际的全国通用的语言。

当然，"以北方话为基础方言"是指北方话词汇是普通话词汇的基础和主要来源，但普通话的词汇中不包括北方话中的土语俚语，它比北方话更纯净；同时它又吸收了其他方言以及外语中富有生命力和表现力的词语，因而也就更为丰富。

（三）以典范的现代白话文著作为语法规范——语法标准

现代白话文是以北京方言为基础的。在典范的现代白话文著作里，由于书面语是经过作者反复推敲加工的、比较成熟的语言，具有普遍性、确定性和稳固性，不但语法有明确的规范性，词汇有广泛的通用性，而且文字简练、明白，修辞恰当，逻辑性强。

三、为什么要推广和普及普通话

推广和普及普通话是我国的一项重要基本国策。推广和普及普通话不仅是文化建设的紧迫任务，而且关系到我国人民的政治生活和经济生活，具有很强的政治意义和经济意义。从政治角度看，推广普通话可以进一步消除方言隔阂，促进人们交流，有利于民族融合和国家统一安定，增强中华民族的凝聚力，是一个现代化国家所必须完成的社会历史使命。从经济角度看，推广和普及普通话，可以减少语言交流的困难，营造良好的语言环境，促进商品流通，促进国际交流，扩大改革开放，是加速社会主义建设步伐、加快市场经济发展的基础性工程。从信息技术的发展看，普通话的普及是提高中文信息处理水平、加速科技进步的先决条件，是传声技术现代化和信息处理技术在全国范围内普及的必要前提。从精神文明建设上看，民族共同语的社会普及程度是衡量一个国家精神文明程度和民族整体素质高低的重要标志之一，热爱和正确使用普通话是继承和发扬祖国优秀文化传统，弘扬爱国主义精神，促进精神文明建设的最直接表现，是具有国家意识、法制意识、现代意识和开放意识的一种体现。从教育功能上看，推广和普及普通话有利于提高人民群众特别是广大青年的思想文化修养和文化素质，有利于培养能够与世界科技研究接轨的高科技人才。掌握和使用标准的普通话同外语和计算机操作一样，是作为一个现代中国人才必备的职业素质和通往"信息高速公路"必备的职业技能。很难想象，一个满口土话的人能够"面向现代化、面向世界、面向未来"。中共中央、国务院《关于深化教育改革，全面推进素质教育的决定》要求："重视培养学生收集信息的能力，获取新知识的能力，分析和解决问题的能力，语言表达能力以及团结协作和社会活动的能力。"实际上，语言表达以外的几种能力都是以语言应用能力为基础的。因此，推广和普及普通话，提高语言的应用能力，是素质教育的重要内容。

四、怎样学好普通话

学说普通话，要说得标准规范，这绝非一件容易的事情。从某种程度上讲，学好普通话并不亚于学好一门外语，尤其是对那些方言土语较重的人来说更是如此。那么，怎样学好普通话呢？

（1）要树立坚定信念。学习普通话，首先要敢于说普通话，要克服乡土思想障碍，强化学说普通话的意识。要根据自己的情况，为自己确定一个说普通话的"起始日"，与方言土语"绝交"。

（2）要养成习惯，自觉开口说。养成习惯，在尽可能多的场合开口说普通话是学习的关键。不要怕说错，现在的错是为了以后不错，而且即使错了，也便于教师或普通话水平比较好的同学指出你的语音错误并纠正它。如果大家都养成习惯，敢于说，自觉开口说，就会营造出一种以说普通话为荣的良好氛围。

（3）要重视语音的训练。学习普通话，提高普通话水平的重点、难点就是语音。语音训练首先要从音节入手进行正音，正音的关键就是掌握音节发音的方法和要领。汉语音节是由声母、韵母、声调构成的，训练时应将声、韵、调作为分解训练的切入口。分解训练的目的是为了更好地综合运用。同时训练要与方言辨析相结合，联系自己家乡话的实际，了解家乡话与普通话的对应关系，求同辨异，有针对性地训练。

（4）要做到六多：多读多说、多听多想、多查多比。一是多读多说。多读，就是要紧扣教材每一章节的内容及附录中的"60篇朗读作品"，跟着普通话教师或普通话录音带读，也可在教师指导下，用普通话的标准音熟读、背会一些名篇佳作。在读时，注意抓方言辨正，找对应规律。多说，就是经常开展"说"的活动。如积极参加绕口令、朗读、朗诵、演讲、讲故事、说快板、说相声、歌唱、话剧、辩论、播音、主持等语言艺术活动，特别是对普通话水平测试用30个测试话题要多说多练。二是多听多想。语音学，从某种意义上讲是口耳之学，听得多了，自然就会形成对普通话语音感知能力。听，是人们认识声音的唯一渠道，是学好语音的重要前提和基础，又是提高听辨能力的好方法。多听，就是要多听广播、电视台标准普通话的播音，多听多看讲普通话的电影、电视，多听普通话录音带、普通话教师或说讲普通话比较好的同学的发音，并多模仿，也可拿自己的录音与正确的普通话对照着听，在听中多感受多比较，想一想自己哪些字音发得对，哪些字音发得不对，是声母、韵母错了，还是声调不对。三是多查多比。在听的过程中，若发现与自己习惯上不一致的发音，要及时记录下来，通过查《新华字典》或《现代汉语词典》，校正读音。特别是对普通话水平测试常用字词的读音一定要熟悉掌握。

总之，学习普通话，要对自己的现状有一个清醒的认识，要端正态度，找准方法，养成习惯，正确模仿，持之以恒，反复实践。我们相信，通过对本教材的学习，你的普通话水平一定会再上一个新台阶。

思考与训练

一、什么是普通话？为什么普通话要以北京语音为标准音，以北方话为基础方言，以典范的现代白话文著作作为语法规范？

二、汉语有哪几大方言？

三、结合自己的亲身体会，谈谈学习普通话的必要性和有效的学习方法。

第 2 节　普通话的语音

训练目标与要求

1. 了解语音的概念、性质及发音器官
2. 明确语音的结构单位
3. 掌握《汉语拼音方案》的内容

相关知识

一、语音的性质

语音是语言交际工具的声音形式，是人的发音器官发出来的能表达一定意义的声音。语音是最直接的记录思维活动的符号体系。语言的交际功能是通过语音来实现的。语音具有三种属性。

（一）语音的社会属性

语音不同于一般声音，在社会交际中它必须代表一定的意义。语音的表意功能是一定社会赋予的，音义的结合是人们在长期的语言实践中约定俗成的。语音的社会属性是语音区别于其他声音的重要标志，是语音的本质特征。

（二）语音的物理属性

语音是一种物理现象，是物体振动的结果。物体振动周围的空气形成声波，传到耳内，刺激了听觉神经，就使人产生听到声音的感觉。语音是由人的声带或口腔器官的振动而产生的。语音的物理属性同别的声音一样，表现为音高、音强、音长、音色四个方面，也称语音四要素。

（1）音高是指声音的高低，它决定于发音体振动的快慢。如果在一定时间里振动快，次数多，频率就高，声音就高，反之则低。语音的主要发音体是声带。声带振动的频率同声带的长短、厚薄、松紧相关。一般来说，男人声带较长、较厚，所以声音较低；女人和儿童声带较短、较薄，所以声音较高；老人声带松弛，所以声音就更低些。人能够控制声带的松紧，因此，同一个人可以发出不同音高的声音来。我们听到的尖嗓音和粗嗓音就是音高的区别。音高在语言中的作用是区分声调。如 fāng（方）、fáng（防）、fǎng（纺）、fàng（放）的差别，就是音高决定的。

（2）音强是指声音的强弱，它决定于发音体振动幅度的大小。用力大，呼出气流多而强，振幅大，声音就强，反之则弱。我们日常说话声音的大小，如高声谈话，低声细语，就是音强现象。音强在语言中用来区分轻声和重音及语调的上升和下降。例如，利害 lìhài（益处与害处）—厉害 lìhai（难对付），报仇 bàochóu（采取行动来打击仇敌）—报酬 bàochou 的区别主要在于音强的不同。

（3）音长是指声音的长短，它决定于发音体振动时间持续的长短。往往气流振动声带时间长，声音就长，反之就短。普通话里不同的音长，可以表达不同的语气和情态。

（4）音色是指声音的特色，也称"音质"，它由声波颤动的形式来决定。由于物体振动的形式不同，发出的音色也不相同。物体振动的形式取决于发音体、发音方法、共鸣器的形状三个方面。一是发音体不同，例如笛子和二胡声音不同，是因为笛子发音体是笛膜，二胡的发音体是琴弦。二是发音方法不同，例如同一把小提琴，用弓拉和用手拨所发出的声音就不同，b 和 p 发音的不同是由于发音方法上送气、不送气造成的。三是发音时共鸣器形状不同，例如箫和笛子同是管乐器，但由于两者共鸣器的形状不同，表现出来的音色也不同，i、ü发音的不同，是由于发音时一个圆唇一个不圆唇使得共鸣腔的形状不同所致。普通话里各种不同的声母和韵母，都是属于音色的区别。

语音的音高、音强、音长、音色是交融在一起的，它们有规律结合的结果就可以表达各种各样复杂的意思和丰富的思想感情。

（三）语音的生理属性

语音是人类通过发音器官振动和调节产生的声音。因此，从生理上了解发音器官的构造及其活动情况，弄清每个音的发音原理，是学好语音的重要前提。人的发音器官包括以下三部分。

（1）肺和气管

肺是呼吸气流的动力站，气管是气流的通道。发音时，肺部呼出的气流，要送到喉头和声带。

（2）声带和喉头

声带是语音的发音体，喉头是声带的活动室。声带长在喉头的几块软骨中间，是两片富有弹性的肌肉薄膜。声带中间的空隙叫声门。发音时，气流冲出声门，声带就颤动发音。

（3）口腔和鼻腔

口腔和鼻腔是发音的共鸣器。不同的声音都是气流在口腔和鼻腔受到节制形成不同共鸣的结果。口腔部位很多，其中最灵活的部位是舌头。鼻腔与口腔之间由上腭相隔。软腭上升贴住咽壁，让气流冲出口腔，可发口音；软腭下垂堵住口腔通道，让气流从鼻腔冲出，可发鼻音；若软腭不动，让气流同时从口腔和鼻腔冲出，可发口鼻音，也叫鼻化音，或叫半鼻音。

学习普通话语音，必须熟悉发音器官的各个部位及其功能。

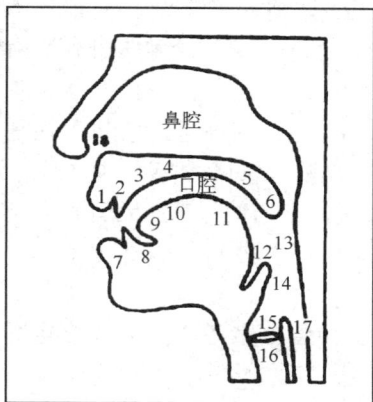

发音器官示意图

1.上唇	2.上齿	3.齿龈	4.硬腭
5.软腭	6.小舌	7.下唇	8.下齿
9.舌尖	10.舌面	11.舌根	12.咽
13.咽壁	14.会厌	15.声带	16.气管
17.食管			

二、语音的基本概念

普通话语音系统主要包括声母、韵母、声调、音节，以及变调、轻声、儿化、语调等。下面就对语音的构成成分作一简述。

（一）音节、音素

音节、音素、元音、辅音是普通语言学的概念。

1. 音节是语音的自然单位，是说话和听话时听觉上能够自然感觉到的最小语音片段。音节是由音素构成的，一般来说，一个汉字就是一个音节。例如"学习普通话"就是 5 个音节，只有儿化音用两个汉字代表一个音节，如"事儿"、"本儿"等。学习普通话必须读准每一个字音，而要读准每个字音就得掌握正确的发音方法。

2. 音素是从音节中分析出来的最小的语音单位。一个音节可以是一个音素，也可以由几个音素组成。如"学习普通话"（xué、xí、pǔ、tōng、huà）这 5 个音节包括 13 个音素。再如"电"（diàn）可以分析出"d、i、a、n"4 个不同的音素。一个音节最多由 4 个音素构成，每一个音素具有不同的音色。普通话共有 32 个音素。

音素按照不同的发音特点，又可分为元音和辅音两大类。

（1）元音的主要特征是：气流通过口腔不受阻碍，气流较弱，声带颤动，声音较响亮。普通话独自充当韵母的元音共有 10 个，有舌面元音：a、o、e、ê、i、u、ü；舌尖元音：-i（前）、-i（后）；卷舌元音：er。

（2）辅音的主要特征（与元音比较）是：气流通过口腔受到一定阻碍或阻塞，气流较强，一般声带不颤动，声音不够响亮。只有少数几个辅音（m、n、l、r、ng）颤动声带比较响亮。

普通话共有 22 个辅音：b、p、m、f、d、t、n、l、g、k、h、ng、j、q、x、zh、ch、sh、r、z、c、s。

（二）声母、韵母、声调

声母、韵母、声调是汉字字音结构的概念。

声母是一个音节开头的辅音，是汉字字音结构的起始部分。例如在"大"（dà）这个音节里，辅音"d"就是它的声母。普通话共有 21 个辅音声母，22 个辅音。辅音 ng 不能作声母，只能作韵尾，辅音 n 既可作声母又能作韵尾，因此，我们说 22 个声母（除零声母外）由辅音充当，但辅音不等于声母。

韵母是一个音节中声母后边的部分。例如在"公"（gōng）这个音节里，"ong"就是它的韵母。对零声母音节来说，全部音节是由韵母组成的，例如"欧"（ōu）、"英"（yīng）等。韵母主要由元音来充当，所有的元音都可以作韵母，但不能说所有的韵母都由元音来充当。因为有的韵母是由元音带辅音构成的，如"gān"（甘）、"gēng"（耕）、"guān"（关）中的"an"、"eng"、"uan"。

声调是指音节高低升降、曲直长短的变化形式。声调贯穿整个字音，是字音结构不可缺少的部分。

三、《汉语拼音方案》简介

1958 年 2 月 11 日，第一届全国人民代表大会第五次会议审议批准并正式公布了《汉语拼音方案》。汉语拼音方案是一套拼写以北京语音为标准音的普通话的拼音字母和拼音方式，它是中华人民共和国法定的拼音方案，是世界文献工作中拼写有关中国的专门名词和词语的国际标准。汉语拼音方案的主要用途是给汉字注音和帮助教学普通话。此方案包括五部分内容：字母表，声母表，韵母表，声调符号，隔音符号。

（一）字母表

字母表列出了 26 个拉丁字母作为汉语拼音字母，规定了字母的顺序、名称、体式。

（1）字母顺序　汉语拼音方案字母表采用国际通用的拉丁字母排列顺序，即 a、b、c、d、e、f、g、h、i、j、k、l、m、n、o、p、q、r、s、t、u、v、w、x、y、z。掌握了这个排列顺序对使用工具书和编制索引、资料卡片、名单等都很有用处。

（2）名称和体式　字母名称规定字母名称是为了称说字母的方便，我们称为"字母名称音"。每个字母代表的音值称为"本音"。汉语拼音字母名称的本音都是汉语语音中所有的。

（二）声母表

声母表列出了 21 个辅音声母，它的顺序是按照辅音的发音部位和发音方法排列的。

（三）韵母表

韵母表共列有 39 个韵母，表格内列出 35 个，表格外附注还有 4 个韵母：e、er、-i（前）、-i（后）。韵母表附注部分还规定了拼写规则，这些规则要认真掌握。

（四）声调符号

声调采用符号标调法，便于学习；轻声不标调。

（五）隔音符号

a，o，e 开头的音节连接在其他音节后面的时候，如果音节的界限发生混淆，用隔音符号

"'"隔开，例如"pí'ǎo"（皮袄）。

字母表、声母表、韵母表见《新华字典》。

思考与训练

一、什么是语音，语音具有哪些属性？

二、发音器官分哪三部分，各有什么功能？

三、语音由哪些成分构成？请举例说明。

四、熟悉汉语拼音方案，按顺序默写字母表、声母表、韵母表。

五、诵读下面最常用的100个音节，初步了解自己学习普通话的重点和难点。

的 de	一 yī	是 shì	在 zài	不 bù	了 le
有 yǒu	和 hé	人 rén	这 zhè	中 zhōng	大 dà
为 wèi	上 shàng	个 gè	国 guó	我 wǒ	以 yǐ
要 yào	他 tā	时 shí	来 lái	用 yòng	们 men
生 shēng	到 dào	作 zuò	地 dì	于 yú	出 chū
就 jiù	分 fēn	对 duì	成 chéng	会 huì	主 zhǔ
发 fā	年 nián	动 dòng	同 tóng	工 gōng	也 yě
能 néng	下 xià	过 guò	子 zǐ	说 shuō	产 chǎn
种 zhǒng	面 miàn	而 ér	方 fāng	后 hòu	多 duō
定 dìng	行 xíng	可 kě	学 xué	法 fǎ	所 suǒ
民 mín	得 dé	经 jīng	十 shí	三 sān	之 zhī
进 jìn	着 zhe	等 děng	部 bù	度 dù	家 jiā
电 diàn	力 lì	里 lǐ	如 rú	水 shuǐ	化 huà
高 gāo	自 zì	二 èr	理 lǐ	起 qǐ	小 xiǎo
物 wù	现 xiàn	实 shí	加 jiā	量 liàng	都 dōu
两 liǎng	体 tǐ	机 jī	当 dāng	使 shǐ	点 diǎn
从 cóng	业 yè	本 běn	去 qù		

第 2 章

普通话发音及训练

第 1 节　普通话的声母发音及辨正训练

训练目标与要求

1. 了解声母的构成与作用
2. 明确声母的分类
3. 掌握普通话声母的正确发音
4. 学会辨正方言声母

相关知识

一、声母的分类

声母是一个音节开头的部分。普通话有22个声母，除零声母外，有21个辅音声母，即 b、p、m、f、d、t、n、l、g、k、h、j、q、x、zh、ch、sh、r、z、c、s。

普通话里 21 个辅音声母按发音部位的不同可以分为唇音、舌尖音、舌面音三大类，细分为七个部位：双唇音（b、p、m），唇齿音（f），舌尖前音也叫平舌音（z、c、s），舌尖中音（d、t、n、l），舌尖后音也叫翘舌音（zh、ch、sh、r），舌面音（j、q、x），舌面后音也叫舌根音（g、k、h）。

按发音方法，即根据构成阻碍和克服阻碍的方式不同，21 个辅音声母又可以分为五大类：塞音（b、p、d、t、g、k），擦音（f、h、x、sh、r、s），塞擦音（j、q、zh、ch、z、c），鼻音（m、n），边音（l）。按照声带是否颤动，又可以分为清音和浊音；按气流强弱，还可以分为送气音和不送气音。

21 个辅音声母发音部位发音方法分类总表

发声方法　　声母　　　发音部位		塞音		塞擦音		擦音		鼻音	边音
		清音		清音					
		不送气音	送气音	不送气音	送气音	清音	浊音	浊音	浊音
唇音	双唇音　　上唇 下唇	b	p					m	
	唇齿音　　上唇 下唇					f			
舌尖前音（平舌音）	舌尖 上齿背			z	c	s			
舌尖中音	舌尖上 齿龈	d	t					n	l
舌尖后音（翘舌音）	舌尖 硬腭前			zh	ch	sh	r		
舌面音（舌尖前音）	舌面前 硬腭			j	q	x			
舌根音（舌面后音）	舌尖软腭	g	k			h		(ng)	

注：（1）塞音：发音时先阻塞气流，使气流迸发而出。
　　（2）塞擦音：发音时先阻塞气流，然后留一细缝使气流摩擦而出。
　　（3）擦音：发音时气流从受阻部位的缝隙中摩擦而出。
　　（4）鼻音：发音时阻塞口腔通道，使气流由鼻腔通过。
　　（5）边音：发音时气流从舌尖两边送出。
　　（6）清音、浊音：发音时声带不颤动的为清音，声带颤动的为浊音。
　　（7）送气、不送气：发音时有显著气流冲出的为送气音，送出气流不显著的为不送气音。

二、声母的发音

1．双唇音（b、p、m）

b（双唇、不送气、清、塞音）
双唇紧闭，阻塞气流，然后突然打开，气流迸发而出，冲出的气流比较微弱。例如：
背包　壁报　奔波　冰雹　报表　褒贬
p（双唇、送气、清、塞音）
发音时，双唇的活动与 b 大致相同，差别只在双唇打开时有一股较强的气流冲出。例如：
批评　乒乓　偏旁　琵琶　排炮　澎湃
m（双唇、浊、鼻音）
双唇紧闭，阻塞气流；软腭下垂，打开鼻腔的通道；声带颤动，口腔、鼻腔产生共鸣。
例如：

面貌　美满　买卖　埋没　盲目　弥漫

2. 唇齿音（f）

f（唇齿、清、擦音）

下唇和上齿轻轻接触，软腭上升，堵塞鼻腔的通道，使气流从下唇和上齿之间摩擦而出，声带不颤动。例如：

反复　仿佛　发奋　方法　丰富　芬芳

3. 舌尖中音（d、t、n、l）

d（舌尖中、不送气、清、塞音）

舌尖抵住上齿龈，软腭上升，然后舌尖突然离开上齿龈，气流迸发出来，气流很微弱，声带不颤动。例如：

调动　达到　地点　电灯　断定　抖动

t（舌尖中、送气、清、塞音）

舌尖活动与d大致相同，差别只在舌尖离开上齿龈时有一股较强的气流冲出。例如：

谈天　探讨　团体　吞吐　跳台　贪图

n（舌尖中、浊、鼻音）

舌尖抵住上齿龈，阻塞气流，软腭下垂，使气流从鼻腔流出，声带颤动。例如：

恼怒　农奴　牛奶　能耐　泥泞　南宁

l（舌尖中、浊、边音）

舌尖抵住上齿龈，但并不把气流通路完全堵死；软腭上升，堵塞鼻腔通道，气流从舌两边出来，声带颤动。例如：

劳力　罗列　理论　流利　磊落　嘹亮

4. 舌根音（g、k、h）

g（舌根、不送气、清、塞音）

舌根上抬抵住软腭，阻塞气流；软腭上升；然后舌根突然离开软腭，气流迸发出来，气流较弱，声带不颤动。例如：

骨干　桂冠　故宫　国歌　改革　巩固

k（舌根、送气、清、塞音）

舌根活动与g大致相同，差别只在舌根离开软腭时有一股较强的气流冲出。例如：

刻苦　坎坷　宽阔　空旷　可靠　慷慨

h（舌根、清、擦音）

舌根和软腭轻轻接触，软腭上升，气流从舌根和软腭之间摩擦而出，声带不颤动。例如：

航海　黄河　荷花　洪湖　欢呼　辉煌

5. 舌面音（j、q、x）

j（舌面、不送气、清、塞擦音）

舌面前部上抬，抵住硬腭前端，阻塞气流，软腭上升；然后舌面前部慢慢离开硬腭前端，让气流出来，形成先塞后擦的塞擦音，声带不颤动。例如：

佳节 简洁 积极 经济 交际 究竟

q（舌面、送气、清、塞擦音）

舌面活动与 j 大致相同，差别只在舌面前部离开硬腭前端时有一股较强的气流冲出。
例如：

亲切 亲戚 确切 氢气 崎岖 群情

x（舌面、清、擦音）

舌面前部和硬腭轻轻接触，软腭上升，气流从舌面前部和硬腭前端之间摩擦而出，声带
不颤动。例如：

虚心 下旬 现象 相信 细小 学习

6．舌尖后音（zh、ch、sh、r）

zh（舌尖后、不送气、清、塞擦音）

舌尖翘起接触硬腭前端，阻塞气流，软腭上升，然后舌尖慢慢离开硬腭前端，让气流出
来，形成先塞后擦的塞擦音，声带不颤动。例如：

站长 主张 正直 庄重 壮志 转折

ch（舌尖后、送气、清、塞擦音）

舌尖活动与 zh 大致相同，差别只在舌尖离开硬腭前端时有一股较强的气流冲出来。
例如：

车床 出产 长城 驰骋 船厂 春潮

sh（舌尖后、清、擦音）

舌尖翘起和硬腭前端轻轻接触，软腭上升，气流从舌尖和硬腭前端之间摩擦而出，声带
不颤动。例如：

赏识 闪烁 事实 手术 生疏 舒适

r（舌尖后、浊、擦音）

发音状况与 sh 大致相同，差别只在于发 sh 时声带不颤动，发 r 时声带颤动。例如：

仍然 柔软 荣辱 忍让 如若 闰日

7．舌尖前音（z、c、s）

z（舌尖前、不送气、清、塞擦音）

舌尖抵住上齿背，阻塞气流，软腭上升，然后舌尖慢慢离开上齿背，使气流出来，形成
先塞后擦的塞擦音，声带不颤动。例如：

自尊 总则 走卒 藏族 造作 罪责

c（舌尖前、送气、清、塞擦音）

发音状况与 z 大致相同，差别只在舌尖离开上齿背时有一股较强的气流冲出来。例如：

层次 参差 催促 粗糙 猜测 苍翠

s（舌尖前、清、擦音）

舌尖和上齿背轻轻接触，软腭上升，气流从舌尖和上齿背之间摩擦而出，声带不颤动。
例如：

思索 松散 琐碎 诉讼 洒扫 色素

8．零声母

除了上面 21 个辅音声母外，普通话里还有一个零声母。普通话里大部分音节都以辅音声母开头，还有一些音节不以辅音开头，例如"安"（ān）、"恩"（ēn）、"欧"（ōu）等。这种以元音开头的音节叫做"零声母"音节。"烟"（yān）、"弯"（wān）等也是零声母音节，它们开头的"y"（呀）和"w"（哇）不是辅音，而是起隔音作用的字母。

三、声母的发音辨正

（一）方言发音错误常见类型（以河南省部分地区为例）

1．送气音和不送气音相混

把不送气音读为送气音，是河南三门峡地区，尤其是灵宝市容易出现的现象。具体来说，主要有以下两种情况：

（1）将 b[p]发成 p[p']，如将"被子"（bèizi）读作"pìzi"。

（2）将 d[t]发成 t[t']，如将"肚子"（dùzi）读作"tùzi"。

2．f 和 h 相混

河南省信阳市的潢川、息县、固始等县，周口市的商水县，驻马店市的确山、正阳等县，开封市的杞县等地，发音时容易把 f 与 h 相混，例如把"反对"（fǎnduì）读成"（huǎnduì）"，"斧头"（fǔtou）读成"虎头"（hǔtou）；而信阳市的狮河区、平桥区、光山、罗山、新县，南阳市桐柏、驻马店的正阳等地则读 h 为 f，例如，"开花"（kāihuā）"读作"开发"（kāifā），"荒山"（huāng shān）读成"方山"（fāng shān）。

3．n 和 l 相混

河南省信阳市的狮河区、平桥区、罗山、光山、新县和南阳市桐柏等地，当 n 与合口呼韵母相拼时，读为 l，与其他韵母相拼时则 n、l 混读，如"男女"（nánnǚ）读为"褴褛（lánlǚ）"、"努力（nǔlì）"读为"鲁力（lǔlì）"。

潢川、固始、商城等地则容易读 l 为 n，如"蓝色"（lánsè）读为"难色（nánsè）"，"流连（liúlián）"读为"牛年"（niúnián）。

4．舌尖前后音相混

河南省大部分地区存在着舌尖前后音不分的情况。舌尖前后音在发音方法上存在着对应性，如 z 和 zh，c 和 ch，s 和 sh，r 和[z]。

信阳、新乡、洛阳、开封、驻马店、周口等地的一些县市，不存在舌尖后音，把 zh、ch、sh、r 读为 z、c、s、[z]，例如将"支持"（zhīchí）读作"资词"（zīcí），将"时日"（shírì）读作"sí[z]ì"。

5．舌尖后音 zh、ch、sh 与舌面音 j、q、x 相混

河南省濮阳市毗邻山东省的一些县如清丰、南乐、台前，新乡市的长垣，安阳市的滑县、

内黄和开封市的兰考等县市在发音时将舌尖后音 zh、ch、sh 发成舌面音 j、q、x，如将"猪"（zhū）发成"居"（jū）、"吃"（chī）发成"期"（qī）、"十"（shí）发成"席"（xí）。

6．舌面音 j、q、x 发成舌尖前音 z、c、s

在一些方言中，容易将舌面音 j、q、x 发得靠前，使舌尖与牙齿发生摩擦，形成尖音。如河南省濮阳市的大部分县和新乡市的长垣县、周口市的部分县市在发音时习惯上将舌面音 j、q、x 发成舌尖前音 z、c、s，如将"尖"（jiān）发成"ziān"，"前"（qián）发成"cián"，将"选"（xuǎn）发成"suǎn"。

7．舌尖后音 sh 发成唇齿音 f

在河南省的商丘、焦作、驻马店等市的部分县市，舌尖后音往往被发成唇齿音 f，如将"水"（shuǐ）发成"匪"（fěi）、将"说"（shuō）发成"fō"或"fê"。

8．舌根音 k、h 发成舌面音 q、x

河南省周口市的商水等县，发音时将"客"（kè）发成"切"（qie）、"黑"（hēi）发成"歇"（xie）。

9．舌面音 x 发成舌根音 h

河南省三门峡市的灵宝市将"下"（xià）发成"hà"。

（二）声母发音错误的纠正

前面我们列举了方言声母发音错误常见的九种类型，其中舌尖前后音相混、f 和 h 相混、n 和 l 相混及尖音倾向较为常见，带有普遍性，这里我们着重阐明四种错误的改正及练习方法。

1．舌尖前后音相混的辨正

对于河南省大部分方言区的人来说，存在舌尖前后音相混的情况其主要原因，不是根本就不会发舌尖后音或舌尖前音，而是分不清哪个音节的声母读舌尖前音或舌尖后音。在这里，我们介绍几种分辨舌尖前后音的方法。

（1）声旁类推法

由于汉字中绝大多数属于形声字，根据形声字形旁表义、声旁表音的特点，一般来说，如果一个字的声母是舌尖前音或舌尖后音，那么以这个字作声旁的字也读舌尖前音或舌尖后音。

例如，"中"（zhōng）的声母是舌尖后音，以"中"作声旁的"种、钟、肿、忠、衷、仲、舯"等字的声母也是舌尖后音；

"曾"（zēng 或 céng）的声母是舌尖前音，以"曾"作声旁的"蹭、噌、层（層）、赠、增、憎、缯、甑、罾、僧"等字的声母也是舌尖前音。

（2）利用声韵配合规律记忆

普通话音节中，舌尖前后音声母与韵母有一定的拼合规律：韵母 ua、uai、uang 只与舌尖后音声母相拼而不与舌尖前音声母相拼，韵母 ong 只与舌尖前音的 s 相拼而不与舌尖后音的 sh 相拼。运用这一拼合规律，我们也可以记忆部分字音。

（3）记忆舌尖前音声母的字

普通话一、二级常用字中，以舌尖前音作声母的字（200多个）只是以舌尖后音作声母的字（500多个）的数量的二分之一。因此，在练习过程中，我们只要记住以舌尖前音作声母的字就可以了。

读读看

读准双音节词语：

Zh——z	渣滓	沼泽	转载	著作	准则
	制造	职责	种族	振作	知足
Z——zh	载重	赞助	杂志	增长	尊重
	佐证	族长	自治	宗旨	奏折
Ch——c	差错	车次	纯粹	揣测	陈词
	炒菜	船舱	春蚕	冲刺	储存
Sh——s	上司	膳宿	哨所	胜诉	绳索
	时速	输送	守岁	世俗	神算
S——sh	桑树	扫射	松鼠	算术	私塾
	损伤	唆使	宿舍	素食	搜身

对比辨音：

山势——三世	主力——阻力	善心——散心
树苗——素描	初步——粗布	世界——四届
说写——缩写	诗人——私人	收集——搜集
舒适——苏轼	使者——死者	熟人——俗人
纯货——存货	师长——司长	找到——早稻
超重——操纵	支援——资源	商业——桑叶
打闪——打伞	技术——寄宿	铁狮——铁丝
上树——上诉	香椿——乡村	推迟——推辞
鱼翅——鱼刺	木柴——木材	形式——形似

朗读诗歌：

春　望

杜甫

国破山河在，城春草木深。
感时花溅泪，恨别鸟惊心。
烽火连三月，家书抵万金。
白头搔更短，浑欲不胜簪。

行　路　难

李白

金樽清酒斗十千，玉盘珍馐值万钱。
停杯投箸不能食，拔剑四顾心茫然。
欲渡黄河冰塞川，将登太行雪满山。

闲来垂钓碧溪上，忽复乘舟梦日边。

行路难，行路难！多歧路，今安在？

长风破浪会有时，直挂云帆济沧海。

绕口令练习：

①紫瓷盘，盛鱼翅。一盘熟鱼翅，一盘生鱼翅。迟小池拿了一把瓷汤匙，要吃清蒸美鱼翅。一口鱼翅刚到嘴，鱼翅刺进齿缝里，疼得小池拍腿挠牙齿。

②四是四，十是十，十四是十四，四十是四十，十四不是时事，四十不是事实。谁说十四是时事，轻者造成误会，重者耽误大事。

2. f 和 h 相混的辨正

f 与 h 都是清擦音，f 是唇齿清擦音，发音时下唇和上齿轻轻接触，软腭上升，堵塞鼻腔通道，使气流从下唇和上齿之间摩擦而出，声带不颤动。h 是舌根清擦音，舌根和软腭轻轻接触，软腭上升，堵塞鼻腔通道使气流从舌根和软腭之间摩擦而出，声带不颤动。

从以上发音原理中我们可以清楚地看到二者之间的区别在阻碍的部位上，f 是上齿和下唇的阻碍，h 是舌根和软腭的阻碍。f 与 h 不分的地区，必须弄清楚哪些字的声母是 f，哪些字的声母是 h，和舌尖前后音声母一样，我们可以利用形声字声旁类推法和声韵配合规律帮助记忆。

（1）声旁类推法

同声旁字的声母与声旁本身的声母一般是一致的，记住了声旁字的声母，就可以类推出同声旁一系列字的声母。例如："方"的声母是 f，以"方"为声旁的"放、房、防、纺、芳、访、仿、坊、妨、肪、邡、枋、舫"等字的声母都是 f；"化"的声母是 h，以"化"为声旁的"花、华、哗、骅、桦、铧"等字的声母都是 h。利用这一规律，可以记住几乎所有的形声字。

（2）利用普通话中的声韵配合规律记忆

普通话中 f 不跟 ai 相拼，在相关方言区中念"fai"的，普通话中大多念"huai"，如"坏、怀、槐"等。

读读看

读准双音节词语：

f——h	发挥	防护	饭盒	繁华	绯红
	风寒	丰厚	凤凰	烽火	复活
	发货	分化	附会	废话	放火
h——f	耗费	何妨	横幅	混纺	划分
	恢复	洪福	花粉	盒饭	护法
	化肥	荒废	黄蜂	虎符	会费

对比辨音：

放荡——晃荡　　复句——沪剧　　幅度——弧度

发布——花布　　复学——互学　　反击——缓急

废气——晦气　　福利——狐狸　　西服——西湖

饭票——换票　　犯忌——换季　　分房——昏黄

朗读诗歌：

春　雪
韩愈

新年都未有芳华，二月初惊见草芽。

白雪却嫌春色晚，故穿庭树作飞花。

村　居
高鼎

草长莺飞二月天，拂堤杨柳醉春烟。

儿童散学归来早，忙趁东风放纸鸢。

绕口令练习：

会糊粉红荷花，来糊粉红荷花。不会糊粉红荷花，不要胡糊乱糊，糊坏了粉红荷花。

粉红墙上画凤凰，红凤凰，粉凤凰，粉红凤凰黄凤凰。

认读汉字：

形声字偏旁类推，如：

弗——佛　拂　沸　费

方——芳　防　妨　房

胡——湖　蝴　瑚　煳

回——蛔　茴　迴　徊

3．n和l相混的辨正

n和l主要是发音方法的区别。n是鼻音，发音时气流从鼻腔通过；l是边音，发音时气流从舌尖两边通过。应先做听辨音练习，从听觉上区别n声母音节和l声母音节，然后做单词对比训练。

读读看

读准单音节词语：

n：拿——拿劲的拿　　女——女士的女　　南——南京的南

　　闹——闹市的闹　　能——能够的能　　你——你们的你

　　年——过年的年　　鸟——鸟枪的鸟　　牛——奶牛的牛

　　宁——宁静的宁　　嫩——嫩白的嫩　　蝻——蝻子的蝻

l：拉——拉车的拉　　来——起来的来　　烂——破烂的烂

　　牢——牢房的牢　　龙——恐龙的龙　　力——吃力的力

　　脸——洗脸的脸　　刘——刘邦的刘　　乱——战乱的乱

　　掠——掠夺的掠　　谅——原谅的谅　　雷——雷雨的雷

读准双音节词语：

n——l	奶酪	年龄	暖流	女篮	能量
	鸟类	奴隶	尼龙	农历	年老
	脑力	南岭	内陆	嫩绿	年轮
	那里	能力	纳凉	凝练	浓烈

l——n　烂泥　　落难　　辽宁　　老娘　　雷鸟
　　　　老衲　　拉牛　　冷暖　　李宁　　靓女
　　　　历年　　龙脑　　林农　　老年　　路南

对比辨音：

褴褛——男女　　留连——流年　　隆亘——浓重
旅客——女客　　无赖——无奈　　留恋——留念
铃木——凝目　　老人——恼人　　茑萝——袅娜

朗读诗歌：

绝　句

杜甫

两个黄鹂鸣翠柳，一行白鹭上青天。

窗含西岭千旦雪，门泊东吴万里船。

问刘十九

白居易

绿蚁新醅酒，红泥小火炉。

晚来天欲雪，能饮一杯无？

横　塘

范成大

南浦春来绿一川，石桥朱塔两依然。

年年送客横塘路，细雨垂杨系画船。

绕口令练习：

（1）老农戏老龙，老龙气老农。老农恼怒闹老龙，老龙恼怒闹老农。老农恼，老龙怒，农恼龙怒农更怒，农怒龙恼龙怕农。

（2）男旅客穿着蓝上衣，女旅客穿着呢大衣。男旅客扶着拎篮子的老大娘，女旅客揽着拿笼子的小男孩。

（3）念一念，练一练，n、l的发音要分辨。l是边音软腭升，n是鼻音舌靠前。你来练，我来念，不怕累，不怕难，齐努力，攻难关。

4. 分清舌尖前音 z、c、s 与舌面音 j、q、x

在普通话中，齐齿呼（ia、ie、iou）和撮口呼（u、ue、uan、un、iong）只跟舌面音声母 j、c、x 相拼，不与舌尖音声母 z、c、s、d、t、n、l、zh、ch、sh、r 相拼。但在一些方言中，却存在齐齿呼、撮口呼与平舌音柜拼的现象，形成"尖音"。此外，在安徽合肥及其周边地区方言中，将普通话中舌面音声母 j、q、x 与 i 相拼的一部分字读成了近似 z、c、s 声母。如"鸡、齐、西、地、梯"等。总之，这种情况较为复杂，在学习普通话中必须注意纠正过来。舌尖前音 z、c、s 和舌面音 j、q、x 在发音方法上构成和消除阻碍的方式是一样的，同属清塞擦音或清擦音。两组声母主要区别在于发音部位不同：舌尖前音是舌尖抵住或靠近上齿背：舌面音是舌面前部抵住或靠近硬腭前部。

读读看

读准词语：

新鲜	想象	情绪	齐全	湘绣
清静	消息	聚集	俊俏	秋千
新兴	清洁	序曲	鲜血	选举
简讯	嘉奖	决绝	兴趣	间接

朗读诗歌：

同儿辈赋未开海棠

元好问

枝间新绿一重重，小蕾深藏数点红。

爱惜芳心莫轻吐，且教桃李闹春风。

念奴娇 过洞庭

张孝祥

洞庭青草，近中秋，更无一点风色。玉鉴琼田三万顷，著我扁舟一叶。素月分辉，明河共影，表里俱澄澈。悠然心会，妙处难与君说。

应念岭表经年，孤光自照，肝胆皆冰雪。短发萧骚襟袖冷，稳泛波浪空阔。尽挹西江，细斟北斗，万象为宾客。扣舷独啸，不知今夕何夕。

绕口令练习：

七巷一个漆匠，西巷一个锡匠。七巷漆匠偷了西巷锡匠的锡，西巷锡匠拿了七巷漆匠的漆。七巷漆匠气西巷锡匠拿了漆，西巷锡匠讥七巷漆匠偷了锡。请问漆匠和锡匠，谁拿了谁的锡，谁偷了谁的漆。

思考与训练

一、练习普通话的 21 个声母的读音。反复吟诵下面的声母诗。

采桑

春日起每早，采桑惊啼鸟。

风过扑鼻香，花开落，知多少。

二、普通话声母的发音部位有几处？发音方法有几种？

三、根据下面提供的发音部位和发音方法，在括号内填上相应的声母。

1. 舌尖中不送气清塞音——（   ）

2. 舌尖中浊边音——（   ）

3. 舌根送气清塞音——（   ）

4. 舌面清擦音——（   ）

5. 舌尖后不送气清塞擦音——（   ）

6. 舌尖后浊擦音——（   ）

7. 舌尖前送气清塞擦音——（　　　）

8. 舌面不送气清塞擦音——（　　　）

四、按声母发音部位将下列汉字分类。

遮、凉、回、放、几、兰、将、虚、扶、找、年、逢、自、捏、昏

最、朱、乱、渣、龙、罚、精、正、欢、晃、难、火、留、翻、农

五、给下列各组字注声母。

水牛—水流　　脑子—老子　　仿佛—恍惚

诗人—私人　　主力—阻力　　针线—金钱

日常—异常　　软和—暖和　　如今—于今

木柴—木材　　长度—强度　　呢绒—尼龙

南宁—兰陵　　斧头—虎头　　连年—留念

反胃—反悔　　资本—基本　　智力—自立

出入—出路　　老黄—老王　　湖底—无比

政治—真挚　　师范—稀饭　　出气—粗气

乳汁—卤汁　　坏人—外人　　返回—挽回

六、给下列两首诗的每个字注声母。

1. 东风破早梅，向暖一枝开。

    冰雪无人见，春从天上来。

2. 子夜久难明，喜报东方亮。

    此日笙歌颂太平，众口齐欢唱。

第 2 节　普通话的韵母发音及辨正训练

训练目标与要求

1. 了解韵母的构成与作用

2. 明确韵母的分类

3. 掌握普通话韵母的正确发音

4. 学会辨正方言声母

一、韵母的分类

普通话共有 39 个韵母。韵母，就是汉语音节中声母后面的部分，由元音和元音或元音和鼻辅音构成。它可以从两个不同角度进行分类：

根据韵母开头元音的发音口形，把韵母分为"四呼"。

1. 开口呼：凡韵母不是 i、u、ü，或不以 i、u、ü 开头的韵母；

2. 齐齿呼：韵母是 i 和以 i 为韵头的韵母；

3. 合口呼：韵母是 u 和以 u 为韵头的韵母；

4．撮口呼：韵母是 ü 和以 ü 为韵头的韵母。

根据韵母内部结构成分的不同，把韵母分为单韵母、复韵母、鼻韵母三类。

普通话韵母分类表

韵母（按结构分 ＼ 按口形分）		开口呼	齐齿呼		合口呼	撮口呼
单韵母		-i（前） -i（后）	i		u	ü
		a	后响复韵母	ia	ua	
		o			uo	
		e				
		ê		ie		üe
		er				
复韵母	前响复韵母	ai	中响复韵母		uai	
		ei			uei	
		ao		iao		
		ou		iou		
鼻韵母	前鼻	an		ian	uan	üan
		en		in	uen	ün
	后鼻	ang		iang	uang	
		eng		ing	ueng	
					ong	iong

二、韵母的发音

单韵母、复韵母、鼻韵母的发音状况不完全相同，下面分别讲述。

1．单韵母

（1）定义：单韵母，是指由一个元音音素构成的韵母，又叫单元音韵母。普通话有 10 个元音，都可以充当单韵母。其中 a、o、e、ê、i、u、ü 是舌面元音，-i[ɿ]、-i[ʅ]是舌尖元音，er 是卷舌元音。

（2）特征：在发音过程中，唇形不变，舌位不变。这是单元音区别于复元音的主要特征。

（3）发音方法：单韵母的不同音色是由三方面造成的：一是舌位的前后；二是舌位的高低，与开口度的大小成反比；三是唇形的圆展。

（4）词组练习：

a—— 妈妈　打发　大厦　砝码　哈达　沙发
　　　喇叭　蛤蟆　拉杂　挞伐
o—— 伯伯　婆婆　默默　薄膜　磨破　磨墨
e—— 客车　隔阂　合格　色泽　割舍　特色
　　　折射　舍得　哥哥

i——	集体	利益	习题	笔记	地理	礼仪
	激励	积极	奇迹	希冀		
u——	瀑布	图书	服务	鼓舞	住宿	输入
	姑苏	互助	出路	陆路		
ü——	区域	雨具	女婿	旅居	豫剧	序曲
	伛偻	须臾	语句	絮语		
-i（前）——	字词	自私	四次	孜孜	子思	
	子嗣	刺字	恣肆	此次		
-i（后）——	支持	指示	致使	实质	制止	
	史诗	日蚀	值日	知识	执事	
er——	儿童	耳朵	二胡	而且	洱海	
	鱼饵	偶尔	逶迤	尔后	耳目	

2. 复韵母

（1）定义：复韵母就是由两个或两个以上的元音构成的韵母，又叫复元音韵母。普通话有 13 个复韵母。

（2）特征：发音时由一个元音到另一个元音的舌位、唇形是逐渐变动的，气息自然连贯，其中元音受前后音素的影响，实际音值与单元音不同，发音时不要拘泥于单元音的舌位、唇形。

（3）构成：我们以 uai 为例，简单介绍一下复元音的构成。

u 的发音只是起到过渡作用，时值较短，我们称之为**韵头**；a 的发音最为响亮、饱满，时值较长，我们称之为**韵腹**；i 的发音只是起到收口型作用，时值较短，我们称之为**韵尾**。

（4）分类：就 ai 和 ua 而言，前者没有韵头，后者没有韵尾，但都有韵腹。例如 ai 一类的韵母第一个要素就是韵腹，发音最为响亮，被界定为前响复韵母。共有四个：ai ei ao ou。如 ua 一类的韵母最后一个要素才是韵腹，发音最为响亮，被界定为后响复韵母。共有五个：ia ie ua uo üe。如 uai 一类的韵母中间一个要素是韵腹，发音最为响亮，被界定为中响复韵母。共有四个：iao iou uai uei。其中，uei 在与 d、t、z、c、s 相拼时，被一部分方言省去韵头 u，发成 dei、tei、zei、cei、sei，需要特别注意纠正。

（5）词组练习：

ai——	白菜	海带	买卖	灾害	晒台
	爱戴	彩排	外债	海派	摆开
ei——	蓓蕾	黑煤	北美	配备	肥美
ao——	草帽	跑道	高潮	报告	号召
	操劳	抛锚	毛桃	牢靠	骚扰
ou——	欧洲	喉头	收购	抖擞	口授
	守候	兜售	绸缪	漏斗	露头
ia——	假牙	下家	加压	恰恰	下嫁
ie——	结业	贴切	姐姐	铁鞋	谢谢
ua——	娃娃	花袜	挂画	抓花	耍滑

uo——	啰唆	骆驼	火锅	错落	过错
	阔绰	懦弱	蹉跎	硕果	脱落
ue——	雪月	约略	雀跃	月缺	绝学
iao——	巧妙	叫嚣	娇小	逍遥	吊销
	笑料	萧条	飘摇	苗条	秒表
iou——	牛油	幽囚	求救	酒友	优秀
	绣球	悠久	秋游	琉球	优游
uai——	外踝	乖乖	摔坏	怀揣	外快
uei——	水位	崔巍	尾随	摧毁	鬼祟
	汇兑	荟萃	翠微	回味	归队

3．鼻韵母

（1）定义：鼻韵母是指由元音和鼻辅音韵尾构成的韵母，又叫鼻音尾韵母。普通话有16个鼻韵母。

（2）特征：鼻辅音决定了这类韵母具有一定的鼻音色彩。

（3）构成：普通话的鼻辅音韵尾有两个，即舌尖中浊鼻音 n 与舌根浊鼻音 ng。带鼻音韵尾 n 的韵母简称前鼻音，有 an、en、in、ün、ian、uan、uen、üan 共 8 个。带鼻音韵尾 ng 的韵母简称后鼻音，有 ang、eng、ing、ong、iang、uang、ueng、iong 共 8 个。

前鼻音韵母的发音方法：前鼻韵尾 n 与声母 n 发音部位相同，即舌尖抵满上齿龈，区别在于声母 n 要除阻，韵尾 n 不除阻。即把气流由口腔挤向鼻腔的过程，鼻音无须延长，点到即可。

后鼻音韵母的发音方法：后鼻韵尾 ng 与声母 g、k、h 发音部位相同，即舌根抵住软腭，区别在于 ng 是浊鼻音，发音时软腭下垂，气流振动声带从鼻腔通过，没有除阻过程。

（4）词组练习：

an——	安然	汗衫	漫谈	勘探	灿烂
	参赞	阑干	难看	橄榄	谈判
en——	根本	认真	深沉	门诊	振奋
	人参	分神	审慎	愤恨	愤懑
in——	林荫	拼音	殷勤	濒临	信心
	近邻	金银	贫民	新亲	仅仅
un——	军训	芸芸	均匀	循循	逡巡
ian——	简练	变迁	惦念	眼帘	鲜艳
	连绵	天线	先前	见面	蹁跹
uan——	贯穿	宦官	婉转	软锻	换算
	转弯	万端	传唤	专款	
uen——	温顺	春笋	馄饨	昆仑	混沌
	滚轮	困顿	伦敦	谆谆	蠢蠢
uan——	全权	圆圈	渊源	源泉	玄远
	拳拳	轩辕	涓涓		
ang——	苍茫	长廊	行当	帮忙	螳螂

eng ——	风筝	丰盛	整风	吭声	逞能
	更正	蒙城	升腾	征程	
ing ——	宁静	评定	命令	明星	倾听
	姓名	清醒	刑警	性情	零丁
ong ——	葱茏	工农	轰动	公共	松动
	洪钟	从容	隆重		
iang ——	响亮	两样	强项	踉跄	江洋
	向阳	想象	泱泱		
uang ——	状况	狂妄	双簧	矿床	往往
ueng ——	嗡嗡	蓊郁	瓦瓮	老翁	蕹菜
iong ——	汹涌	穷凶	熊熊	炯炯	茕茕

三、韵母的辨正

（一）辨正卷舌韵母 er

卷舌韵母的发音存在的部题是：有的方言区几乎发成了舌尖后音，有的方言区发此音时舌头又卷不起来。也就是说，在没有翘舌音或平翘舌音混淆的方言区此音发的也不正确。比如，发"阿""袄"、"爱"、"蛾"时有的会加上声母"l"等，纠正这一错误，要树立卷舌意识。在语流中有卷舌发音，使语言听起来圆润流畅，富有美感。而且卷舌韵母使语言表达显得轻松亲切，给人以良好印象。该卷舌的卷不起来，语音听起来很生硬，不该卷舌的卷起舌头，又显得滑稽可笑。因此，卷舌音要发音准确、恰当。

1. 掌握正确的发音方法

卷舌韵母 er 的发音，与声母中的翘舌音相似，但又有不同。

相同：两者的舌位相同。

相异：发翘舌音时，舌尖与硬腭前部有接触；发卷舌音 er 时，开口度略大，舌尖不接触上腭，而且发音自始至终口型与舌位不变。

因此，对于这个音的纠正，要与翘舌音的纠正同步。要解决这个问题，必须经常练习，增强舌部肌肉的灵活性。

2. 认读字词

卷舌韵母字较少，常用的只有儿、尔、迩、耳、饵、贰、而、二等。因此，可以将这些字熟读，以改变平时的发音习惯。

因为字少，组成的词也很有限。将常用词熟读，既是掌握正确的发音方法，也可以作为练习舌部肌肉灵活性的一种方式。

而且	然而	而今	而后	儿子
女儿	儿童	儿歌	健儿	幼儿
耳机	耳朵	耳环	耳光	二胡
第二	二心	十二	初二	尔后
偶尔	尔曹	莞尔	儿化	婴儿

3．绕口令

（1）一是一，二是二，十二二十二二十二，谁能一口气，数二千二百二十二亿二千二百二十二万二千二百二十二点二二二二二二。

（2）儿子不是蛾子，耳朵不是袄朵，老二不是老爱，偶尔不是偶阿。说好儿耳二尔，舌头要向两边分开。再说儿耳二尔，舌头不要松开。连说儿耳二尔，音要自然出来。儿耳二尔，尔二耳儿。

（3）安二哥家一群鹅，二哥放鹅爱唱歌，鹅有二哥不挨饿，二哥喜爱大白鹅，大鹅小鹅二百多，伸脖张望找二哥。

（二）辨正前后鼻音

在普通话语音系统中，前后鼻韵母大多是成对的。

1．掌握发音方法

对镜自练：前鼻音发音部位靠前，舌根压低，舌位向前运动，舌面较宽展；后鼻音发音部位靠后，软腭抬高，舌根隆起，舌尖向后收缩，类似打哈欠。

后字引衬：在前鼻韵母字的后面，加一个用 d、t、n、l 作声母的音节，两字连读。因为发音部位都是舌尖与上齿龈，后字可引衬前字的前鼻韵母归音准确。例如：

温暖　心得　看哪　安娜　村头

在后鼻韵母字的后面，加一个用g、k、h 作声母的音节，两字连读。因发音部位都是舌根，后字可引衬前字的后鼻韵母归音准确。例如：

唱歌　疯狂　灯火　捧个场　送过信

2．读准词语

词组对比练习：

an——ang
安放　繁忙　肝脏　南方　反抗
赞赏　弹唱　返航　蚕桑　毡房

ang——an
傍晚　畅谈　方案　钢板　唐山
当然　航班　房产　账单　长衫

en——eng
本能　人称　神圣　文风　真正
人证　真诚　奔腾　深更　人生

eng——en
冷门　承认　政审　等人　诚恳
城镇　省份　征尘　缝纫　胜任

in——ing
民警　聘请　银杏　心灵　新兴
引擎　阴影　金星　品名　尽情

ing——in

灵敏 挺进 迎新 影印 领巾

倾心 平民 清贫 经心 定音

词语对比练习：

反问——访问	开饭——开放	心烦——心房
铲子——厂子	清真——清蒸	伸张——声张
瓜分——刮风	终身——钟声	禁地——境地
临时——零食	民生——名声	信服——幸福
勋章——胸章	运费——用费	亲近——清静

3. 朗读诗歌

题西林壁

苏轼

横看成岭侧成峰，远近高低各不同。

不识庐山真面目，只缘身在此山中。

定风波

苏轼

莫听穿林打叶声，何妨吟啸且徐行。竹杖芒鞋轻胜马，谁怕？一蓑烟雨任平生。

料峭春风吹酒醒，微冷，山头斜照却相迎。回首向来萧瑟处，归去，也无风雨也无晴。

4. 绕口令

东洞庭，西洞庭，洞庭山上一根藤，藤上挂个大铜铃，风起藤动铜铃响，风停藤定铜铃静。

三月三，小三去登山。上山又下山，下山又上山。登了三次山，跑了三里三。出了一身汗，湿了三件衫。小三山上大声喊："离天只有三尺三！"

老程捧着一个盆，路过老陈干活的棚。老程的盆碰了老陈的棚，老陈的棚碰了老程的盆，棚倒盆碎棚压盆。老程要赔老陈的棚，老陈要赔老程的盆。老程帮着老陈修棚，老陈陪着老程买盆。

（三）辨正 en 和鼻化 ei、un 和鼻化 ui、ue 和 uo

普通话中，这组语音问题，在淮河以北很多地区方言中存在。因其发音部位差别较小，纠正起来难度很大。因此，对这组音的纠正，要有耐心和细心。

1. 掌握发音方法

en 和 un 的正确发音方法是：舌头居于口腔中部，舌尖微微上翘，舌面中央往下凹；而鼻化 ei 和 ui 在发音时，舌尖压在下齿背，舌面中央往上略微凸起。整个舌面形状和正确的发音正好相反。因此，对于这组音的纠正，主要是注意舌位。

避免把 ue 发成 uo，则要注意舌头的运动方向。发 ue 时，舌尖抵住或靠近下齿背，保持这一位置不变；发 uo 时，舌尖有一个明显往上翘的变化过程。因此，纠正这组音，只要保证舌位不变即可。也可以用前字引衬法找到正确的发音舌位。如因为 i、u、ue 舌位相同，可以 i-u-ue 连读的方

27

法找准舌位，然后反复连读，使正确的发音方法固定，之后再加上声母，练习读字或词。

2．读准词语

en——un　沉沦　衬裙　匀称　分寸　闷棍
　　　　　珍闻　人伦　忍俊　认准　神魂

un——en　文本　蠢笨　昏沉　顺臣　春分
　　　　　存根　纯真　军人　屯垦　浑身

ue——　　决绝　绝学　略略　雀跃　乐阕

3．朗读诗歌

送元二使安西

王维

渭城朝雨浥轻尘，客舍青青柳色新。

劝君更尽一杯酒，西出阳关无故人。

水调歌头　登甘露寺多景楼望淮有感

程珌

天地本无际，南北竟谁分。楼前多景，中原一恨杳难论。却似长江万里，忽有孤山两点，点破水晶盆。分借鞭霆力，驱去附昆仑。望淮阴，兵冶处，俨然存。看来天意，止欠士雅与刘琨。在拊当时顽石，唤醒隆中一老，细与酌芳尊。孟夏正须雨，一洗北尘昏。

（四）辨正 o 和 e，注意复元音 ai、ei、ao、ou、uo 的发音

有些方言中把韵母 o 发成 e。两者的发音情况大体相同，区别在于 o 发音时唇形是圆的，e 发音时唇形不圆。此外，要注意普通话韵母 o 只跟 b、p、m、f 相拼，而韵母 e 不与 b、p、m、f 相拼（"么"字除外）。

把复元音 ai、ei、ao、ou、uo 发成单元音，主要是由于懒惰心理造成，形成习惯后，发音部位肌肉僵化，纠正起来有一定难度。因此，改变这种情况，一是要端正思想，发音时注意口型和舌位的变化；二是要勤做口腔操，让发音部位肌肉灵活有力。

思考与训练

一、按四呼顺序背诵并默写韵母表。

二、写出下列相应的单韵母。

舌面、前、高、圆唇元音——

舌尖、后、高、不圆唇元音——

舌面、前、半低、不圆唇元音——

舌面后、半高、圆唇元音——

舌面前、高、不圆唇元音——

三、朗读练习。

1. 单韵母

沙漠 shāmò	拔河 báhé	发育 fāyù	波折 bōzhé
默许 mòxǔ	河马 hémǎ	彻底 chèdǐ	特殊 tèshū
抵达 dǐdá	气魄 qìpò	抚摩 fǔmó	读者 dúzhě
赤子 chìzǐ	磁石 císhí	师资 shīzī	试纸 shìzhǐ
丝竹 sīzhú	值日 zhírì	咫尺 zhǐchǐ	致辞 zhìcí

2. 复韵母

白费 báifèi	百草 bǎicǎo	悲哀 bēi'āi	肥皂 féizào
茅台 máotái	堡垒 bǎolěi	购买 gòumǎi	守备 shǒubèi
雅座 yǎzuò	佳话 jiāhuà	下月 xiàyuè	接洽 jiēqià
结果 jiéguǒ	节约 jiéyuē	瓦解 wǎjiě	花朵 huāduǒ
国家 guójiā	唾液 tuòyè	活跃 huóyuè	血压 xuèyā
郊游 jiāoyóu	表率 biǎoshuài	幼苗 yòumiáo	流水 liúshuǐ
怀表 huáibiǎo	摔跤 shuāijiāo	翠鸟 cuìniǎo	垂柳 chuíliǔ

3. 鼻韵母

甘甜 gāntián	版本 bǎnběn	矿藏 kuàngcáng	装订 zhuāngdìng
完满 wánmǎn	缓慢 huǎnmàn	方向 fāngxiàng	刚劲 gāngjìn
分担 fēndān	根源 gēnyuán	光荣 guāngróng	声望 shēngwàng
困难 kùnnan	温泉 wēnquán	云南 yúnnán	匀称 yúnchèn
典范 diǎnfàn	坚韧 jiānrèn	空旷 kōngkuàng	征用 zhēngyòng
元旦 yuándàn	选民 xuǎnmín	景况 jǐngkuàng	英雄 yīngxióng
频繁 pínfán	谨慎 jǐnshèn	香肠 xiāngcháng	象征 xiàngzhēng

4. 韵母辨正

栽培 zāipéi	白玫 báiméi	佩带 pèidài	内海 nèihǎi
快慰 kuàiwèi	衰退 shuāituì	嘴乖 zuǐguāi	鬼怪 guǐguài
报酬 bàochou	保守 bǎoshǒu	柔道 róudào	投考 tóukǎo
要求 yāoqiú	表舅 biǎojiù	油条 yóutiáo	邮票 yóupiào
摆手 bǎishǒu	把手 bǎshǒu	小麦 xiǎomài	小妹 xiǎomèi
分派 fēnpài	分配 fēnpèi	卖力 màilì	魅力 mèilì
被子 bèizi	稗子 bàizi	眉头 méitóu	埋头 máitóu
安培 ānpéi	安排 ānpái	霞光 xiáguāng	买光 mǎiguāng
未来 wèilái	外来 wàilái	鬼子 guǐzi	拐子 guǎizi
稻子 dàozi	豆子 dòuzi	考试 kǎoshì	口试 kǒushì
病后 bìnghòu	病号 bìnghào	勾结 gōujié	高洁 gāojié
消息 xiāoxī	休息 xiūxī	铁桥 tiěqiáo	铁球 tiěqiú
求救 qiújiù	求教 qiújiào	游动 yóudòng	摇动 yáodòng

四、读准下列各字韵母的音，并按四呼归类。

歌、到、丢、翁、黄、穷、坎、黑、狗、堂、去、花、威、宪、圈、群、略、歪、温、亮、间、坡、调、裂、鸡、车、国、恰、怕、根、横、禁、灵、苦、代、软。

五、给下列词语注韵母。

科学　　火车　　飞机　　龙凤
刻苦　　墙脚　　联络　　介绍
沉默　　光荣　　组合　　森林
满足　　钢笔　　跃进　　道德
松柏　　山脉　　医药　　钥匙
风雷　　简略　　宿舍　　热烈

六、朗读下列绕口令。

1. 高高山上一根藤，青青藤条挂铜铃。风吹藤动铜铃动，风停藤停铜铃停。

2. 上放只盆，盆里有个瓶，砰、砰、砰，不知是瓶碰盆，还是盆碰瓶。

3. 扁担长，板凳宽，扁担没有板凳宽，板凳没有扁担长，扁担绑在板凳上，板凳不让扁担绑在板凳上，扁担偏要绑在板凳上。

第3节　普通话的声调发音及辨正训练

训练目标与要求

1. 了解声调的含义
2. 明确声调的调值、调类、调号的定义
3. 掌握普通话声调的发音要领及训练方法

一、声调及其特征

声调是音节的高低升降变化。在汉语里，一个音节基本上就是一个汉字，所以声调也叫字调。声调是汉语音节里不可缺少的重要组成部分，具有区别意义的重要作用。例如，"买"（mǎi）和"卖"（mài）、"同志"（tóng zhì）和"通知"（tōng zhī）、"语言"（yǔ yán）和"预演"（yùyǎn）等，这些词语声母和韵母相同，声调不同，词的意义就不一样。

声调主要是音高变化的现象，同时也表现在音长的变化上。音高决定于发音体在一定时间内颤动次数的多少。同一个人的不同音高变化是由控制声带的松紧决定的。发音时，声带越紧，在一定时间内颤动的次数越多，声音越高，反之声音越低。

二、声调的调值、调类和调号

（一）调值

调值指声调高低、升降、曲折、长短的实际发音。调值高低、升降、曲直的不同是由声带的松紧造成的。

调值的标记通常采用赵元任先生创制的"五度标记法"。五度标记法就是用五度标记调值的相对音高的一种方法。先用一条竖线表示"音高"，分为四等份，共有五个点。从下面最低点开始共分为五度，即"低"、"半低"、"中"、"半高"、"高"，分别用 1、2、3、4、5 表示。根据这种标调法，普通话声调的四种调值可以用下图表示出来。

五度标记法

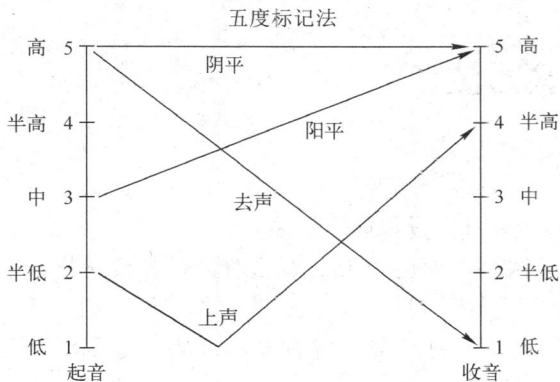

上图中，标记的竖线本身只是个尺度，竖线左边表示调值的高低、升降、曲折。从左到右的横线、斜线、曲线，表示调值的起止点，显示声调调值的基本形状（调形）。

普通话声调调值的特点是：（1）调形区分明显，四种调值表现为一平、二升、三曲、四降。（2）调值高扬成分多。阴平是高平调，阳平是高升调，去声的起点高，上声虽然基本特征是低调，但在单字调的后半段也表现为上扬，止点在 4 度。

（二）调类

调类是指声调的种类，就是把调值相同的字归纳在一起而建立的类。普通话有四种基本的调值，因而有四个调类。阴平声、阳平声、上（注意：念 shǎɳ 不念 shànɡ）声、去声是普通话调类的名称。调类名称也可以用序数表示，称一声、二声、三声、四声，简称为"四声"。

如果把普通话四种声调分开来说明，可以列成下表。

调类（四声）	调值	例字	调型	调号	发音特点
1. 阴平	55	妈 mā	高平	ˉ	起音高高一路平
2. 阳平	35	麻 má	中升	´	由中到高往上升
3. 上声	214	马 mǎ	降升	ˇ	先降后升曲折起
4. 去声	51	骂 mà	全降	`	高起猛降到底层

（三）调号

调号就是标记普通话调类的符号。汉语拼音方案所规定的调号是：阴平"ˉ"、阳平"´"、上声"ˇ"、去声"`"，调号要标在韵母的主要元音（韵腹）上。汉语六个主要元音中，发音最响亮的是 a，依次下去是 o、e、i、u、ü。一个音节有 a，调号就标在 a 上，如 dào；没有 a，就标在 o 或 e 上，如 chōu、méi。碰到 iu、ui 组成音节，就标在最后一个元音上。例如："xiù"（秀），"tuī"（推）。调号如标在 i 上，那么 i 上面的一点就省去，例如"yī"（衣）、"xīn"（新）。下面的顺口溜可以帮助我们记住标调的方法：

a母出现莫放过，没有a母找o、e；

i、u并列标在后，i上标调把点抹；

单个韵母头上画，这样标调不会错。

轻声音节不标调，例如"zhuōzi"（桌子），"wǎnshang"（晚上），"好吗"的"吗"（ma）。

三、声调的发音方法

（一）声调的发音要领

普通话四个声调的发音要领可以作如下描述：

（1）阴平声——高平调型，调值为55。发音时声带绷到最紧，始终没有明显变化，由5度到5度，保持声音高而平。如"阴、阳、上、去"中"阴"的声调。

（2）阳平声——中升调型，调值35。发音时声带从不松不紧开始，逐渐绷紧，到最紧为止；声音由中音3度升到高音5度，声音上扬要像弦乐（如提琴）上的滑音，逐渐自然上扬，不能像钢琴的按键跃进。如"编、排、有、序"中"排"的声调。

（3）上声——降升调型，调值214。发声时声带从略微有些紧张开始，立刻松弛下来，稍稍延长，然后迅速绷紧，但没绷到最紧，即声音先由半低音2度降到低音1度，低音阶段稍延长，然后迅速升高到半高音4度，整个调子呈先降后升的曲折形。发音过程中，声音主要表现在低音阶段1～2度，成为上声的基本特征。四种声调相比，上声全调音长最长。如"高、扬、转、降"中"转"的声调。

（4）去声——全降调型，调值51。发音时声带从紧开始，到完全松弛为止，即声音由高音5度快速降到低音1度。声音要一气贯通、直线行走，短粗有力，坚实厚重。四种声调相比，去声全调音长最短。如"非、常 、好、记"中"记"的声调。

（二）声调的训练方法

（1）调值比较训练法。在反复练读中比较普通话四声调值的平、升、曲、降的特点，掌握普通话的正确调值区域，并找出自己学习普通话声调存在的主要问题。

（2）听调辨音训练法。请人读出某个汉字声调的调值特点，显示出四个声调的音高变化，看自己能否听辨出高而平、中度上扬、降升、全降的不同。若具备了初步听辨能力，就能通过听收音机、录音带、看电视等有声途径高效率地自学普通话。

（3）手势助读训练法。声调发音时，运用手势表示声调的平、升、曲、降，把握音高的变化，形象地读准声调。

（4）看调发音训练法。看着四声调号（ˉ ˊ ˇ ˋ），依据调号的音高变化读准声调。

（5）记住四声的发音口诀。

阴平起音高平莫低昂，气势平均不紧张。

阳平从中起音向上扬，用气弱起逐渐强。

上声先降转上挑，降时气稳扬时强。

去声高起直下降，降时到底要通畅。

（6）遵循声调训练五步骤。①知：明确各种声调的音高变化特点。同时要明确各种声调的音高是相对的，声调的高低升降变化是滑动的，不是跳动的。②听：听辨调类并跟读。③读：自己练读声调。④变：掌握变调规律。⑤记：记住常用汉字声调。

四、方言声调辨正训练

说普通话要注意读准音节的声调。如果声调不准确、不到位，就难免带有方言语调，听起来不自然。学习普通话出现的方言语调、洋腔洋调、怪腔怪调，都与没有掌握普通话声调有直接关系。

河南方言声调的调类与普通话基本相同，即分别都有普通话的阴平、阳平、上声、去声四个调类，但河南方言调值与普通话调值却有较大差异，也就是高低升降形式不同，这成为河南人学习普通话的难点。因此，要辨正声调，首先必须把普通话四个声调的调值练习纯熟，既要清楚地念出平、升、曲、降的区别，又要掌握好高低升降的程度。其次，一定要明确河南方言声调与普通话声调的区别和对应关系，要以普通话声调的调值为标准，改正自身存在的不符合普通话规范的调值。

下面是河南某些地市的方言声调与普通话的声调调值比较表，可供我们学习普通话声调时参考。

地 区	调 类 例 字 调 值	阴平 妈、风 55	阳平 麻、调 35	上声 马、雨 214	去声 骂、顺 51	入声 抹、踢
河南话	郑州、开封、许昌、商丘、南阳、周口、平顶山	24	42	55	31	
	信阳	24	53	45	312	
	洛阳、三门峡	44	42	54	312	
	新乡、安阳	44	42	45	213	3

把河南方言声调的调值改成普通话声调的调值时，应注意以下几点。

（1）阴平调：读普通话阴平调55时，河南人通常的毛病是音高不够高，把阴平55调读成44调，还有不少人错读成中升调值24。克服这个毛病，就要控制自己的声带，使声带绷紧一点，保持调值高；调值错读成24调的，要使调值由升变平。

（2）阳平调：河南人读阳平调的通病是，把阳平的中升调型35调错发成降调42调。河南人要发准阳平调，首先必须起音高低适度，即由3度开始，其次是必须尾音上扬，一直上扬到5度为止，使调值由降变升。

（3）上声调：在读上声时，常犯的毛病是降升不够明显。大部分地区在读上声时，起音偏高，又降不下来，升不上去，把上声（214）这个降升调，读成了一个较高的平而略升的调子，像阴平。要克服这个毛病，必须记住上声本调是个曲折调的特点（先降然后再扬起），使调值由平变曲。

（4）去声调：河南人读去声调时共同的毛病是起音不够高，降得不够低。要克服这个毛病，应注意去声调开头的调值高度，从高音5度起直线降到1度为止。降下来时不要收音太快。有些地市（如信阳、洛阳、三门峡方言）把去声的基本调型（51度）发成了降升调。纠正这个毛病的关键是要记住去声的发音要领。

另外，黄河以北安阳、新乡、焦作、鹤壁四地区还保留了古入声字。入声字读音短促，有喉塞音韵尾，发音时，韵母开口度不够，音长变短。因此，这些地区的人学习普通话时，除了要掌握上面讲的应注意的问题外，还要特别注意入声字的读法。首先将入声的调值拉长，然后读准尾音，同时将调类按古入声在普通话中的归属，分别归入普通话四声。声调读得准确，就会有效地克服语调中出现的"方言味儿"、"洋味儿"。

思考与训练

1. 什么是调值、调类？二者的关系如何？试举例说明。
2. 反复练习《附录 A：容易读错的字词训练表》。

第3章

语音流变的训练

第1节 音节的综合训练

训练目标与要求

1. 了解普通话音节的结构特点
2. 明确普通话声韵的拼合规律及音节的拼读方法

相关知识

音节是语音的自然单位。普通话里有 400 多个基本音节，如果把不同声调的音节都算上，就有 1200 多个。学习普通话，不仅要练准声母、韵母和声调的发音，还要了解音节的结构，掌握音节拼合规律，反复练习音节的拼读，达到熟练准确。

一、音节的结构

普通话的音节，包含声、韵、调三种要素。韵母包括韵头、韵腹、韵尾三部分。韵头有三种：i、u、ü；韵尾有五种：i、u、o、n、ng；10 个单元音都可以作韵腹。汉语的音节最多包括四个音素，最少有一个音素。每个音节都有韵腹和声调。

普通话音节结构表

结构 例字	声母	韵母			声调
		韵头	韵腹	韵尾	
学	x	ü	ê		阳平
好	h		a	o	上声
语			ü		上声
音			i	n	阴平
口	k		o	u	上声
会	h	u	e	i	去声

续表

结构 / 例字	声母	韵母			声调
		韵头	韵腹	韵尾	
讲	j	i	a	ng	上声
四	s		-i（前）		去声
十	sh		-i（后）		阳平
除	ch		u		阳平
二			er		去声

二、音节的拼合

（一）声韵配合

普通话里，声母跟韵母的配合是有一定规律的。

普通话声韵配合简表

韵母 / 声母	开口呼	齐齿呼	合口呼	撮口呼
b p m	有	有	u	无
f	有	无	u	无
d t	有	有	有	无
n l	有	有	有	有
g k h	有	无	有	无
j q x	无	有	无	有
zh ch sh r	有	无	有	无
z c s	有	无	有	无

从声韵配合表中可以看出：j，q，x 声母只跟齐齿呼、撮口呼的韵母相拼，不跟开口呼、合口呼的韵母相拼；g，k，h，zh，ch，sh，r，z，c，s 等，只跟开口呼、合口呼韵母相拼，不跟齐齿呼、撮口呼韵母相拼；能跟四呼韵母都拼的，只有n，l两个声母。

普通话声韵配合的主要规律可以概括为：

j系声母无开合，

g，zh，z系无齐撮；

b系，d，t无撮口，

四呼齐全仅n，l。

了解这一点，有助于掌握普通话的音节和拼合规律。

（二）拼音

拼音就是按照普通话音节的结构规律，把声母和韵母（带声调）快速连读拼合成一个音节。拼音一般用两拼法，带介音的韵母可采用两拼法，也可采用三拼法或声介合母拼音法。

两拼法：

j——iān——→jiān（尖）

t——uán——→tuán（团）

x——ǖǎn——→xuǎn（选）

b——iàn——→biàn（遍）

三拼法：

j——i——ān——→jiān（尖）

t——u——án——→tuán（团）

x——ü——ǎn——→xuǎn（选）

b——i——àn——→biàn（遍）

声介合母拼音法：

ji——ān——→jiān（尖）

tu——án——→tuán（团）

xü——ǎn——→xuǎn（选）

bi——àn——→biàn（遍）

（三）拼写规则

1．y，w 的使用规则

《汉语拼音方案》规定了 i、u、ü 行韵母自成音节时使用 y、w 的规则。

（1）i，u 行韵母自成音节时，只有一个元音的韵母便在前面添加上 y、w（如 yi、yin、ying、wu）有两个以上元音的韵母，便把 i、u 改换为 y，w（如 ya, wa, you, yan, wang）。

（2）ü的拼写规则

ü行韵母自成音节时，前面加 y，并省去ü上两点。如 yú（鱼）、yuán（元）、yún（云）。

ü行韵母前拼声母 j，q，x 时，ü上两点省去不写。如 jū（居）、quē（缺）、xuān（宣）。

ü行韵母前拼声母 n，l 时，ü上两点保留不省写。如 nǔ（女）、lǔ（吕）、nüè（虐）。

2．iou，uei，uen 的省写规则

这三个韵母前拼声母时，由于受声母和声调的影响，主要元音消失或弱化，因此，为了使拼式简短，方案规定把它们写成 iu、ui、un，省去中间的 o、e。如：liú（流）、shuǐ（水）、lùn（论）。

目前，拼音教学采用了变通的办法：把 y、w 当声母教，不教 y、w 的使用规则，带 y、w 的音节采用拼音的办法学习；不教 iou、uei、uen，只教省写的 iu、ui、un；采用三拼法或声介合母拼音法。这样只要教 23 个声母、24 个韵母、16 个整体认读音节就可以了。这样既减轻了教学负担，拼写出来的音节又跟一般教法完全一样。不过，必须死记 16 个整体认读音节：

yi, wu, yu, ye, yue, yin, ying, yuan, yun, zhi, chi, shi, ri, zi, ci, si。

3．隔音符号

a、o、e 开头的音节同前一个音节紧密相连时，如果音节界限发生混淆，用隔音符号

"'"隔开。如 pí'ǎo（皮袄）、fāng'àn（方案）。在教学中，为了便于学习，a、o、e 开头的音节连接在其他音节后面的时候，一律都用隔音符号隔开。如 cǎo'ān（草庵）、jīn'ōu（金瓯）、mù'ǒu（木偶）、chāo'é（超额）。

4. 声调符号的标法

声调符号标在音节的主要元音上。具体说，标调式可先找 a、o、e，没有 a、o、e，再找 i、u、ü；i、u 并列标在后。如 zhāoxiá（朝霞）、liúshuǐ（流水）、xīn yī（新衣）。

（四）音节的拼写

拼写语句应注意遵守以下几项原则：

（1）音节按词连写。

（2）专用名词、句子的第一个字母，诗歌分行的第一个字母，都要大写。

（3）标题、书名等可以全部大写，也可以只大写每个词的第一个字母。如：

XINHUA　　SHUDIAN（新华书店）

Nóng fū　　Hé　Shé　（农夫和蛇）

思考与训练

一、熟记拼写规则。

二、改写下列音节的拼写错误。

对流 duèilióu	威武 uēiǔ	谚语 yiànü
询问 xúnuēn	疑案 íàn	堤岸 dīàn
演员 iǎnüán	法律 fǎlü	语文 nǔūn
多少 dōsǎo	推行 tēixiēng	手术 xiǔxü

三、给下列各词注音。

用意（　　　　）	优良（　　　　）	热爱（　　　　）
语言（　　　　）	流动（　　　　）	西安（　　　　）
血液（　　　　）	飞跃（　　　　）	谨严（　　　　）
虐待（　　　　）	吞吐（　　　　）	规律（　　　　）

四、拼写下列句子。

1. 国家推广全国通用的普通话。

2. 普通话是教师的职业语言。

3. 语言这东西不是随便可以学好的，非下苦功不可。

第 2 节　音变及音变训练

训练目标与要求

1. 了解普通话音变的含义及音变的类型
2. 掌握普通话音变规律
3. 能在具体的语言环境中按音变规律发音

相关知识

在连续说话时，由于音节互相影响，有的音节声、韵、调的读法发生了变化，这就叫做音变。我们说普通话，不仅要做到音节的声、韵、调准确，还要懂得音节的音变，要按照普通话的音变规律去说，这样才符合普通话标准，才能说起来顺口，听起来自然。因此，要学习普通话的基本发音，就必须在音素、音节训练的基础上，进行音变发音的强化训练。

普通话的音变训练主要有以下几个方面。

一、变调

（一）上声的变调

上声变调的规律是：

（1）两个上声相连，前一个变直上，近似阳平（由 214 变为 24）。例如：

领导　美好　永远　水果　铁塔　选举　表演　辅导　洗脸

（2）三个上声相连，前两个音节的变调可按意群分为两种情况。如果前两个音节结合比较紧密，那么前两个音节都变为近似阳平的直上。如果后两个音节结合比较紧密，那么第一个音节变半上（由 214 变为 211），第二个音节变直上。例如：

上声+上声+上声——24+24+214

蒙古语　手写体　洗脸水　展览馆　讲演稿

往北走　组长好　选举法

上声+上声+上声——211+24+214

厂党委　老保管　孔乙己　苦水井　纸老虎

好表姐　柳组长　打草稿

（3）一串上声相连，先按语义和音节停顿三三两两划开再按二、三的规律去变。例如：

永远/友好　　岂有/此理

请你/往北走　你打水/我洗脸

展览馆/每馆/有/好几百/展览品

（4）上声在非上声前变半上（由 214 变为 211）。例如：

上声+阴平——211+55　老师　首都　北京　小说　好听　广播

上声+阳平——211+35　祖国　语言　表达　旅行　海洋　古文

上声+去声——211+51　翡翠　感谢　领袖　努力　否定　写作

上声+轻声——211+4　晚上　我的　眼睛　你们　好的　暖和

（5）上声在由上声变来的轻声前的变调有两种情况：

① 上声+轻声（习惯性固定的轻声）——211+4（轻）

虎子　小子　爪子　奶奶　姐姐　姥姥　耳朵　宝宝　斧子　椅子

② 上声+轻声（不是习惯上常读和固定的轻声，而是在特定的语言环境里才读轻声，属于可轻可不轻的情况）——24+3（轻）

可以　老虎　老鼠　小姐　走走　本领

嘴里　打扫　水手　煮煮　找找　比比

上面讲了上声变调的基本规律，但在实际的语流中，末一个上声音节的变调有两种。

① 句末需拖腔，读原调。一般在诗的韵脚处或需要强调时才拖腔。例如：

到处莺歌燕舞（214）

更有潺潺流水（214）

我找李经理（214）（强调）

② 句末不需要拖腔，读半上。一般叙述语气或深沉、庄重语气都不需要拖腔。例如：

人民英雄永垂不朽（211）！

周总理（211），我们的好总理（211）！

你在哪里呀，你在哪里（211）？

你可知道，我们想念你（211），

——你的人民想念你（211）！

（二）叠字形容词的变调

（1）AA 式：形容词重叠后加"儿"、加"的"，一般要把后一个音节或后两个音节读成阴平。如：

好好（儿）的 hǎohǎode——hǎohāorde

长长（儿）的 cháng cháng de——cháng chāng rde

快快（儿）的 kuàikuàide——kuàikuāirde

（2）ABB 式：后两个音节可读阴平。如：

热腾腾 rèténg téng——rèténg tēng

明晃晃 míng huǎng huǎng——míng huāng huāng

白亮亮 báiliàng liàng——báiliāng liāng

（3）AABB 式：末两音节读阴平，第二音节读轻声。如：

老老实实 lǎolǎoshí shí——lǎolaoshī shī

清清楚楚 qīng qīng chǔchǔ——qīng qing chū chū

陆陆续续 lùlùxùxù——lùluxū xū

形容词的变调有很大的灵活性。我们的语言中很多常用的形容词在变调上往往是可有可无的。如果说话缓慢，不变调也完全可以。

（三）去声相连的变调

两个去声相连，前一个去声变半去（由 51 变 53）。例如：

万岁　谢幕　利益　过去　戏剧

一般来讲，去声在任何声调前边都不是原调，都可读成 53 调值。

二、"一"、"不"的变调

"一"、"不"在单念或用在词句末尾时，以及"一"在序数中，声调不变，读原调，"一"念阴平 55，"不"念去声 51。例如，统一，偏不。当它们处在其他音节前面时，声调往往发生变化，有以下几种情况。

1．"一"、"不"在去声前变阳平

一并 yíbìng	一旦 yídàn	一下 yíxia	一道 yídào	一定 yídìng
一度 yídù	一夜 yíyè	一致 yízhì	一阵 yízhèn	一刻 yíkè
一共 yígòng	一带 yídài	一动 yídóng	一概 yígài	一贯 yíguàn
一晃 yíhuàng	一路 yílù	一律 yílù	一面 yímiàn	一气 yíqì
一顺儿 yíshùnr	一瞬 yíshùn	一再 yízài	一下儿 yíxiàr	一线 yíxiàn
不顾 búgù	不笑 búxiào	不便 búbiàn	不论 búlùn	不是 búshì
不怕 búpà	不但 búdàn	不料 búliào	不要 búyào	不在 búzài
不当 búdàng	不定 búdìng	不断 búduàn	不忿 búfèn	不过 búguò
不讳 búhuì	不济 bújì	不见 bújiàn	不快 búkuài	不愧 búkuì
不力 búlì	不利 búlì	不吝 búlìn	不妙 búmiào	不日 búrì
不善 búshàn	不胜 búshèng	不适 búshì	不遂 búsuì	不肖 búxiào
不屑 búxiè	不逊 búxùn	不幸 búxìng	不外 búwài	不厌 búyàn
不意 búyì	不用 búyòng	不振 búzhèn	不致 búzhì	不够 búgòu

2．在非去声前"一"读去声，"不"仍读其原调去声

一朝 yìzhāo	一经 yìjīng	一端 yìduān	一新 yìxīn
一应 yìyīng	一生 yìshēng	一身 yìshēn	一杯 yìbēi
一棵 yìkē	一根 yìgēn	一边 yìbiān	一般 yìbān
一连 yìlián	一无 yìwú	一旁 yìpáng	一直 yìzhí
一头 yìtóu	一年 yìnián	一同 yìtóng	一时 yìshí
一如 yìrú	一盒 yìhé	一碗 yìwǎn	一齐 yìqí
一总 yìzǒng	一孔 yìkǒng	一早 yìzǎo	一统 yìtǒng
一体 yìtǐ	一手 yìshǒu	一举 yìjǔ	一本 yìběn
一起 yìqǐ	一览 yìlǎn	一口 yìkǒu	一准 yìzhǔn

一斑 yìbān	一点儿 yìdiǎnr	一晃 yìhuǎng	一发 yìfā
一些 yìxiē	一心 yìxīn	一行 yìxíng	不同 bùtòng
不说 bùshuō	不想 bùxiǎng		

3．夹在词中间读轻声（次轻音）

说一声 shuōyishēng	想一想 xiǎngyixiǎng	看一看 kànyikàn
好不好 hǎobuhǎo	去不去 qùbuqù	等不及 děngbují

"一"、"不"变调规则：可以概括成下面的歌诀：

"一"的基调是阴平，非去声前变去声，

去声前面变阳平，嵌在词中读轻声。

三、轻声

（一）轻声的概念及作用

在语流中，有的音节失去了原有的声调调值而读成了一个又短又轻的调子，这就是轻声。例如，"头"在"头脑"、"头发"这些词里或单独用时，读阳平调，可是在"石头"、"木头"、"馒头"这些词里，读得轻而短，变成了"tou"。在普通话中，轻声的位置比较固定，它往往在其他音节的后面或词的中间，而绝不会出现在词或句子的开头音节。

1．轻声的语音特点

轻声音节的特性是由音高和音长这两个比较重要的音素构成的。从音高上看，轻声音节失去原有的声调调值，变为轻声音节特有的音高形式，构成轻声调值。从音长上看，轻声音节一般短于正常重读音节的长度，甚至大大缩短，可见音长长短是构成轻声特性的另一重要因素。

2．轻声的调值

轻声是一种特殊的变调现象，没有固定的音高。轻声音节从听感上显得轻短模糊，但仔细分辨，它也有依稀可辨的不同音高形式。普通话轻声音节的调值有两种形式：一是当前面一个音节的声调是阴平、阳平、去声的时候，后面一个轻声音节的调形是短促的低降调，调值为31。二是当前面一个音节的声调是上声的时候，后面一个轻声音节的调形是短促的半高平调，调值为44。训练：

阴平·轻声：妈妈 孙子 跟头 青的 飞了 休息 东西 胳膊

阳平·轻声：爷爷 儿子 石头 黄的 来了 活泼 眉毛 葡萄

上声·轻声：奶奶 椅子 里头 紫的 跑了 使唤 打扮 嘱咐

去声·轻声：爸爸 凳子 木头 绿的 去了 丈夫 父亲 骆驼

3．轻声的作用

普通话里轻声的作用主要表现在区别词义、区分词性以及区分词和短语三个方面。例如：

兄弟 ⎰ xiōngdì（哥哥和弟弟）

⎱ xiōngdi（弟弟）

对头 {
　duìtóu（形容词，指正确合适）

　duìtou（名词，指仇敌对手）
}

干事 {
　gànshì（短语，做事情）

　gànshi（词，指专门负责某项工作的人）
}

（二）确定轻声的基本规律

（1）语气词，如"啊、吧、呢、啦、吗"等读轻声。列如：

他呢 tāne　　　　　行啊 xíngnga　　　走吧 zǒuba

快呀 kuàiya　　　　行啦 xíngla　　　　好哇 hǎowa

（2）时态助词"着、了、过"，结构助词"的、地、得"读轻声。例如：

看着 kànzhe　　　走了 zǒule　　　　　来过 láiguo

吃的 chīde　　　愉快地 yúkuàide　　　写得好 xiědehǎo

（3）名词、代词的后缀"子、头、儿、巴、们、么"等读轻声。例如：

桌子 zhuōzi　　　石头 shítou　　　嘴巴 zuǐba

我们 wǒmen　　　他们 tāmen　　　那么 nàme

（4）名词后面的方位词，如"上、下、里、外、边、面、头"等，读轻声。例如：

晚上 wǎnshang　　　　方桌上 fāngzhuōshang　　脚下 jiǎoxia

村外 cūnwai　　　　里面 lǐmian　　　　　河里 héli

（5）动词后面表示趋向的"来、去、上、下、出、起、上来、下来、进来、出去、过来、回去、起来"等读轻声。例如：

拿来 nálai　　　　蹲下去 dūnxiaqu　　考上 kǎoshang

坐下 zuòxia　　　抬起来 táiqilai

（6）表示称谓的叠音名词和动词重叠形式的后一个音节。例如：

爸爸 bàba　　　太太 tàitai　　　写写 xiěxie

调调 tiáotiao　　读读 dúdu　　　说说 shuōshuo

（7）联绵词的第二个音节读轻声。例如：

葡萄 pútao　　　伶俐 língli　　　萝卜 luóbo

注：第（4）、第（5）两项为可轻可不轻词语。

（三）词语的轻重音格式

双音节或多音节词，读音往往有轻有重，形成一定的轻重格式。词的轻重格式与轻声有一定的联系，把词的轻重读得合适，可以使语意更加清楚、准确。

普通话词语轻重音格式的基本形式是：大部分双音节、三音节、四音节词语后一个音节读为重音；三音节词语大多数读为"中·次轻·重"的格式；四音节词语大多数读为"中·次轻·中·重"的格式；双音节词语占普通话词语总数的绝对优势，绝大多数读为"中·重"的格式。

双音节词语读后轻的可以分为两类。

43

一类为"重·最轻"（或描述为"重·轻"）的格式，即轻声词语，用汉语拼音注音时，不标声调符号。例如，东西、麻烦、客气。

另一类为"重·次轻"的格式，一部分词语在《现代汉语词典》中轻读音节标注声调符号，但在轻读音节前加圆点。例如，新鲜、客人、匀称。另一部分词语，词典上没有标注为轻声。例如，分析、制度、请示。这类词语一般轻读，偶尔重读，读音不太稳定。在普通话口语中人们却把这类词语大多读作"后轻"，实际是"重·次轻"的格式，我们也可以称为"可轻读词语"。

四、儿化

（一）儿化的作用

儿化有区别词义、词性和表示感情色彩等作用。

1. 区别词义

头晕（脑袋）	谁是头儿（领头的）
眼花缭乱（眼睛）	门上有个眼儿（小窟窿）
开口说话（嘴巴）	手上割个口儿（伤口）

2. 区别词性

画画儿（动、名）	盖盖儿（动、名）
尖儿尖（名、形）	堆堆儿（动、名）
一堆儿（数量）	打滚儿（名）

3. 表示感情色彩

小孩儿　花篮儿　大婶儿　慢慢儿　公园儿　好玩儿

（二）儿化的音变规律

（1）a、o、e、ê、u 等韵母儿化，韵母直接卷舌。
如：刀把儿　山坡儿　方格儿　台阶儿　眼珠儿
（2）带 i 和舌尖鼻音（n）韵尾的韵母儿化，去掉韵尾卷舌。
如：小孩儿　笔尖儿
（3）i 和u韵母儿化，韵母后加 er。
如：小鸡儿　金鱼儿
（4）in 和ün 韵母儿化，去掉韵尾加 er。
如：小树林儿　红裙儿
（5）舌尖韵母儿化，韵母变成 er。
如：瓜子儿　树枝儿
（6）带舌根鼻音（ng）韵尾的韵母儿化，去掉韵尾，韵腹"鼻化"并卷舌。
如：茶缸儿　小虫儿

以上变化是儿化的实际变法，在给儿化音注音时不管如何变，在前一个音的后面直接加r。

五、语气词"啊"的音变

语气词"啊"，读音经常根据前边音节的尾音发生变化。
语气词"啊"的音变规律：
鼻音韵后读 na（哪），nga（啊）；
舌尖韵后读 ra（啊），[z]a（啊）；
u、ao、iao 后，要读 wa（哇）；
其他韵后都读 ya（呀）。

"啊"的音变表

举 例	"啊"前音节尾音	变 化 结 果
是他啊!好多啊!	a, o	ya
你喝啊!节约啊!	e, ê	
学习啊!闺女啊!	i, ü	
书啊!好啊!巧啊!	u, ao	wa
天哪!小心哪!	n	na
你听啊!快上啊!	ng	nga
什么事啊!有几次啊!	-i（后）、-i（前）	ra、[z]a

思考与训练

一、读准下列词语和句子，并指出上声音节变调的读法。

1. 词语

讲解　理想　手表　表演　小说　取经　水箱　朗读
古文　改革　土地　广大　讨论　矮子　里头　姐姐
铁水管　苦水井　选举法

2. 句子

请你早点儿把演讲稿写好给我。

这本来就是捏造的，一对证，就露馅儿了。

我们的头儿不停地摇着自己的头。

落光了叶子的柳树上，挂满了毛茸茸、亮晶晶的银条儿；而那些冬夏常青的松树和柏树上，则挂满了蓬松松、沉甸甸的雪球儿。

我差点儿忘了交作业的事儿。

这照片儿上的小孩儿是谁?

二、请读准下列形容词，并指出形容词变调的规律。

白白的　软软的　硬硬的　绿油油　黄澄澄　黑洞洞
马马虎虎　干干净净　模模糊糊

三、读准下列词语和句子，指出"一"、"不"的变调。

一致　　一再　　一向　　一家　　一宗　　一批　　一层
一门　　一同　　一朵　　一笔　　一所　　不料　　不去
写一写　　听一听　　学一学　　好不好　　烧不尽
一见如故　　一视同仁　　千篇一律　　一帆风顺
一致通过　　一切顺利　　一定照办　　一样轻重
一律作废　　一天到晚　　一声大喊　　一帆风顺
　不劳而获　　不谋而合　　不言而喻　　不遗余力
　不知所措　　不置可否　　不上不下　　不前不后
不约而同　　不大不小　　不清不白　　不由自主

他不问青红皂白，破口骂我不伦不类，不知好歹，不近人情，说我趁其不防，不劳而获，得到不义之财。我也不甘示弱，不顾死活，把他打得不省人事，以清这不名不誉的不白之冤。

常言道："人不说不知，木不钻不透，砂锅不打永远不漏。"这事一五一十地一经说明，大家也就都了解了。

四、读下面的词，指出轻声音节的读法。

包袱　刀子　妈妈　玻璃　馒头　来了　活泼　看过
我的　晚上　使得　玫瑰　坐着　进去　下来　葡萄

五、读下面两段话，指出"啊"的音变读法。

①这些孩子们啊（　　　），真可爱啊（　　　）！你看啊（　　　），他们多高兴啊（　　　）！又作诗啊（　　　），又画画儿啊（　　　），又唱啊（　　　），又跳啊（　　　），他们是多么幸福啊（　　　）！

②春节的菜市场货真全啊（　　　），什么鸡啊（　　　）、鱼啊（　　　）、肉啊（　　　）、蛋啊（　　　）、粉丝啊（　　　）、西红柿啊（　　　）、蒜苗啊（　　　）、四川辣酱啊（　　　），应有尽有啊（　　　）！

六、读下面两段话，注意念准儿化音。

①有个小孩儿叫小兰儿，小手儿端着个小饭碗儿。小饭碗儿真好玩儿，红花儿绿叶儿镶金边儿，中间儿还有个小红点儿。

②咱这里大小马路分七段，九条胡同十道弯儿。工厂机关占一半儿，还有中学、小学、幼儿园儿，二十个商业服务点儿，仨医院来俩剧团儿。一共是三百一十所楼房和大院儿，这小孩儿家不会超出这一圈儿。只要他答上我问的一句话儿，就知道他家的街道儿和门牌儿。

③一会儿好容易雨晴了，连忙走下坡儿去。迎头看见月儿从海面上来了，猛然记得有件东西忘下了，站住了，回过头来。这茅屋里的老妇人——她倚着门儿，抱着花儿，向着我微微地笑。

七、对照附录中的轻声、儿化、啊的音变表，反复练习。

第 3 节 发声技巧训练

训练目标与要求

1. 了解用气发声、共鸣控制、吐字归音的发音技巧
2. 明确吐字归音的要求和方法
3. 掌握语调的发音技巧，能在具体的语言环境中运用语调表达感情

相关知识

人们的谈话、演讲、作报告、讲故事、朗读、朗诵等活动，都要使用口头语言。声音信息是口语交流思想的物质基础。这种声音信息的交流，要月优美、动听的语音，使听者毫不费力地接受其思想内容，并从中受到启迪和教育。要达到这样的目的，说话人的语音不仅要正确、清晰，还必须生动感人，富有表现力和感染力。在口语表达中，要使自己的声音具有这种艺术魅力，就必须在掌握普通话基本发音的基础上，注意各种发声技巧的训练。下面谈谈发声技巧的几个问题。

一、呼吸与换气的技巧

气流是人类发音的原动力。无论是在生活语言里，还是在朗读、朗诵、演讲、讲故事等艺术语言中，气息的强弱直接影响着声音的大小高低，影响着语势的强弱和感情的表达。人的一切情感活动，都在气息状态上得到明显的反映。例如：人在暴怒时，气满全胸，气流不通畅；高兴时，气流通畅，气息运动较快；惊恐害怕时，急速吸气，或气息抖颤；思考时，气息处于停滞状态，或逐渐吸气；哀伤时，吸气深，呼气长等。这说明气息状态与人的情感有密切关系。在日常生活里，无须考虑操纵和控制气息，但在艺术语言活动中，气息则是催发和调动感情的重要手段。要想使声音运用自如，清晰响亮，有力量，送得远，且能在较长时间内保持音色圆润、悦耳动听，优美感人，在练习吐字归音的同时，还必须掌握一定的用气技巧。

（一）呼吸

"气乃声之源。"呼吸的正确与否，是决定声音优美与否的关键。底气不足，声音无力，且送不远。用气过猛，一味大喊大叫，会损害声带，既送不远，也不能持久。不善于运用呼吸，还会造成声音嘶哑，甚至使声带充血，咽喉发炎。所以，经常从事口语工作的演员，电台、电视台的播音员、解说员以及教师等，都必须练好呼吸，要做到科学地呼吸，能以气托声。

常用的呼吸方法有胸式呼吸、腹式呼吸和胸腹联合式呼吸。在日常生活中，一般都是用胸式呼吸。睡在床上时是用腹式呼吸。只用胸呼吸，呼吸浅且气息量少，在口语表达时往往会感到气不够用。胸腹联合式呼吸，就是运用胸腔、横膈膜和腹部肌肉共同控制气息。采用这种

呼吸方法，可使全部呼吸器官协同操作，呼吸深且气息的容量大，是较理想的呼吸方法。下面介绍一下这种呼吸要领。

吸气时，用鼻腔将气流缓缓吸入肺的深部。胸腔与肺部要尽量纳气，直到不能再吸为止。在吸气时，两肋向左右张开和略有上提的感觉，但不要耸肩挺胸。同时略收小腹、横膈膜收缩下降，有下压腹部的感觉。在小腹肌肉、横膈膜向小腹中心——丹田穴（脐下三指的地方）这个支点收缩时，利用收缩力将气托住，这就是人们常说的"气沉丹田"。这时，腰部也有向外撑的感觉。若用手触摸腰部，似有一个气环。

呼气时，仍要收住小腹，在腹肌和横膈膜收缩力的控制下，将气均匀、平缓地徐徐吐出。两肋和胸腔基本上要保持吸气时的状态，在控制下逐渐松弛。总之，吸气要吸得深，呼气要慢而均匀。练习时可缓吸缓呼，也可以急吸缓呼。

这种呼吸方法，胸腔容积大，控制能力强，支持时间长，能够对呼吸的强弱进行调节，使呼气均匀而有节制。因而可以自如地控制声音的高低、强弱的变化，能够适应各种发声的需要。同时，还可减轻声带和喉头的压力，并可以做到长时间讲话而不感觉疲劳。

胸腹联合式呼吸练习：

1．无声练习

清晨，可到空气新鲜的地方做深呼吸或嗅觉（如闻花香等）练习。练习时，身体站直，双手自然下垂，头正，肩松，不挺胸，舌尖轻抵上腭，用鼻慢慢吸气，小腹慢慢收缩，肋骨与腰部慢慢扩张，将气一直吸入肺的深部。吸气较满时，利用收缩的腹肌和横膈膜共同控制住气息，慢慢把气从口中或是鼻中自然均匀地呼出，直到呼完，再放松小腹。待稍停，再继续练习。呼气时，还可以拿一片纸对着口腔，或伸直手臂手心对着口腔，将气徐徐吐出，以检验呼气是否均匀。

2．有声练习

①吸气方法与无声练习相同。呼气时均匀地出声练习发"啊"或"思"。可先低声练，再高声练。练习时小腹收缩，胸腰扩张，舌头、下腭均需放松，发声时两手轻按两肋，如出声时感到两肋发胀，就是用上丹田气了。

②练发"气泡音"。所谓气泡音，是指让气流微微冲击声带，均匀地发出近似"a"的音色，像一连串的气泡一样。注意，发气泡音时，一定要使气流均匀地轻轻抚摸声带。这种方法常在早上练声前使用，既可以检查呼气是否均匀、练习控制气息的能力，又可以促使还处在半睡眠状态的声带苏醒，避免高声练声时损伤声带。

③试用"丹田气"朗诵比较上口的诗歌，体会以气托声的感觉。例如：

> 是黄河之涛，
> 是扬子江之波，
> 是莽莽昆仑的气势。
> 是巍巍长城的磅礴。
> 啊！国歌——
> 中华人民共和国国歌，
> 我心中的歌。

（选自《国歌之歌》）

48

④蓄气控气练习。

a．深深吸足一口气，控制住，然后口中数数。从一到十，如此循环，直到把气呼完，看能数几遍。注意节约气息，但又要吐清字音。

b．点燃一支蜡烛，深吸一口气，站在适当的距离对着蜡烛呼气，但不能吹灭火苗。可逐渐缩短距离做这样的练习。

c．一口气说完下面一段绕口令。要注意节省气息，吐清字音。

出东门，过大桥，大桥前面一树枣。拿着杆子去打枣，青的多，红的少。一个枣、两个枣、三个枣、四个枣、五个枣、六个枣、七个枣、八个枣、九个枣、十个枣；十个枣、九个枣、八个枣、七个枣、六个枣、五个枣、四个枣、三个枣、两个枣、一个枣。这是一段绕口令，一气儿说完才算好。

无论有声练习还是无声练习，吸气、呼气都要保持自然，不要憋气，不要人为地鼓气。小腹的收缩、胸腰的扩张要控制自如，有条不紊。

需要注意的是，在口语实践中，一定要学会节约用气。要做到需要多少，就呼出多少。并且，在一句话说完以后，不能一下子把气放光，时刻都要留有"余气"。若是不善于控制气息，放气太急、太冲，那样刚说几个字，后面的话就会由于"动力"不足，吐字虚弱无力，即使强憋出来，声音也太小，传送不远，别人听着会感到吃力难受。这就是人们常说的"气竭"或底气不足。

（二）换气

人们说话时，总不能一口气将所要说的内容说完，总要换气。例如，"实行义务教育，是我国教育史上的一件大事，对提高整个中华民族的科学文化素质具有极其重大深远的意义"。这句话，若不换气，就很难用一口气将它顺畅地说完。因此，人们说话时，总要根据内容和表情达意的需要，采取不同的方式进行换气，以保证底气充足。

换气一般有只吸不呼和少呼多吸两种方式。

只吸不呼换气（即偷气），也称小气口，是用鼻或口急速吸进一小口气，或在吐完前一个字时不露痕迹地带回一点气来。少呼多吸的换气，也称大气口，气有出有进，一出带进。在允许瞬间停顿的条件下，先轻轻吐出一点儿气，紧接着吸进一口气。呼出少量的气，目的是诱进较多的气，大气口吸气时要把气吸足。

换气跟停顿有密切关系。说话、朗读、朗诵时，常需要根据不同的内容和表情达意的需要做时间不等的顿歇。在许多顿歇处，都需要及时换气，以保证语气从容和音色的优美，并防止出现气竭现象。正确地换气，能够使自己说着顺畅，别人听着舒服。

试读上面举过的例句：

实行义务教育，|˘是我国教育史上的|一件大事，‖˘对提高｜整个中华民族的｜˘科
　　　（小气口，带进一点气）（停顿极短，不换气）　　（大气口）（停顿极短，不换气）　　（小气口，带进一点气）

学文化素质｜˘具有极其重大｜和深远的｜意义。
　（小气口，带进一点气）　（停顿极短，不换气）　（不换气）

在艺术语言实践中，还常常碰到需要一口气贯下来、一气呵成的情况，即传统所说的"贯口"。实际上，一气呵成，并不是要求只许吸一口气把一长段话说完，而是要巧妙地安排无

痕迹的气口。做到字断气不断、意连气也连，似江河直下，一气呵成，听着干脆痛快。试读下列语段，注意安排气口。

　　这餐室更阔气！｜˅那真是灯红酒绿，富丽堂皇。‖˅窗上挂着锦缎的窗帘儿，墙上贴满名家字画，｜˅屏风雕刻"福禄寿喜"，四周摆满鲜花盆景。｜˅再看桌上：‖˅山珍海味、冷热荤素、五味佳肴，香气扑鼻。

　　钧瓷入窑一色，出窑千彩。‖˅有海棠红、鸡血红、胭脂红、朱砂红、火焰红、玫瑰紫、茄皮紫，雨过天晴，月白风清……｜˅那真是琳琅满目、光彩绝伦。

（选自《宝瓶奇案》）

　　上例中画竖线处可根据表达需要适当换气，画横线处应该连贯紧凑，不能换气，要读得连贯。

二、呼吸与换气的技巧训练

(一) 吐字归音训练

1. 吐字归音

　　在各种形式的口语实践中，首先遇到的是吐字归音问题。"吐字归音"是我国传统戏曲语言中的一个术语。它是历代戏剧家在口语实践中总结出来的吐字发声的经验，至今广泛流传，颇值得借鉴。清代徐大椿曾说："欲改其声，先改其形，形改而声无不改也。人之声亦然……所以欲辨真音，先学口法。口法真则其字无不真矣。"这段话道出了吐字发声的关键所在。

　　吐字归音，主要是指在吐字归音时，要咬准字头（主要指声母）、吐清字腹（主要指韵腹）和收住字尾（韵尾）。例如：发"bān"（班）这个音节时，要先找准"b"的发音部位，即咬住字头；而后在一股较强气流的作用下，冲破阻碍，清晰、响亮地吐出字腹"a"；紧接着舌尖要轻轻回抵上牙床（即"n"的发音部位），收住字尾，也即传统所说的归音（或叫归韵）。吐字归音的要求是：吐咬清晰，归音到位。出字要呈"橄榄形"或"枣核形"，两头小，中间大。即字腹要念得清楚响亮，字头和字尾要严格控制口形。下面简单介绍几种传统的吐字归音的方法。

　　（1）吐咬清晰

　　咬字应准确、干脆、有力，吐字腹时，应清晰、实在、响亮。要避免出现字音含混模糊或"吃"字现象。可以从以下几个方面练习。

　　① 喷崩法

　　喷崩就是在咬字时，吸足气流，双唇紧闭，然后爆破除阻，将字音吐送出来。练习 b、p 声母的字，可用喷崩法。例如：

bùbīng	péngpài	bìbào	pīpàn
步兵	澎湃	壁报	批判
piānpáng	bānbù	páipào	bānbái
偏旁	颁布	排炮	斑白

　　八百标兵奔北坡，炮兵并排北边跑；

　　炮兵怕把标兵碰，标兵怕碰炮兵炮。

② 弹舌法

弹舌就是利用舌头的弹力，将字音有力且富有弹性地弹吐出来。练习 d、t 声母的字，可用弹舌法。例如：

dān diào	tuán tǐ	dà dǎn	tāo tiān
单调	团体	大胆	滔天

tī tián	dàn dòng	tǐ tài	diàn dìng
梯田	弹洞	体态	奠定

调到大岛打大盗，大盗太刁投短刀；

推打叮当短刀掉，踏盗得刀盗打倒。

③ 震牙法

震牙法就是吐字时气流强烈冲击牙齿，使之震颤，以求字音的响亮有力。练习 j、r 声母的字，牙齿有明显的震动之感。例如：

jí jù	jìng jì	róng rěn	rén rén	réng rán	róu ruǎn	jī jí	jiān jù
急剧	竞技	容忍	仁人	仍然	柔软	积极	艰巨

④ 开喉法

开喉法就是在吐字时，尽量使口腔后部打开，蓄足气流，吐送有力。例如：

gǎi gé	gǒng gù	kuān kuò	kāng kǎi	kùn kǔ	kōng kuàng
改革	巩固	宽阔	慷慨	困苦	空旷

gǔ gàn	gāo guì	hū huàn	huī huáng	háng hǎi	hǎo hàn
骨干	高贵	呼唤	辉煌	航海	好汉

哥挎瓜筐过宽沟，过沟瓜筐滚宽沟；

挎筐过沟瓜筐扣，瓜滚筐空哥怪狗。

（2）归音到位

归音也叫归韵。归音到位是指发音时要收准韵尾，渐弱渐止，清晰圆满。对于没有韵尾的音节，不需要归音，但要保持口形，直到声音渐止后，再恢复自然状态。在日常生活语言中，韵尾的实际读音比较模糊。但是在艺术语言中，则必须交代清楚，特别是在舞台上，或面对较多的听众时，更应该这样。下面举例谈谈怎样才能归音到位。

① 展唇

凡 ai，ei，uai，uei 韵母的字归音时，应微展嘴角，唇形扁平，收"i"音。例如：

hǎi wài	guī duì	kuí wěi	pèi bèi
海外	归队	魁伟	配备

祖国是一座花园，

北方就是园中的腊梅；

小兴安岭是一朵花，

森林就是花中的蕊。

花香啊，

沁满咱心肺。

祖国情啊，

春风一般往这儿吹;

同志爱啊,

河流一般往这儿汇,

党是太阳,

咱是向日葵。

(选自《祝酒歌》)

练习收音归韵还可以用唱歌的方式来练。洪深先生曾说:"唱时发音,较说时更须着力,所以,从事说、念、诵的人,练习唱歌,实有裨益,但说到底说比唱容易。"例如:

年青的朋友们,

明天再相会,

伟大的祖国,

该有多么美,

天也新,地也新,

春光更明媚,

欢歌笑语绕着彩云飞。

(选自歌曲《年青的朋友来相会》)

② 聚唇

凡 ao、iao、ou、iou 韵母的字归音时,应聚敛双唇收"ɯ"音。例如:

gāocháo　miáotiáo　qiūshōu　yōuxiù
高潮　　苗条　　秋收　　优秀

满天风雪满天愁,革命何须怕断头?

留得子胥豪气在,三年归报楚王仇!

(选自杨超《就义诗》)

③ 抵舌

凡是收前鼻音的音节,字尾收音时要做一个明显的抵舌动作,即舌尖稍稍回抵上牙床的位置发出前鼻音,但要迅速轻快,不要抵得太死,以免影响语流的通畅。例如:

cànlàn　　shānchuān　　rènzhēn　　xīnqín
灿烂　　　山川　　　认真　　　辛勤

砍头不要紧,只要主义真。杀了夏明翰,还有后来人。

(选自夏明翰《就义诗》)

十五的月亮,

照在家乡照在边关,

宁静的夜晚你也思念我也思念,

你守偎在婴儿的摇篮边,

我巡逻在祖国的边防线,

你在家乡耕耘着农田,

我在边防哨所值班,

丰收果里有你的甘甜也有我的甘甜，
军功章啊有你的一半也有我的一半。

（选自歌曲《十五的月亮》）

④ 穿鼻

凡是收后鼻音"ng"的音节，归音时，气息要灌满鼻腔，穿鼻而出收"ng"音。舌根与小舌要有接触感。例如：

wāng yáng	fēng shèng	xióng yīng	hōng dòng
汪洋	丰盛	雄鹰	轰动

大江歌罢掉头东，
邃密群科济世穷；
面壁十年图破壁，
难酬蹈海亦英雄。

（选自周恩来《大江歌罢掉头东》）

送战友，踏征程，
默默无语两眼泪，
耳边响起驼铃声，
路漫漫，雾蒙蒙，
革命生涯常分手，
一样分别两样情。
战友啊战友，
亲爱的弟兄，
当心夜半北风寒，
一路多保重。

（选自歌曲《驼铃》）

以上介绍了一些吐字归音的方法，目的是为了帮助大家美化音色，使字音清晰响亮，富有表现力、穿透力。但在练习时要用巧劲儿，富有弹性。交字吐词不能过紧或过松，过紧会形成笨拙死板，过松会显得虚飘无力，送不远。这就要求说话人要有嘴劲，还要灵活，要能打得开，还要收得住。既要让前排听众听着舒服，又要使后排的听众听得清楚。要使字音像珠落玉盘一般清脆悦耳，圆润有力，就要练好吐字归音的功夫。

练吐字归音，传统也叫练"喷口"，即唇有喷闭收缩力，舌有舒卷顶弹力，气有张弛控制力，腮有开展鼓动力，牙齿有抖摆力。为使发音器官在吐字发音时灵活准确，喷弹有力，除了用前面介绍的方法之外，还可用做口部体操的方法来锻炼发音器官的灵活性和力度。

（1）唇部练习
①双唇紧紧闭拢，向里吸。再突然爆开。爆开时注意控唇形，呈发"o"状，不要大张开。
②双唇紧紧闭拢，再分开，先慢后快。
③下唇向上齿迅速靠拢，再分开，由慢到快。
（2）舌部练习
①舌尖前伸平抵上齿背，再缩回，逐渐加快。

53

②舌尖抵住上牙床，再分开，逐渐加快。

③舌尖抵硬腭前端，再分开，由慢到快。

④嘴张大，卷舌，再平伸。

⑤舌抵下齿背，舌面隆起贴上腭，由慢到快。

⑥口半开，舌根与软腭技触，再松开，由慢到快，注意要有力量。

（3）口部张开和打开牙槽练习

①口张大，再闭拢，循环多次。

②张口做大口咬苹果动作。

③闭唇，口腔做嚼食动作，要夸张些。

2．共鸣训练

优美的声音，主要靠适宜的共鸣。

人类发声的共鸣器官一般可分为两大类：一是不可变共鸣腔，它包括鼻腔、头腔和喉下气管，这些共鸣腔的形状是不能改变的；二是可变共鸣腔，它包括口腔、咽腔等，这些共鸣腔的形状是可以改变和调整的。口腔、咽腔可以根据发音的需要，改变其形状，以达到扩大音量、调整音波、确定音色之目的。调节好可变共鸣腔，找到合适的共鸣位置，可以使声音洪亮，音色圆润，刚柔适度，悦耳动听。

有些人在口语实践中，想加大音量、美化音色，一味在喉咙上使劲，结果是，喊不了几声，声带就会充血，甚至喉咙嘶哑。要么因为共鸣位置过于靠前，声音太散，音色单薄；要么由于不善于运用共鸣的缘故。

人的音域，可根据共鸣腔的位置分为胸腔共鸣区（低音区）、口腔共鸣区（中音区）和头腔共鸣区（高音区）。低音区只要靠胸腔共鸣，中音区主要靠口腔和咽腔共鸣，高音区主要靠头腔共鸣。三个共鸣腔常常是互相调节、协调使用的。

练习共鸣首先要找到高、中、低三个音区的通路。有人只会运用中音区——口腔共鸣，声音想高高不上去，想低低不下来。声音高了劈，低了憋，就是因为没有找到胸腔、口腔、头腔三个共鸣腔体的通道。一般可采用以下方法练习共鸣。

（1）可念"咪、嘛、喵、呜、衣"等不带鼻音尾音的字：往上走，打开鼻腔，使气往上冲击颅腔各窦穴，产生头腔共鸣，即将气流弹在头腔的共鸣点上（额头中心稍下），额头有轻微震颤之感，发出响亮的音色；往下走，打开胸腔，胸腔有震颤之感，产生胸腔共鸣，发出深沉之声。在改变音高时，声带也应随之自然地拉紧和放松，喉头、下腭和颈部肌肉要尽量放松，使咽喉能自如地开放。不然，会出现喉音，破坏声音的柔美。

（2）有意识地用高调门和低调门谈话，寻找三个音区的通路。

（3）借鉴哼曲和唱歌的方法体会摸索正确的共鸣发音位置。

（4）平常使用最多的是口腔共鸣。练习口腔共鸣要注意前音稍后，后音稍前，开音稍闭，闭音稍开。同时，要把咽腔这个共鸣腔用上。共鸣点应集中在口腔中部，气流打在硬腭上。例如，"大海"的"海"应稍靠后一点，"很好"的"好"应稍靠前一点，这样发出的声音厚实响亮。

（5）有人说话时对于有鼻尾音的字，打不开鼻腔，或不能充分利用鼻腔共鸣，这就需要有意识地练一练鼻腔共鸣。简单的办法是，可发"嗯↗"和"嗯↘"，充分使鼻腔发生共鸣。

也可以找一些有鼻尾音的字词进行练习。例如，"英雄"、"长江"、"士兵"、"东方红，太阳升"等。

（6）在以上练习的基础上，可练习朗诵句段。朗诵时，要在主要元音上下工夫，使字音圆滑、集中。要以情运气，以情带声。例如：

① 高唱凯歌，埋葬蒋家王朝！

② 这是勇敢的海燕，在怒吼的大海上，在闪电中间，高傲地飞翔；这是胜利的预言家在叫喊：

——让暴风雨来得更猛烈一些吧！

（选自《海燕》）

③ 血沃中原啊，
　　古老的神州，
　　有多少风流人物，
　　千古不朽。
　　花开于春哟，
　　叶落于秋，
　　历史不死哟。
　　又拔新秀。
　　君不见，
　　江山代有人才出，
　　现代人比祖先更加风流。

（选自《风流歌》）

④ 怒发冲冠，
　　凭栏处，
　　潇潇雨歇。
　　抬望眼，
　　仰天长啸，
　　壮怀激烈。
　　三十功名尘与土，
　　八千里路云和月，
　　莫等闲，
　　白了少年头，
　　空悲切。

　　靖康耻，
　　犹未雪，
　　臣子恨，
　　何时灭。
　　驾长车踏破贺兰山缺。
　　壮志饥餐胡虏肉，

笑谈渴饮匈奴血。

待从头，

收拾旧山河，

朝天阙。

（选自岳飞《满江红》）

练习共鸣，气流起统率作用，因此必须控制好气息。同时，还要注意保护声带。中音区共鸣最节省气流，高音区和低音区共鸣极费气流。不管在哪个区域发生共鸣，呼气都要均匀，以减少气流对声带的强烈冲击。平时可经常练习发气泡音来活动声带，把它锻炼得结实耐久，以增强抵抗呼气压力的功能。练习时，还要尽量避免出现嗡鼻音、大喊大叫的噪音以及"假嗓"音等发声的毛病。

（二）语调、停顿训练

停顿就是语音短暂的间歇。它是语调的组织要素，是有声语言表情达意必不可少的一种重要的口语修辞手段。它在口语中有调节气息、显示语气、突出重点等作用。合理的停顿，可使话语表意清楚、增加语言的节奏感。同时，它还能给观众留出思索、消化、回味的时间，以更好地理解语意。若不善于停顿，就会使说话人感到紧张吃力，喘不过气来，别人听起来也含混费解，甚至会产生误解。一般地说，停顿分为语法停顿和强调停顿两种类型。

1. 语法停顿

反映词语间的语法关系、显示语法结构的停顿，叫语法停顿。例如：

①亲爱的爸爸妈妈：｜ 欢迎您！

亲爱的爸爸：｜ 妈妈欢迎您。

亲爱的：｜ 爸爸妈妈欢迎您。

②李伟喊了一声：｜ "张明跑了！"

李伟喊了一声张明，｜ 跑了。

③这是‖张志同学|在教室中|用手机|发给王老师的‖一条短信。

例①、例②以不同的停顿，显示了不同的语法结构，并表达了几种截然不同的意思。例③也是按照句子内部词语间的语法关系安排的停顿，如不这样，就不可能把句子的意思交代清楚。

（1）按标点符号停顿

标点符号是书面语的重要组成部分，在口语中则需要用停顿来表示。其停顿时间的长短，一般由标点类型决定。常用标点符号的停顿时间，大致如下所示：

。？！＞；：＞，＞、

省略号和破折号要酌情而定。（本书用竖线"|"表示停顿，竖线越多，停顿时间越长。）例如：

国民党反动派把方志敏同志从上饶押解到南昌，‖押着他游街，‖妄想借此打击中国共产党在江西人民的威信；‖‖‖方志敏同志一路向群众宣传抗日救国的道理。‖‖‖反动派又在公园里搭了台，‖把他示众；‖‖‖方志敏同志在台上大声演讲，‖说明只有共产党才能救中国。‖‖‖

反动派把他关入监牢，‖用金钱、|地位来引诱他，‖劝他投降，‖‖‖得到的却是蔑视的

唾沫。||||反动派技穷了，只好判他死刑。

（选自《同志的信任》）

标点符号是停顿标志，但不能死搬硬套。一定要根据语气和表意的需要适当处理。例如：

大猴子听见了，|跑过来一看，|也跟着叫起来：|"糟啦，糟啦!月亮掉在井里啦!"

上例中冒号的停顿时间应跟前两个逗号差不多，第三个逗号则不能停，甚至叹号也可以不停。这样，可以表现猴子吃惊着急的情态。

（2）按语组停顿

按语组停顿，是指在没有标点符号的地方，按照词语间语法关系所作的停顿。一般主谓之间、动宾之间、修饰语与中心语之间等，都可以停顿。例如：

①始终微笑的|和蔼的|刘和珍君‖确是死掉了，这是真的，有她自己的尸骸|为证。

（选自《记念刘和珍君》）

②在一些平凡的小事上，往往能够看出‖一个伟大人物的|优良的|本质。

语组停顿相对来说，比标点停顿的时间稍短些，有时甚至是极短暂的。

2．强调停顿

为了强调某一事物或突出某种特殊感情所作的停顿，叫强调停顿。表达特别强烈感情的强调停顿，又叫感情停顿。

强调停顿不受语法停顿的限制，往往是根据表情达意的需要来决定停顿的地方和停顿的时间。

强调停顿受内容感情的支配，它是建立在充分的内涵和饱满的真情实感基础上的停顿。常常是声停情不断、声断意连。这种停顿往往能渲染气氛，收到此时无声胜有声的效果。例如：

①他急忙地赶印，到早晨五点钟，突然|听见一阵急促的脚步声。

②第二天清晨，这个小女孩坐在墙角里，两腮通红，嘴角带着微笑。她‖死了，在旧年的大年夜冻‖死了。

③医生强忍悲痛说："他‖恐怕最多‖只有二十几天了。"

例①中的停顿，强调了情况的紧急变化，这样可以造成悬念，吸引听者，烘托了紧张的气氛。例②中的两处停顿，一字一顿，表达了对小女孩儿的无比同情，"冻"字后感情延续的停顿，更把作者对不平等社会制度的强烈愤恨之情表现得淋漓尽致，真可谓此处无声胜有声。例③中两处停顿表达了医生不忍心宣布这一严酷事实的不平静心情。

以上所谈的语法停顿和强调停顿都不是截然分开的，有时候它们是重合的。例如：

①他勇敢地战斗了一生，而现在，就这么安详而又平和地‖走了。

②另一个十三四岁的女孩子已经走出了灵堂，却还把头伸进帷幔里面来，红着眼圈哀求道："让我再看一下吧，这是最后的‖一次了。"

上两例中停顿的地方，既是语法停顿，又是强调停顿。例①的停顿表达了不愿说出逝者死去的万分悲痛的感情。例②的停顿表达了女孩子对逝者无限崇敬的哀痛之情。

（三）重音训练

在口语实践中，话语有轻重之分。轻与重是相对而言的。重音是指那些说得或读得重些的音节，它是语调的又一组织要素。从表现重音所用力度来讲，重音又可分为特重音、重音和次重

57

音。究竟重读到什么程度合适，这要根据具体的语言环境和内容而定。在口语实践中，找准重音，运用合适的力度表达好重音，可以突出语句重点，把语意表达得更加准确鲜明，把感情表达得更加充分。重音位置不同，常常可以表达出不同的潜在语意。例如：

"小王明天去北京。"（回答"小王"去北京，不是别人。）

"小王明天去北京。"（回答"明天"去北京，不是其他时间。）

"小王明天去北京。"（回答"去"北京，不是不去。）

"小王明天去北京。"（回答去"北京"，不是去其他地方。）

重音一般可分为语法重音（一般重音）和强调重音两大类。

1．语法重音

根据句子内部语法关系说得或读得重些的音节叫语法重音。

语法重音是有规律的，重音位置一般比较固定。

（1）一般主谓结构的词组、短句中的谓语应稍重些。例如：

风停了，雨住了，太阳出来了。

他说他写　风吹雨打

（2）结构中的宾语一般应稍重些。例如：

上班　打球　割麦　制造轮船

小红，把花瓶拿来。

李师傅把钳子拿走了。

小张把桌凳修好后，又去修门窗了。

（3）定语、状语、补语比中心语稍重些。例如：

我们肩负着光荣的使命。　　　（定语重读）

这是我们的国家、我们的土地。　　　（定语重读）

天气渐渐地暖和了。　　　（状语重读）

他心情愉快地走了。　　　（状语重读）

同志们干得热火朝天。　　　（补语重读）

甜极了！坏透了！　　　（补语重读）

我跑了三遍。（补语重读）

（4）疑问代词和指示代词一般应稍重些。例如：

他什么都知道。

谁在喊？

那是什么？

小红就是顺这条路走的。

为何不让我去？

2. 强调重音

为了突出强调某种思想感情而说得或读得重些的音节，叫强调重音，也叫特殊重音。有人把根据逻辑关系而强调的重音叫作逻辑重音，把突出某种浓烈感情色彩的强调重音叫作感情重音。

强调重音可以使话语潜在的语意情感表达得更加充分，更加感人。强调重音没有固定的位置，它是根据话语具体内容和说话人的情感（或心理）变化来确定的。话语的潜在意义不同，强调重音的位置也就不同。

强调重音一般有以下几种作用。

（1）突出话语重点。例如：

妈妈，我又没有干坏事。（潜在语义是：别人干坏事，我没有干，责怪我干什么。是不接受批评的态度。）

妈妈，我又没有干坏事。（潜在的语义是：我干的是正当的事，妈妈不应该责怪我。是据理力争的态度。）

（2）表示对比、反衬、比喻、夸张、排比、肯定或否定的语意。例如：

水是从您那儿流到我这儿来的，不是从我这儿流到您那儿去的。

（选自《狼和小羊》）

他告诉我们不要害怕敌人，他说敌人是一块豆腐，咱们是一把刀。

（选自《难忘的春天》）

有的人活着，

他已经死了；

有的人死了，

他还活着。

（选自臧克家《有的人》）

爸，九年前，您含冤死去；九年来，我饮恨活着。

（选自《一封终于发出的信》）

有人把钱看得比磨盘还大，那种人我最看不上眼。

（选自《东方》）

你说对了，是他。

不吗，我不去。

他穿的衣服像纸一样单薄。

我们共产党人好比种子，人民好比土地。

她们奔向那不知道有几亩大的荷花淀去，那一望无际的密密层层的大荷叶，迎着阳光舒展开，就像铜墙铁壁一般。

（选自《荷花淀》）

狂风吹不倒它，洪水淹不没它，严寒冻不死它，干旱旱不坏它。它只是一味地无忧无虑地生长。松树的生命可谓强矣。

（选自《松树的风格》）

亲爱的朋友，当你坐上早晨第一列电车走向工厂的时候，当你扛上犁耙走向田野的时候，当你喝完一杯豆浆，提着书包走向学校的时候，朋友，你是否意识到你是在幸福之中呢？

（选自《谁是最可爱的人》）

（3）表达强烈的感情，使语言感情色彩丰富，充满生气，增强感染力。例如：

你这个人好糊涂啊！

我父亲脸色早已煞白，两眼呆直，哑着嗓子说："啊！啊！原来如此……如此……我早就看出来了！……谢谢您，船长。"

为了免除下一代的苦难，

我们愿

愿把这牢底做穿！

别了，我爱的中国，我全心爱着的中国。

（选自《别了，我爱的中国》）

一般来讲，强调重音比语法重音重些。若情绪激动时，重音应特别加重。有时甚至许多节都相应地加重，形成重音群。例如：

"这几天，大家晓得，在昆明出现了历史最卑劣、最无耻的事情！李先生究竟犯了什么罪，竟遭此毒手？

今天，这里有没有特务？你站出来！是好汉的站出来！你出来讲！凭什么要杀死李先生？（厉害，热烈地鼓掌）杀死了人，又不敢承认，还要诬蔑人，说什么"桃花事件"，说什么共产党杀共产党，无耻啊！无耻啊！（热烈地鼓掌）这是某集团的无耻，恰是李先生的光荣！李先生在昆明被暗杀，是李先生留给昆明的光荣！也是昆明人民的光荣！（热烈地鼓掌）

（选自《最后一次讲演》）

读上面这一段时需要加大音量，加强音势。强调重音处，应特别加重，以表达出闻一多先生对国民党反动派卑劣行径不可遏止的愤怒之情。

有时强调重音与语法重音是重合的。如上例中"最卑劣、最无耻的事情"、"李先生究竟犯了什么罪"，其中加点处就是强调重音与语法重音的重合。再如"我们的事业一定能胜利！"，其中加点的字也是强调重音与语法重音的重合。

3．显示重音的方法

在口语实践中，为了准确细微地表情达意，显示重音的方法也是多种多样的。一般有以下几种方法。

（1）加强音量。即说得或读得重一些、响一些，增强音势。

我们的事业一定能胜利！

它的根往土里钻，它的芽往地面透……

只要生命存在，这种力就要显现。上面的石块丝毫不能阻挡它，因为这是一种长期抗战的力；有弹性，能屈能伸的力；有韧性，不达目的不止的力。

（2）拖长音节。即用拖腔的方法将重音音节拖长一些。对于号召性、鼓动性的话语，呼口号，发口令和表现某种特别强烈的感情时，重音音节往往需要延长。音节拖腔的长短要视具体内容感情而定。例如：

① 让暴风雨来得更猛烈——些吧！

② 大的共产主义事业胜——利——万——岁——！

③ 立正——，向前——看——，向后——转。

④ 周——总理，我们的好总理，

你在哪里啊，你在哪——里？

⑤ 冲啊——！为连长报仇——！

⑥ 天——哪！我可怎么活——呀！

（3）重音轻吐。表示重音，不能只是一味地增加音高。有时，在表达极为复杂而细腻的感情时，可以降低音高，加强音势，将重音低而有力地轻轻吐出。这样，往往比简单地增加音高，加大音量效果更好。例如：

① 周总理啊，周总理，全国人民都在哀悼您，都在呼唤您，都在想念您。

② 这两天，整天我都在休息室里，透过玻璃窗，观望着三峡。昨天整日都在朦胧的雾罩之中，今天却是阳光一片，这庄严秀丽，气象万千的长江真是美极了。

③ 十月里，当你的礼炮

震动着祖国蓝色的天空；

是谁在油井区路边的雪地上

歪斜地写了一长串——北京，北京……

④ 漓江的水真静啊，静得让你感觉不到水在流动，漓江的水真清啊，清得可以看见江底的沙石。

重音与停顿常常是互相配合的，许多停顿前或停顿后的音节往往是重音，而有重音的地方则往往需要停顿，这一点，大家可以在练习中体会。

（四）语气与句调的升降训练

升降是指话语中句调抑扬升降的变化。它也是语调的组织要素。通过句调抑扬升降的变化，可以表达不同的语气，即表现说话人喜、怒、哀、乐等多和不同的感情态度。比如，一个人打电话，拿起耳机说：

啊！↘知道了↘。（降抑，表示肯定）

啊？↗你说谁？↗（上扬，表示发问）

啊！↗怎么会是他？↗（先降后升，表示惊奇或疑惑不解）

啊!原来是这样啊!(先升后降,表示恍然大悟)

句调的抑扬升降可以概括为以下四种类型。

1. 高升调

一般用来表达号召、鼓动、设问、反问、呼唤等语气。这种句调大都由低到高,句尾语势上升。例如:

同志们!我们一定要赶超世界先进水平!

难道我们班就甘心落后吗?

什么是普通话呢?

王老师!王老师!

2. 降抑调

一般用来表示肯定、坚信、赞叹、祝愿等语气。句调大都由高而低,句尾语势渐降。降抑调一般是半降调,加重语气时必须用全降调。例如:

勇士们,我将加入你们的队伍。(表坚决,半降稍抑。)

东风来了,春天的脚步近了。(表肯定,半降稍抑。)

王木匠可真是一把好手啊!(表赞叹语气,全降。)

祝你取得更大的成绩!(表祝愿,半降稍抑。)

3. 平直调

一般用来表示庄重、严肃、平淡等语气。句调大都平直舒缓。一般叙述或说明的句子,多用平直调。值得注意的是,平直调并非绝对水平,只是起伏不大,末尾音节的升降不太明显而已。例如:

这是电视机上的一个零件。(说明)

我家的后面有一个很大的花园,相传叫百草园。(叙述、说明)

人民英雄纪念碑矗立在天安门广场中央。(庄重、严肃)

新华社消息:新华社北京 1 月 27 日电 记者 27 日晚从国防部新闻事务局获悉,2013 年 1 月 27 日,中国在境内再次进行了陆基中段反导拦截技术试验,试验达到了预期目的。这一试验是防御性的,不针对任何国家。(庄重)

4. 曲折调

句子语势有抑扬升降的曲折变化,呈波浪形。一般是先降后升再降(降-升-降),或先升后降再升(升-降-升)。常用来表示讽刺、诙谐、滑稽、双关、踌躇、狡猾等复杂的语气感情。它不像其他句调多表现在句末,而是根据需要出现在句子的不同位置上。例如:

好个"友邦人士",是些什么东西!

哎呀呀,你把我说成神仙啦。

你说呀!你倒是说话呀!

啊?会有这种事?

要掌握句调升降抑扬的规律,必须注意句子的语气。标点符号,是句子语气的主要标志。例如：

大家都出去了。↘（陈述句）

大家都出去吗？↗（疑问句）

大家都出去吧！↘（祈使句）

大家都出去啦！↘（感叹句）

此外，还要注意字调跟句调升降抑扬的关系。不管字调是升是降，表示陈述语气，尾音都要下降，表示疑问语气，句尾都得上升。即字调要服从句调。例如：

这个坏。↘　　（陈述语气）

这个好。↘　　（陈述语气）

这个坏？↗　　（反问语气）

这个好？↗　　（反问语气）

(五) 语速的快慢训练

快慢是指语调的速度变化。速度的快慢是语言节奏的主要标志，是有声语言表情达意的一种重要手段。一般来说，快慢与语言的内在节奏是一致的。快速，可表现急迫、紧张；慢速则可表现安闲、平静。如果这种快慢的节奏处理恰当，往往能够生动形象地反映生活情景，烘托环境气氛，加强口语表达效果，产生较强的艺术感染力。例如：

他们轻轻划着船，船两边的水，哗，哗，哗。顺手从水里捞上一棵菱角来，菱角还很嫩小，乳白色，顺手又丢到水里去。那棵菱角就又安安稳稳浮在水面上生长去了。

"现在你知道他们到了哪里？"

"管他呢！也许跑到天边上去了。"

他们都抬起头往远处看了看。

"哎呀！那边过来一只船。"

"哎呀，日本！你看那衣裳！"

"快摇！"

小船拼命往前摇。她们心里也许有些后悔，不该这么冒冒失失走来，也许有些怨恨那些走远了的人。但是立刻就想：什么也别想了，快摇，大船紧紧追过来了！

大船追得很紧。

幸亏是这些青年妇女，白洋淀长大的，她们摇得小船飞快。小船活像离开了水皮的一条打跳的梭鱼。她们从小跟这小船打交道，驶起来就像织布穿梭、缝衣透针一般快。

假如敌人追上了，就跳到水里去死吧！

后面大船来得飞快。那明明白白是鬼子。这几个青年妇女咬紧牙，止住心跳，摇橹的手并没有慌，水在两旁大声地哗哗，哗哗，哗哗哗！

"往荷花淀里摇！那里水浅，大船过不去。"

（选自《荷花淀》）

上例中开始一段应慢速。"哗，哗，哗"象声词和对话要平稳，以反映当时舒缓平静的环境气氛和悠然自得的心情。到"哎呀！那边过来一只船"时，速度应骤然变快，以表现惊慌、紧张的心情。特别是"哗哗，哗哗，哗哗哗"等象声词和对话，更要急促，以烘托紧张危险的气氛和急于摆脱险境的心情。前后节奏舒缓与急促的变化形成鲜明的对比，展现真实的生活画面，使听者闻其声如临其境，增强了语言的艺术效果。

在口语实践中，语速快慢变化要适宜。不要一直用快速高调，像放机关枪，也不要一直用低音匀读，像老和尚念经。前者会使听者来不及接受和理解，如果是交谈，你还得反复解释，浪费时间和气力；后者则跟不上听者接受的速度，使人听着内心发急，情绪烦躁，同样会影响表达效果。

掌握语速快慢的变化，可从以下几个方面注意。

1．看交流对象

跟青少年交际，因他们精力充沛，思维敏捷，反应快，语速可以稍快些。如果跟老年人和学龄前儿童交际，速度则应稍慢些，使他们能听清楚，容易接受。

2．看环境气氛

一般表示热烈、紧张的场面，激动、惊异的心情，争辩、斥责的态度，语速应稍快些；表示宁静、庄严的场面，平静、失望、沉痛的心情，犹豫、宽慰的态度，语速要稍慢些。

3．看人物性格

一般聪明机警、性格豪放、作风泼辣的人的话语，应稍快；而心思迟钝、性格憨厚、作风懒散的人的话语应稍慢。

4．看作品体裁

作品的体裁和语言风格、难易程度不同，听者接受声音信息的速度也不一样。因此，从语速的快慢上看，诗歌一般比散文慢；在诗歌中，旧体诗一般比新体诗慢。此外，论说文应比一般散文慢；同是论说文，理论性较强的专论比一般论文慢。这是一般规律。

语速的快慢，并无绝对标准，快和慢总是相对的。在口语交流中，不分快慢不好，脱离实际，快慢不当也不好。

思考与训练

一、胸腹联合式呼吸的特点是什么？用课文中讲解的方式做呼吸和蓄气控气练习。

二、吐字归音应注意哪些问题，怎样练习吐字归音？

三、按照课文中所指点的方法，练习做口部体操。

四、练习下列绕口令，注意吐字归音，可由慢到快。

1．小猫摸煤，煤飞小猫满毛煤。

2．吃葡萄不吐葡萄皮，不吃葡萄倒吐葡萄皮。

3．桌上放个盆，盆里放个瓶，乒乒乒，乓乓乓，不知是瓶碰盆，还是盆碰瓶。

4．进了门，打杯水儿，喝了两口运运气儿。顺手拿起小唱本儿，唱了一曲儿又一曲，练完了嗓子我练嘴皮儿。

5．会炖炖冻豆腐，来炖炖冻豆腐，不会炖炖冻豆腐，别炖破了炖冻豆腐。

6．一葫芦酒，九两六，一葫芦油，六两九，六两九的油，要换九两六的酒，九两六的酒，不换六两九的油。

7. 长虫绕着砖堆转，转完砖堆钻砖堆。

8. 四是四，十是十，十四是十四，四十是四十,谁说十四是四十,谁来试一试。

9. 三山撑四水，四水绕三山，三山四水春常在，四水三山四时新。

10. 隔着窗户撕字纸，一撕横字纸，再撕竖字纸，一共撕了四十四张湿字纸。

11. 石狮寺前有四十四个石狮子，寺前的树上结了四十四个涩柿子。

12. 梁大娘的场两边各有两辆粮车，你爱拉哪两辆就拉哪两辆。

13. 小妞妞，围兜兜，坐在地头看豆豆。地边来了一头牛，小妞怕牛踩坏豆，跨过小土丘，跳过小水沟，忙把牛绳拉在手。小牛急得哞哞叫，大伙都夸小妞妞。

14. 武汉商场卖混纺，红混纺，黄混纺，粉红混纺，粉黄混纺，黄红混纺，红黄混纺，样样混纺销路广。

15. 有个老头本姓顾，上街打醋又买布。回来碰见鹰抓兔。放下布和醋，去捉鹰和兔，飞了鹰，跑了兔。丢了布，洒了醋，气坏了老头顾老五。

16. 小郭画了朵红花，小葛画了朵黄花。小郭想拿他的红花换小葛的黄花，小葛用她的黄花换了小郭的红花。

五、朗读下面句段，体会语速的快慢。

海在我们的脚下沉吟着，诗人一般。那声音仿佛是朦胧的月光和玫瑰的晨雾一般。又像是情人的密语那样芳醇；低低地，轻轻地，像微风拂过琴弦；像落花飘零在水上。

海睡熟了。大小的岛拥抱着，偎依着，也静静地恍惚入了梦乡。

星星在头上眨着慵懒的眼睑，也像要睡了。

许久许久，我俩也像入睡了似的，停止了一切的思念和情绪。

不晓得过了多少时候，远寺的钟声突然惊醒了海的酣梦，它恼怒似的激起波浪的兴奋，渐渐向我们脚下的岩石掀过来，发出汩汩的声音，像是谁在海底吐着气，海面的银光跟着晃动起来，银龙样的。接着我们脚下的岩石就像铃子、铙钹、钟鼓在奏鸣着，而且声音愈响愈大起来。

没有风。海自己醒了。喘着气，转侧着，打着呵欠，伸着懒腰，抹着眼睛。因为岛屿挡住了它的转动，它狠狠地用脚踢着，用手推着，用牙咬着。它一刻比一刻兴奋，一刻比一刻用劲。岩石也仿佛渐渐战栗，发出抵抗的嗥叫，击碎了海的鳞甲，片片飞散。

海终于愤怒了。它咆哮着，猛烈地冲向岸边袭击过来，冲进了岩石的罅隙里，又拨刺着岩石的壁垒。

音响就越大了。战鼓声，金锣声，呐喊声，叫号声，啼哭声，马蹄声，车轮声，机翼声，掺杂在一起，像千军万马混战了起来。

银光消失了。海水疯狂地汹涌着，吞没了远近大小的岛屿。它从我们的脚下扑了过来，响雷般地怒吼着，一阵阵地将满含着血腥的浪花溅在我们的身上。

第 4 章

普通话水平测试

第 1 节 普通话水平测试应试须知

训练目标与要求

1. 了解普通话测试的方式和技巧
2. 掌握普通话测试的内容、范围和项目
3. 明确普通话测试的等级标准与评分方法，顺利达标

相关知识

一、普通话水平测试的性质和方式

"普通话水平测试"是语委测试机构根据国家语委颁布的《普通话水平测试等级标准》，测查应试者的普通话规范程度、熟练程度，认定其普通话水平达到哪一级哪一等的活动过程，属于标准参照性考试。

普通话水平测试不是普通话系统知识的考试，不是文化水平的考核，也不是口才的评估，只是对应试者掌握和运用普通话的规范程度进行的检测和评定。《普通话水平测试实施纲要》规定，普通话水平测试以口头方式进行。所以应试者不必在意自己普通话理论水平的高低，只要语音准确，尽量避免方言的影响，同时对口试这种测试形式有充分的心理准备，就一定能达标。

普通话水平测试又是一种资格测试。《普通话水平等级证书》是从业人员普通话水平的凭证，在全国范围内通用。目前，国内许多行业为贯彻落实《语言文字法》及人事部、教育部、国家语委下发的有关"普通话水平测试及培训"的文件精神，对本行业从业人员提出了相应的普通话水平等级要求，应试者可以根据自己打算从事或已经从事的行业对普通话水平等级的要求，确定自己的考级目标。应试者的普通话水平是根据自己在测试中所获得的分值确定的。

二、普通话水平测试的内容、范围和项目

《普通话水平测试实施纲要》规定，普通话水平测试的内容包括普通话语音、词汇和语法。普通话水平测试的范围是国家测试机构编制的《普通话水平测试用普通话词语表》《普通话水平测试用普通话与方言词语对照表》《普通话水平测试用朗读作品》《普通话水平测试用话题》。

河南省普通话水平测试项目包括四个组成部分（满分为 100 分）。

（1）读 100 个单音节字词，限时 3~5 分钟，共 10 分。

（2）读多音节词语（100 个音节，其中双音节词语占到 45~47 个，三音节词语为2个左右，4 音节词语 1 个），限时 2~5 分钟，共 20 分。

（3）朗读短文（1 篇，400 个音节），限时 4 分钟，共 30 分。

测试的前三项都是有文字凭借的。第一项，目的是测查应试者声母、韵母、声调读音的标准程度；第二项，目的是测查应试者声母、韵母、声调和变调、轻声、儿化读音的标准程度；第三项，目的是测查应试者使用普通话朗读书面作品的水平，在测查声母、韵母、声调读音标准程度的同时，重点测查连读音变、停连、语调以及流畅程度。

（4）命题说话，限时 3 分钟，共 40 分。

第四项命题说话，目的是测查应试者在无文字凭借的情况下说普通话的水平，重点测查语音标准程度、词汇语法规范程度和自然流畅程度。

三、普通话水平测试等级标准与评分

1997 年 12 月，国家语委颁布的《普通话水平测试等级标准》将普通话分为"三级六等"，即一级、二级、三级，每一级里又分为甲等、乙等。一级普通话可以叫做标准的普通话，二级普通话可以叫做比较标准的普通话，三级普通话可以叫做一般水平的普通话。各等级判定标准如下。

一级甲等　朗读和自由交谈时，语音标准，词汇、语法正确无误，语调自然，表达流畅。测试总失分率在 3% 以内，即 97 分及其以上。

一级乙等　朗读和自由交谈时，语音标准，词汇、语法正确无误，语调自然，表达流畅。偶然有字音、字调失误。测试总失分率在 8% 以内，即 92 分及其以上，但不足 97 分。

二级甲等　朗读和自由交谈时，声韵调发音基本标准，语调自然，表达流畅。少数难点音（平翘舌音、前后鼻尾音、边鼻音等）有时出现失误。词汇、语法极少有误。测试总失分率在 13% 以内，即 87 分及其以上，但不足 92 分。

二级乙等　朗读和自由交谈时，个别调值不准，声韵母发音有不到位现象。难点音（平翘舌音、前后鼻尾音、边鼻音、fu 与 hu、z-zh-j、送气不送气、i-ü不分、保留浊塞音和浊塞擦音、丢介音、复韵母单音化等）失误较多。方言语调不明显。有使用方言词、方言语法的情况。测试总失误率在 20% 以内，即 80 分及其以上，但不足 87 分。

三级甲等　朗读和自由交谈时，声韵调发音失误较多，难点音超出常见范围，声调调值多不准。方言语调较明显。词汇、语法有失误。测试总失分率在30% 以内，即 70 分及其以上，但不足 80 分。

三级乙等　朗读和自由交谈时，声韵调发音失误多，方言特征突出。方言语调明显。词

汇、语法失误较多。外地人听其谈话有听不懂的情况。测试总失分率在 40%以内，即 60 分及其以上，但不足 70 分。

四、国家对各行业从业人员的测试要求

根据各行业的规定，有关从业人员的普通话水平达标要求如下。

1．中小学及幼儿园、校外教育单位的教师，普通话水平不低于二级，其中语文教师不低于二级甲等，普通话语音教师不低于一级；高等学校的教师，普通话水平不低于三级甲等，其中现代汉语教师不低于二级甲等，普通话语音教师不低于一级；对外汉语教学教师，普通话水平不低于二级甲等。

2．报考中小学、幼儿园教师资格的人员，普通话水平不低于二级。

3．师范类专业以及各级职业学校的与口语表达密切相关专业的学生，普通话水平不低于二级。

4．国家公务员，普通话水平不低于三级甲等。

5．国家级和省级广播电台、电视台的播音员、节目主持人，普通话水平应达到一级甲等，其他广播电台、电视台的播音员、节目主持人的普通话达标要求按国家广播电影电视总局的规定执行。

6．话剧、电影、电视剧、广播剧等表演、配音演员，播音、主持专业和影视表演专业的教师、学生，普通话水平不低于一级。

7．公共服务行业的特定岗位人员（如广播员、解说员、话务员等），普通话水平不低于二级甲等。

8．普通话水平应试达标人员的年龄上限以有关行业的文件为准。

思考与训练

一、结合普通话水平测试的等级标准，制订自己的学习计划。
二、在课堂上谈谈自己对普通话水平测试的认识。

第2节　单双音节字词应试技巧与训练

训练目标与要求

1．了解《普通话水平测试大纲》规定的每项测试目的、要求与评分方法。
2．掌握普通话水平测试各项测试内容的应试技巧。

一、单音节字词应试技巧与训练

（一）"单音节字词"测试目的、要求与评分

1."单音节字词"测试目的

《普通话水平测试大纲》规定："读单音节字词测试的目的是测查应试人普通话声母、韵母、声调读音的标准程度。"

2."单音节字词"测试要求

（1）100 个音节中，每个声母出现次数一般不少于 3 次，每个韵母的出现一般不少于 2 次，4 个声调出现次数大致均衡。

（2）音节的排列要避免同一测试要素的连续出现。

3."单音节字词"测试评分

此项成绩占总分的 10%，即 10 分，限时 3~5 分钟。

（1）语音错误，每个音节扣 0.1 分。

（2）语音缺陷，每个音节扣 0.05 分。

（3）超时 1 分钟以内，扣 0.5 分，超时 1 分钟以上（含 1 分钟），扣 1 分。

（二）"单音节字词"应试指导

1.声母、韵母、声调发音准确到位

声母、韵母、声调是普通话语音系统中最基本、最重要的内容，它们是一个完整的统一体。此项要求应试者对每个字词读得要准确、清晰、响亮。声母要有力，发音部位要准确，发音方法要得当；韵母要注意唇形和舌位的到位，韵腹要拉得开、立得住，韵尾要收住，归音要到位；声调要标准、规范；发音时声、韵、调三者兼顾，不能含糊不清，模棱两可。

2.要注意纠正河南人说普通话常见的语音错误及缺陷

（1）语音错误

1）声母

① b 与 p，d 与 t 相混；

② zh、ch、sh 与 z、c、s 相混；

③ h 与 f 相混；

④ n 与 l 相混；

⑤ 舌尖后音 zh、ch、sh 发成舌面音 j、q、x；

⑥ 舌面音 j、q、x 发成舌尖前音 z、c、s；

⑦ r 发成[z]；

⑧ 零声母发成舌尖后音 r；

⑨ 舌尖后音 sh 发成唇齿音 f；

⑩ 舌根音 g、k、h 发成舌面音 j、q、x。

2）韵母

① a 发成 o；　　　　　　　　　　　② o 发成 e、ei；

③ e 发成 ê；　　　　　　　　　　　④ e 发成 ie；

⑤ e 发成 ei；　　　　　　　　　　　⑥ e 发成 ou；

⑦ i 和 ei 互混；　　　　　　　　　⑧ u 和 ou 相混；

⑨ u 发成 uo；　　　　　　　　　　⑩ u 发成 ü；

⑪ er 发成 ai；　　　　　　　　　　⑫ uen 发成 en；

⑬ ai 发成 ê；　　　　　　　　　　　⑭ ao 发成 uo；

⑮ iao 发成 io；　　　　　　　　　　⑯ uai 发成 ai、uê；

⑰ uei 和 ei 相混；　　　　　　　　⑱ ia 发成 io；

⑲ ie 发成 ê；　　　　　　　　　　　⑳ ua 发成 uo；

㉑ uo 发成 uê；　　　　　　　　　　㉒ üe 发成 io；

㉓ en 和 eng、in 和 ing 相混；　　　㉔ an、en 发成 ai、ei；

㉕ an、ian 发成 a、ia；　　　　　　㉖ ong 发成 iong；

㉗ ing 发成 iong；　　　　　　　　㉘ ian 发成 üan。

3）声调

① 把阴平 55 读成升调、降调、曲折调；

② 把阴平 55 读成中平 33，低平 22、11；

③ 把阳平 35 读成平调、降调、曲折调；

④ 把阳平 35 读成低升调 13；

⑤ 把上声 214 读成平调、升调、降调；

⑥ 上声在非上声前读成 35；

⑦ 把去声 51 读成平调、升调、曲折调；

⑧ 把去声 51 读成低降调 31；

⑨ 各调类的声调读成入声。

（2）语音缺陷

1）声母

① 舌尖后音 zh、ch、sh、r 发音部位靠前或靠后；

② 唇齿清擦音 f 上齿作用不明显，带有双唇摩擦音；

③ 舌根清擦音 h 靠后，发成喉擦音 [h]；

④ 舌面音 j、q、x 发音部位靠前但没读成 z、c、s；

⑤ 把舌尖前音读成齿间音；

⑥ 把合口呼韵母 u、uo 的零声母读成唇齿浊擦音 [v]。

2）韵母

① 把单元音 a 读成前低元音 [a] 或后低元音 [a]；

② i、u、ü 带有摩擦；

③ er 虽有卷舌色彩，但不太自然；

④ 前响复韵母和中响复韵母复合动程明显不到位；

⑤ ian 和 üan 发音时韵腹开口度大；

⑥ e 的舌位明显偏高或偏低；

⑦ 韵母 ie、üe 韵腹开口度略大；

⑧ an 韵母的韵腹 a 开口度略小；

⑨ 元音韵尾 i、u 过于清晰；

⑩ 鼻韵尾 n 读成鼻辅音 m。

3）声调

① 阴平调值保持平调，但读成 44；

② 阳平调中间略带曲折，读成 335、325；

③ 上声起点略高，读成 314、414；

④ 上声时值（音长）过长，读成 2114；

⑤ 上声时值（音长）过长，读成 2142。

3．不要将形近字误读

汉字的形体很多是相近或相似的，单独认读，稍不注意很容易读错。形近字误读有两种情况。一是有的人朗读过快，把很简单的字也读错了，如把"太"读作"大"。二是有些日常生活中不多用的字，或在词语中能念准，而单字一下子难以念准的字，极易念错。比如，"赅"、"骇"在书面上有"言简意赅"、"惊涛骇浪"之词，如单独出现，一下子难以把握，可能读错。

4．多音字可选读一音

单音节字词中有不少多音字，朗读时读哪个音都是正确的。比如"处"，读成 chǔ 或 chù 都正确。

5．速度要快慢适中

读单音节字词，只要每个音节读完整，一个接一个地往下读，就不会超时；不能快速抢读，有的字未读完全，"吃"掉了，降低了准确率；也不能太慢，不能每一个字都揣摩或试读，速度慢，超时则要一次性扣分。

6．要从左至右横读

单音节字词100个，测试题一般分为 10 排，每排 10 个字。朗读时从第一排起从左至右，不要自上而下读。

7．读错了及时纠正

一个字允许读两遍，即应试者发觉第一次读音有口误时可以改读，按第二次读音评判。

（三）"单音节字词"模拟测试训练

读单音节字词（100 个音节，共 10 分，限时 3~5 分钟）

固	浓	钾	酸	莫	捧	队	耍	踹	儿
哲	洽	许	滕	缓	昂	翻	容	选	闻
械	搞	堤	捡	魂	躺	瘸	蛀	游	蠢
字	披	翁	辆	申	按	捐	旗	黑	咬
悦	围	波	信	铭	欧	测	敷	闰	巢
瞥	贺	失	广	晒	兵	卦	拔	君	仍
胸	撞	非	眸	葬	昭	览	脱	嫩	所
德	柳	砚	甩	豹	壤	凑	坑	绞	崔
我	初	蔽	匀	铝	枪	柴	搭	穷	董
池	款	杂	此	艘	粉	阔	您	镁	帘

二、"多音节词语"应试技巧与训练

（一）"多音节词语"测试目的、要求与评分

1."多音节词语"测试目的

《普通话水平测试大纲》规定该测试项的测试目的是："测查应试人声母、韵母、声调和变调、轻声、儿化读音的标准程度。"

2."多音节词语"测试要求

（1）声母、韵母、声调出现的次数与读单音节字词的要求相同。

（2）上声与上声相连的词语不少于 3 个，上声与非上声相连的词语不少于 4 个，轻声不少于 3 个，儿化不少于 4 个（应为不同的儿化韵母）。

（3）词语的排列要避免同一测试要素连续出现。

3."多音节词语"测试评分

本测试项要求应试人朗读总计 100 个音节词语，限时 2～5 分钟，共 20 分。

（1）语音错误（含漏读音节），每个音节扣 0.2 分。

语音错误包括以下两方面。

1）将某个音节的声母、韵母、声调中的任何一个或几个要素，读成其他声母、韵母、声调。

2）轻声、儿化、变调的发音错误。

轻声词以《普通话水平测试用必读轻声词语表》为准。该表中标注为轻声，而未读成轻声的，判为错误；该表中没有，但《现代汉语词典》中标注为轻声的，读不读轻声均不算错误。

儿化词以《普通话水平测试用儿化词语表》为准。该表中标注为儿化，而未读成儿化的，判为错误；该表中没有，但《现代汉语词典》中标注为儿化的，读不读儿化均不算错误；未按普通话儿化韵音变规则发音的，判为错误。

变调指应该变调而未变调的，或者未按变调规律变调的，该音节判为错误；一个词语内由于一个音节声调错误而导致其他音节声调错误的，有关音节均判为错误。

（2）语音缺陷，每个音节扣 0.1 分。

语音缺陷包括以下几方面。

1）虽然没有将某个音节的声母、韵母、声调读成其他声母、韵母、声调，但其中一个或几个要素没有达到标准的程度。

2）轻声、儿化、变调发音不完全规范。

3）多音节词语若按音节分开读，该词语整体算一个语音缺陷；如词语内已有音节因语音错误或语音缺陷而扣分，则不再加扣该词语语音缺陷分。

4）轻重音格式不正确。

双音节词应读"中·重"轻重音格式的或三音节词应读"中·次轻·重"轻重音格式的，读作第一个音节为重读节，该词语整体算一个语音缺陷；如该词语音节因语音错误或语音缺陷已扣分，则不再加扣该词语语音缺陷分。

（3）超时。

超时 1 分钟以内扣 0.5 分，超时 1 分钟以上（含 1 分钟）扣 1 分。

（二）"多音节词语"应试指导

1. 声母、韵母、声调发音准确

应试者在朗读多音节词语时一定要注意声母、韵母、声调的准确发音，避免语音错误和语音缺陷的出现。

关于声母、韵母、声调方面典型的错误和缺陷类型，在"单音节字词"应试指导中已经列举，这里不再重复。但要强调的是，读多音节词语应注意区分几组并列在一起的难点音。如：

平翘相间音：

赞助 zànzhù	宗旨 zōngzhǐ	珠子 zhūzi
残虫 cánchóng	声色 shēngsè	丧失 sàngshī
尊重 zūnzhòng	储藏 chǔcáng	长足 chángzú
插座 chāzuò	素食 sùshí	私事 sīshì

边、鼻相间音：

嫩绿 nènlù	老年 lǎonián	能量 néngliàng
烂泥 lànní	冷暖 lěngnuǎn	奶酪 nǎilào

前后鼻韵母相间音：

烹饪 pēngrèn	聘请 pìnqǐng	成品 chéngpǐn
盆景 pénjǐng	平信 píngxìn	冷饮 lěngyǐn

舌根音和唇齿音相间音：

返还 fǎnhuán	盒饭 héfàn	粉红 fěnhóng
缝合 fénghé	富豪 fùháo	黄蜂 huángfēng

2. 注意节奏

读词语时要注意时间的把握，如果节奏太慢，就容易超时；而节奏太快，则造成发音模糊，影响得分。

测试时如有口误，可以改读，但只能改读一次，测试员将按照改读后的读音进行评判。隔词改读无效。

3．注意上声的变调

上声变调的一般规则是"前变后不变"。在多音节词语中，上声作"前字"时一定要变调，作"后字"（处于词尾）时不变调。

一个多音节词语的末一个音节如果是上声，一定要读出完整的降升调，不能只降不升；如果读成半上，就是语音缺陷。

上声变调训练：

雨衣 yǔyī	脚跟 jiǎogēn	垦荒 kěnhuāng	卷烟 juǎnyān
朗读 lǎngdú	古文 gǔwén	口形 kǒuxíng	坦白 tǎnbái
选举 xuǎnjǔ	手指 shǒuzhǐ	古典 gǔdiǎn	反省 fǎnxǐng
景色 jǐngsè	比较 bǐjiào	改正 gǎizhèng	暖气 nuǎnqì

4．注意"一"、"不"的变调

一定要掌握"一"、"不"在具体语境中的正确发音。"一"、"不"的变调都是以它们后边的音节为变调条件，如果后一音节为去声，则"一"、"不"应该读成阳平；后一音节为非去声，则"一"、"不"应该读成去声。

5．准确判断轻声词

多音节词语（100个音节）中有不少于3个的轻声词，分散排列在其间，要准确判断出轻声词，并正确朗读。防止受前面非轻声词的影响，把轻声词读重了。读轻声词还要避免把轻声读得让人听不见，即所谓"吃"字。

6．把儿化韵的卷舌色彩"化"在第二个音节上

"读多音节词语（100个音节）"中，儿化不少于4个。儿化词有明显的标志，在第二个音节的末尾写有"儿"，不要把儿化音节读得近乎两个音节，要把"儿"音"化"在第二个音节的韵母之上。

儿化的"语音错误"主要表现在：①把儿化音节读成近乎两个音节，有"儿"未"化"。②把儿化音节中带有 ar 的儿化韵读作带有 er 的儿化韵；③把儿化音节中带有 er 的儿化韵读作带有 ar 的儿化韵；④把儿化 aor、iaor 分别读成 ar、iar；⑤把儿化韵 i：er、ü：er 分别读成 ier、uer，即把"小鸡儿"、"趣儿"读成"小街儿"、"鹊儿"。

儿化的语音缺陷一般主要表现在儿化音节卷舌色彩生硬或卷舌色彩不明显。

7．读准多音节词语中的多音字（见附录五）

8．读多音节词语要连贯

多音节词语一般由2~4个语素组合在一起表示一个意义，也有的是两个音节构成的单纯词，分开不表示任何意义。朗读时不能把它们割裂开来一字一字地读，而应该读得自然连贯。

9. 读好多音节词语的轻重音格式

普通话多音节词语中的音节在读音上往往有相对定型的轻重差别，这就是词语的轻重音格式。在实际发音中，如果不能比较准确地掌握普话词语的轻重音格式，听起来就会觉得生硬、不自然，甚至带有方言腔调。应试者平时要多辨别、多练习，在测试时要表现出纯正自然的语感。普通话轻重音分为四个等级：重音、中音、次轻音、轻音。

（1）双音节词的轻重格式

1）中·重。前一个读中音，后一个读重音。双音节词绝大部分是这个格式。训练：

| 长城 | 和平 | 学校 | 蝴蝶 | 语法 | 拼音 | 汽车 |
| 出版 | 电话 | 绿叶 | 炊烟 | 泥土 | 世界 | 海洋 |

2）重·次轻。后面轻读的音节，原调调值仍可分辨，但不稳定。其中有的词语在《现代汉语词典》中轻读音节标注声调符号，但在轻读音节前加圆点以表提示，如客人、碰见、新鲜、均匀；有的词语在《现代汉语词典》中未明确标注，但一般也轻读，读音不大稳定，称"可轻读词语"，如分析、制度、现象、快乐。

3）重·轻。这部分词语可以依据本书"附录"《普通话水平测试用必读轻声词语表》训练。

（2）三音节词的轻重格式

1）中·次轻·重。绝大部分三音节词语都读这种格式。训练：

| 染色体 | 联合国 | 计算机 | 解放军 | 锦标赛 |
| 维生素 | 认识论 | 生产力 | 世界观 | 荧光屏 |

2）中·重·轻。训练：

好家伙	老头子	拿架子	做生意	好朋友
胡萝卜	同学们	小姑娘	凑热闹	打官司
闹别扭	赔不是	做事情	为什么	

3）重·轻·轻。这种格式的三音节词数量较少，其中有的相当于轻后面加上一个轻读的词缀。训练：

| 落下来 | 走出去 | 跳起来 | 桌子上 | 出来了 |
| 屋子里 | 朋友们 | 拿过来 | 耳朵里 | 姑娘们 |

（3）四音节词的轻重格式

1）中·次轻·中·重。绝大多数四音节词都是这个格式。训练：

| 理直气壮 | 千方百计 | 赤手空拳 | 一丝不苟 |
| 心旷神怡 | 出类拔萃 | 得心应手 | 兴高采烈 |

2）中·次轻·重·轻。训练：

如意算盘　外甥媳妇（儿）

（三）"多音节词语"模拟测试训练

读多音节词语（100 个音节，共 20 分，限时 2~5 分钟）

| 英雄 | 群体 | 候鸟 | 协商 | 首饰 | 柔软 | 口罩儿 |
| 夸张 | 状况 | 而且 | 下降 | 男女 | 镇压 | 跑腿儿 |

全面	刺激	工作	差别	虐待	衰老	红包儿
扫帚	谬论	回归	富翁	训练	聪明	世界观
课本	人民	强度	断层	表皮	盖子	挨个儿
长城	顶点	合同	掠夺	佛法	消费	三角形
赞美	速度	恩情	窘迫	问卷	不言而喻	

思考与训练

一、单音节词和双音节词的测试目的、要求及评分标准分别是什么？

二、对照附录五多音节词语中的多音字反复练习。

第 3 节　短文和命题说话应试技巧与训练

一、朗读短文应试技巧与训练

（一）"朗读短文"测试目的、要求与评分

1. "朗读短文"测试目的

《普通话水平测试大纲》对"朗读短文"测试的目的规定，"朗读短文"是"测查应试者使用普通话朗读书面作品的水平。在测查声母、韵母、声调读音标准程度的同时，重点测查连读音变、停连、语调以及流畅程度"。

2. "朗读短文"测试要求

（1）短文从《普通话水平测试用（60 篇）朗读作品》中选取。

（2）评分以朗读作品的前 400 个音节（不含标点符号和括注的音节）为限。

3. "朗读短文"测试评分

朗读短文 1 篇，此项成绩占总分的 30%，即 30 分，限时 4 分钟。评分标准如下：

（1）每错 1 个音节，扣 0.1 分；漏读或增读 1 个音节，扣 0.1 分。

（2）声母或韵母的系统性语音缺陷，视程度扣 0.5 分、1 分。

（3）语调偏误，视程度扣 0.5 分、1 分、2 分。

（4）停连不当，视程度扣 0.5 分、1 分、2 分。

（5）朗读不流畅（包括回读），视程度扣 0.5 分、1 分、2 分。

（6）超时扣 1 分。

（二）"朗读短文"训练的基本要求

普通话水平测试中"朗读短文"，主要目的不是评定应试者对于朗读技巧掌握的熟练程

度，而是"测查应试者使用普通话朗读书面作品的水平。在测查声母、韵母、声调读音标准程度的同时，重点测查连读音变、停连、语调以及流畅程度"。当然，应试者如果能在此基础上运用纯熟的朗读技巧，读得声情并茂、生动感人，那就是锦上添花了。因此，在"朗读短文"训练中应试者应根据该项测试目的，注重多从语音、语调、停连、流畅度、语速这五个方面下工夫。

1．语音规范

从评分六项中我们可以看出，语音的评分占了三项，这就显示出语音规范的重要性。在朗读测试项中，因语音不规范失分的情况，主要表现在声母、韵母、声调、上声，"一"、"不"的变调，轻声儿化以及"啊"的变读等方面的读音错误和缺陷上。这部分内容在前面的章节里已有详细的讲解和训练，这里不再详述。这里只提出应注意的主要问题。

一是"朗读短文"要把普通话语音的标准度和规范性放在首位，不能因注意内容和感情而忽略字音的准确性，夹有大量的方言音或完全用方言音去朗读。对容易读错的字词要查词典后用拼音标记下来，对于语音缺陷问题，要掌握科学的方法，反复训练。

二是要忠于原文，按原文的语句去朗读，千万不要错读，也不要漏读或增读，否则每个音节要扣 0.1 分。

2．语调准确

《普通话水平测试大纲》规定"朗读短文，语调偏误，视程度扣 0.5 分、1 分、2 分。"

语调是人们在语流中用高低轻重、抑扬顿挫来帮助表达思想感情的语音形式，是一句话里语音高低轻重的配置。语调是句子所特有的，它是句子的语音标志。语调偏误就是指在用普通话朗读或说话的过程中，受方言语音影响而形成的在语流中留下的具有方言色彩的语调形式。

语调与语音四要素中的音高、音强、音长联系很紧密。字调（声调）不准确，词语的轻重不当，句子的高低、轻重不当，是形成语调偏误的主要因素。朗读训练要注意以下几个方面。

（1）字调要准确。字调不准是直接影响普通话语调偏误的重要因素。河南方言在声调的调值方面主要是阴平音高不够高，阳平上升高度不够，上声降升不明显，时值过长，去声起音不够高，降得不够低。调类方面，有的地方，尤其是豫北，将方言的声调带进各调类的声调。在朗读中出现的怪腔怪调，洋腔洋调，都同没有掌握普通话声调有直接的关系。尽管声调的标准程度是准确表达语调的前提，但在连续的语流当中字调应服从语调。

（2）词语轻重格式准确。河南省一些地区的人说普通话时，常常在一些词语轻重格式上出问题，这个问题要解决：一是要加强语感的训练，多听标准的普通话朗读，听时注意分辨轻重格式；二是记好普通话双音节词语中"重·轻"格式的词语（即"轻声词语"），此外还应该读好"中·重"格式的词语。

（3）语句的轻重要准确。朗读中那些组成句子的词和短语，在表达基本语意和思想感情的时候，不是并列地处在同一个地位上，有的词和短语在表情达意上显得很重要，与之相比，一些词和短语不太重要。这就需要在朗读中进行轻重音处理。

什么是重音？朗读时需要强调或突出的词或词组，甚至某个音节，叫作重音。朗读中强调什么，不强调什么，要根据作者在文中表达的思想感情来确定。因此，掌握重音的要点是对文章意思的理解，一般说来，句子理解正确，重音也就容易找对。

应试者应该根据不同材料所表现的不同思想感情，具体处理句子中的轻重词语，不可错误处理重读、轻念，以致歪曲作品的思想感情，传递错误的言语信息。

（4）语句的句调要准确。句调就是句子的语调。语调是有声语言所特有的，它是句子的语言标志，任何句子都带有一定的语调。借助语调，有声语言才具有极强的表现力。在普通话水平测试中，不少应试者的句调没有高低、升降和曲折的变化，表现为平直而生硬，或是有变化却变化不当，形成一种语调的偏误现象。这种现象要在短时间里克服是有一定难度的，但是只要我们注意读准字调、掌握词语的轻重格式，把握好语势，加上多听、多练、多想，我们就能克服语调偏误的框框，提高普通话朗读水平。

3．停连得当

停连是指声音的停顿和连接。《普通话水平测试大纲》规定"停连不当，视程度扣 0.5分、1 分、2 分"，在测试中主要是考查应试者是否停连得当，即该停则停、该连则连。测试中，有些应试者由于对朗读材料不太熟悉，或对材料内容理解有偏误，因此易出现停连不当所引起的误读现象。

譬如朗读中停连不当致使词、句产生歧义；或读破句，碎句；或因换气造成的句子停连不当；或者无论什么标点符号，停顿的时间都一样等情况。

4．流畅自然

流畅是指流利顺畅，干净利索，自然得体，不回读，不间断，不读破句，不结结巴巴。在朗读中，眼睛看到文辞常常先于口中读出的文辞，这种看先于读的程度叫"视读广度"，又叫"视音距"。视读广度越大，理解越完全，中间重复、断读或读破句的情况越少。因此，要做到流畅自然地读，关键在于扩大视读广度。朗读视觉提前量一般是 3~5 个字，不能看到哪儿就读到哪儿，要逼着视觉往前走。尤其不能用手指着读。要眼脑并用，同步动作，让"看一想一说"在瞬间先后完成。当然，这只有通过多朗读、多练习才能达到。

5．语速适中

语速太快，容易出现含混不清的现象，或发音不到位，或两个音节合成一个音[如西安（xian）]，或读掉字，或中断后又重复。语速太慢，则容易将语句读得支离破碎，言不达意，以致超时。

（三）"朗读短文"应试提示

1．平时多准备

练就一口标准的普通话，绝不是一朝一夕的事，平时必须下一番苦功。平时训练，应注意以下几点。

（1）弄清朗读作品内容。每篇作品到底写了什么——什么人，什么事，什么理，什么景，什么情，什么物，首先要弄清楚。

（2）分析朗读作品结构。结构是思路的具体展现，只要分析透结构，就能把握作者的思路；只要理清作者的思路，就能真正理解作者的意图。要搞清楚作品内部段与段之间、句与句之间的层次关系，即先写什么，后写什么，如何开头结尾，怎么过渡照应等。层次有大小，篇有层次，段有层次，句也有层次。要由大到小，由粗到细依次划分。

（3）研究朗读作品的表达方式。在表达方式上，看看用的是记叙、描写、说明、议论、抒情中的哪一种，或是兼而有之。在表达方法上，看看是象征，是对比，还是衬托，是托物言志，还是借景抒情。朗读作品的表达方式方法不同，朗读时的情感表达方式与技巧也不同。

（4）分析每一篇文章的词句。在平时的朗读训练中，对 60 篇朗读作品都要从结构层次、节奏停顿、语速快慢、感情基调、停连安排、重音位置、语调抑扬以及其他表达技巧的设计等方面，进行细致地分析，反复揣摩，做到心中有数，甚至在书上划上一些记号。同时每个应试者应该针对自己的实际，确定自己练习的重点，攻破自己的难点。

（5）熟读每一篇文章。对 60 篇朗读作品都要读上几遍，烂熟于心。尤其是对重点段落和拗口之处不妨多读几遍。不要存在侥幸心理，只有把准备工作做得全面、认真、细致，才会有高质量、高水平的朗读。

（6）准确把握语音。

1）读准每篇文章中容易读错的难点字词。如平翘舌音的字词，n、l、f、h 声母的字词，前后鼻音的字词，读阳平"一"和"不"的字词，读去声"一"和"不"的字词，必读轻声词，两可的轻声词，儿化词等。同时要读准容易读错的其他词语，包括多音字、难点字、形近字等。例如：57 号作品中"踟蹰"（chíchú），18 号作品中的"割刈"（gēyì）；24 号作品中的"累累"（léiléi），9 号作品中的"编扎"（biānzā），20 号作品中的"驻扎"（zhùzhā）等。

2）正确判断容易混淆的轻声词。容易混淆的轻声词有以下三类。

① 以"子"为词尾的词语

一是"子"为词缀，没有实际意义的读轻声。比如：3 号作品中的"村子"；25 号作品中的"底子"；48 号作品中的"影子"；51 号作品中的"鼻子"。

二是"子"为合成词中的有实际意义的语素，不读轻声。比如：1 号作品中的"因子"；24 号作品中的"莲子"；27 号作品中的"石子"；37 号作品中的"童子"等，还有"电子"、"原子"、"铜子"、"棋子"等词都属于这种情况。

② 以"头"为词尾的词语

一是"头"为词缀，没有实际意义的读轻声。比如：3号作品中的"石头"；16 号作品中的"前头"。

二是"头"为合成词中的有实际意义的语素，不读轻声。比如：2号作品中的"钟头"；35号作品中的"山头"；40号作品中的"水龙头"；45号作品中的"源头"；55号作品中的"枝头"。

③ AA 式重叠词语

一是动词 AA 式重叠，第二个音节读轻声。比如：9 号作品中的"转转"；15 号作品中的"看看"；19 号作品中的"装装"；26 号作品中的"尝尝"；33 号作品中的"摸摸"。

二是称呼人的名词或少数非人称名词 AA 式重叠，第二个音节读轻声。比如：8 号作品中的"星星"，14 号作品中的"爸爸"，28 号作品中的"娃娃"，37 号作品中的"太太"。

三是形容词、副词 AA 式重叠，第二个音节不读轻声。比如：16 号作品中的"茫茫"，17 号作品中的"单单"，21 号作品中的"微微"，35 号作品中的"恰恰"，36 号作品中的"往往"，40号作品中的"静静"，50号作品中的"刚刚"，53号作品中的"姗姗"。

四是名词 AA 式重叠，表示"每一"、"所有"等附加意义的，第二个音节不读轻声。比如：6号作品中的"人人"；11号作品中的"事事"。

3）读准短文中的儿化词。对短文中的儿化词，要力求读得准确、自然。要做到这一点，就必须了解不同儿化词的不同读法，这在前面"儿化韵的规律"中已讲过，此处不再赘述。

另外，有些词语中的"儿"并不是儿化韵，不产生"儿化"这种变音。比如：3号作品中的"花儿"，21号作品中的"小儿"，23号作品中的"孙儿"，27号作品中的"幼儿"，35号作品中的"凤儿"，43号作品中的"女儿"等。

4）读好短文中的音译外来词。短文中出现的音译外来词（主要是人名、地名等一些专有名词）应该按所用汉字的普通话声母、韵母、声调读，不能按外语的发音习惯改变汉字的声母、韵母或声调。如果不明白这一点，按外语的读音习惯去读这些词语，那么就要付出每个音节扣 0.1 分的惨重代价。

5）读好短文中的长句。有的短文中存在一些拗口难读的长句，如果处理不好，就会犯停连不当的错误，影响测试成绩。这就需要注意以下两点。

一是朗读前要根据表情达意的需要合理安排停连的位置。

二是生理上需要的顿歇（如换气）必须服从内容表达的需要，不能因句子过长而随意停顿，造成停连不当的失误，破坏语意的完整性。

2．应试前的准备

应试前先抽签决定篇目，然后准备几分钟。在准备时，首先快速浏览材料，找出自己平时容易读错的字词，确认它们的正确读音；然后，找准难点句段的断句、停顿；接着，确立感情基调；最后，有感情地小声朗读一遍，做到胸有成竹。

3．应试时注意事项

（1）要有良好的心态。过于紧张或过于懈怠，都是不好的心理状态，它会影响朗读的正常发挥，应尽力克服。在测试时出现紧张、慌乱的心理，可能有以下几方面的原因。

1）平常缺乏在正式场合说话的锻炼，尤其是不习惯被几位测试员面对面测试这种阵势。

2）对自己信心不足或求胜心太急切，这都会使应试者在测试前或测试中产生巨大的心理压力。

3）各种各样消极暗示的干扰。许多朋友在进考场之前会想"我的语音基础不行，考不好怎么办"，"我要是考不及格多丢人啊"；在测试中会想"前面那句话没有读好，不知会扣几分"，"测试员的笔又在动了，不知道我会被他们扣掉多少分"。这些消极暗示不仅加重了应试者的心理负担，还会使应试者在测试中分散注意力。

正确的朗读状态应该是充满自信，以积极主动、轻松自如的心态参与应试，这样才能引发强烈的朗读愿望，发挥最佳朗读水平。

（2）速看慢读，用声恰当。在朗读过程中，速"看"速"想"，非常迅捷，而"读"就要从容。"读"一定要慢，一般情况下 400 字读两分半钟至三分钟。朗读的速度要从作品整体上去把握。在朗读较艰深的作品，或是碰到生僻的字词时，尤其要放慢速度，既照顾自己的朗读状态，又能够使听者明白其意义。

"用声恰当"就是选取自如声区，选取最佳音域、最佳音量。朗读过程中发觉用声偏高，可以在适当的时机把声音降低；如声音偏低，也可以在适当的地方略提高一点儿。

（3）不要"回读"或"纠错读"。应试时若是遇上读错或误读的情况时，应采取"将错就错"的应对措施，千万不要"回读"或"纠错读"，这样将导致更多的失分率。另外，"朗读短文"要力戒用固定腔调的形式，如"念书腔"、"唱书调"、"朗诵调"、"念经式"或"读文件、作报告式的官腔"。

二、"命题说话"应试技巧与训练

（一）"命题说话"测试目的、要求与评分

1."命题说话"测试目的

普通话水平测试中的命题"说话"，不同于日常生活中的谈话，它是应试者的单向说话。《普通话水平测试实施纲要》明确规定，测试说话的目的在于"测查应试人在没有文字凭借的情况下说普通话的水平，重点测查语音标准程度、词汇语法规范程度和自然流畅程度"。

2."命题说话"测试要求

（1）说话话题从《普通话水平测试用（30 个）话题》中选取，由应试者从给定的两个话题中选定两个话题，连续说一段话。

（2）说话是应试者单项说话。如发现应试者有明显背稿、离题或说话难以继续等表现时，主试人应及时提示或引导。

3."命题说话"测试评分

此项成绩占总分的 40%，即 40 分，限时 3 分钟。《普通话水平测试纲要》规定的具体评分档次如下：

（1）语音标准程度，共 25 分。分六档：

一档：语音标准，或极少有失误，扣 0 分、1 分、2 分。二档：语音错误在 10 次以下，有方言语音但不明显，扣 3 分、4 分。三档：语音错误在 10 次以下，但方言语音比较明显，或语音错误在 10～15 次之间，有方言语音但不明显，扣 5 分、6 分。四档：语音错误在 10～15 次之间，方言语音比较明显，扣 7 分、8 分。五档：语音错误超过 15 次，方言语音明显，扣 9 分、10 分、11 分。六档：语音错误多，方言语音重，扣 12 分、13 分、14 分。

（2）词汇、语法规范程度，共 10 分。分三档：

一档：词汇、语法规范，不扣分。二档：词汇、语法偶有不规范的情况，每次扣 1 分。三档：词汇、语法屡有不规范的情况，扣 3 分、4 分。

（3）自然流畅程度，共 5 分。分三档：

一档：语言自然流畅，不扣分。二档：语言基本流畅，口语化较差，有类似背稿子的情况，语调不够自然，扣 0.5 分、1 分。三档：语言不连贯，语速不当，语气、语调生硬，扣 2 分、3 分。

说话不足 3 分钟，酌情扣分；缺时 1 分钟以内（含 1 分钟），扣 1 分、2 分、3 分；缺时 1

分钟以上，扣 4 分、5 分、6 分；说话不满 30 秒（含 30 秒），此项成绩计为 0 分。

（二）"命题说话"训练的基本要求

说话训练是在读单音节字词、读多音节词语、朗读文章这三项基础上的高层次训练。前三项都是有文字凭借的，其内容通过强化训练，在一定时间内可以达到相当熟练的程度。说话是没有文字凭借的，其内容比前三项多了一个由思维（内部言语）转化为有声语言（外部言语）的过程。说话既要考虑普通话的标准规范，又要考虑内容的表达，语言的组织，这就是加大应试的难度。在整个测试中，此项是否测试成功，将直接影响受测者是否通过普通话"达标"。因此，我们对该项内容应给予高度重视，要按照《普通话水平测试实施纲要》的要求，根据该项测试自身的具体特点，有针对性地准备和强化训练。

1．语音要标准

"说话"测试，其测试重点在于语音。语音标准程度，直接关系到整个测试得分的高低。语音标准程度的分值为 25 分。语音准确，即声、韵、调不能出现失误，无系统的方言语音错误，无方言尾音，变调、轻声、儿化均按普通话训练所述要求去说。尤其要注意克服平翘音、n 与 l、f 与 h、前后鼻韵母不分等现象。

2．词汇、语法要规范

《普通话水平测试实施纲要》规定，"说话"时，词汇、语法规范程度，其分值为 10 分。因此，测试中，应试人遣词造句要得体、恰切，要避免使用方言词汇。如"那邦"（那边）、"中"、"管"（好、行）、"疵毛"（差劲）、"争个说"（一直说）、"不得法"（有病、不舒服）等。受测人由于平时说惯了方言，再加上心情紧张，仓促之中往往会来不及进行信号转换，方言词汇或方言语法在测试中不小心就会显现出来，因而在平时训练中要努力克服。

3．语句要自然流畅、口语化

此项分值为 5 分。说话时，音节与音节的组合是连贯的，每一句话表现出内在气韵的贯通。说说停停或边想边说，或边说边纠正发音错误，或带口头禅，或一句话重复几遍，或语速过快过慢，都是说话不够自然流畅的表现。说话本来是一种无文字凭借的即兴讲话，由于是测试，许多人准备了文字材料甚至能够背诵，如果把此项测试变为背诵材料，则会在语音中带上较浓重的书面文字的色彩，失掉说话应有的口语化色彩，出现背书腔。

说话是口语化的，口语化的语言具有它自身的特点。一是在用词方面，少用书面语，尽可能选用口头使用的词语。如"洗澡—沐浴"这一对词语，前者适用口语化的表达，后者常用于书面表达。不用时髦语，避免同音词。二是在造句方面，注意多用短句、散句、无主句、省略句、独词句等自然句，少用长句、整句、成分臃肿的句子和多重复句。三是在语调方面停顿、重音、快慢、升降等都应呈现日常口语时的自然状态。因此，有文字材料准备的应试者应把稿纸上的文字内容转换成记忆中的信息代码，然后在思维机制的控制下，按照"编码"程序逐句地转化为口头表达的语言，使"说话"充分体现上述口语化的特点。

（三）"命题说话"的准备技巧

1．分析说话题目

分析说话题目与作文审题没什么区别。分析说话题目是讲话的第一步，说话首先要确定说什么，围绕什么中心来说，切忌信马由缰、离题万里。

（1）分析话题要抓题眼。比如"我喜爱的动物"这个题目，题眼是"喜爱"，即对人或事物有好感或感兴趣。所以，说话时就要说自己对某种动物有何好感，喜爱它什么，如何喜爱。

（2）分析话题立意要好。比如"我的业余生活"这个题目，无论说什么事，都应该激励或告诫人们正确为人处世，立志敬业，崇尚真善美，摈弃那些低级庸俗的假恶丑的东西。

2．确定说话类型

可以把说话话题分为四类进行训练。

（1）自我介绍类：童年记忆、我的成长之路、我的愿望、我的学习生活、我的业余爱好、我的假日生活、我和体育。

（2）介绍他人类：我的朋友、我尊敬的人、我所在的集体。

（3）介绍事物类：我知道的风俗、我的家乡（或熟悉的地方）、我向往的地方、难忘的旅行、我喜爱的动物（或植物）、我喜爱的职业、我喜爱的文学（或其他）艺术形式、我喜爱的季节（或天气）、我喜欢的节日、我喜欢的明星（或其他知名人士）、我喜爱的书刊。

（4）评说类：谈谈卫生与健康、学习普通话的体会、谈谈服饰、谈谈科技发展与社会生活、谈谈美食、谈谈社会公德（或职业道德）、谈谈个人修养、谈谈对环保的认识、购物（消费）的感受。

3．精心选择材料

测试说话题目，涉及的范围跟我们每个人的生活都密切相关，每个题目都应该有话可讲，人人都应该有话可说。但因为是正式测试，而非日常聊天，这些看似简单的题目，很多人又觉得无话可说，这就需要对自己生活的各个方面作一下回顾。挑选那些自己熟悉的、最能说明问题、具有代表性的材料加以叙述、介绍或论说。选材，可以是自己亲身经历的，也可以是自己耳闻目睹的，有的甚至是自己合情合理想象的。只要思路开阔，就能有无尽的素材，娓娓道来。一般来讲，人在说话时，按正常语速，每分钟可说 170～180 个字。应试者 3 分钟应准备 540 字左右的内容，但由于紧张等因素，人们在测试时，往往有忘词现象，因此应多备一些材料。不过，这里要提醒应试者的是，在准备话题内容时，尽量不要涉及那些有可能激起情绪强烈波动的内容（比如失去亲人、家庭变故等），以免由于情绪的原因而导致说话不流畅，而大大影响测试成绩。

另外，要找准话题的切入点，将生疏的题目化为熟悉的内容，设法将大题化为小题。比如"谈谈对环境保护的认识"，"环境保护"，有正面的，也有反面的；有宏观的，也有微观的。应试人可以选取经常发生在身边的事情，如空气污染、河流污染、乱伐树林、乱采矿藏、乱倒垃圾、乱折花木、虐待吞食珍稀野生动物问题、食品袋儿问题等，都是一种环保话题，你可以从某一点切入，把抽象的题目化为具体的内容，就有话可说了。

4．理清表达思路

测试说话的目的是测试应试者使用普通话的准确度和流畅度。测试中的说话并不完全是口头作文，更不是即兴演讲，对于词语、结构没有过高要求，只要语句通顺流畅，词汇语法规范，语音正确无误即可。但在测试中，有些应试者往往说得很凌乱，东拉西扯，一盘散沙，使听者不知所云。先说什么，后说什么，哪些详说，哪些略说，应试者应该把素材按某条思路串起来，使自己容易记忆，说着顺口，测试员听着顺耳。

应试者常常以下面几类提示来考虑说话的顺序和内容。

一是记叙描述类：①是谁（是什么）；②怎么样；③举例子。

二是说明类型话题：①是什么（是谁或是什么样的）；②表现在哪几个方面；③每个方面是怎样的；④自己的态度或打算。

三是议论评价类话题：①是什么（提出自己的观点）；②为什么（归纳出支持这个观点的几条理由）；③举例子（可在每条理由之后分别举例）；④怎么办（再次强调自己的观点或提出实现观点的几条建议）。

应试者也可采用"总—分—总"的结构模式，即围绕说话题目，先概括说几句，引入主体，主体部分应该从不同角度或用一些具体的事例加以说明，最后再归结几句，照应开头。这种结构不仅平易简单，而且很容易口语化。比如"谈谈社会公德"这个话题，可以从以下几方面来说：①什么是社会公德，社会公德表现在哪些方面，为什么要从遵守社会公德（社会公德是用以维护公共生活秩序、调节人们在公共生活中相互关系的一种约定俗成的行为规范；社会公德具体表现在遵守秩序，明辨是非、文明礼貌、孝敬父母、尊重妇女、扶弱济困、救死扶伤、爱护公物等方面。遵守社会公德有利于维护正常的社会秩序，推动精神文明建设，促进社会和谐发展）。②从某一方面为切入点用具体事实证明为什么人人都应遵守社会公德。③怎样遵守社会公德，结束话题。当然说话结构是没有刻板的模式的，但不论怎样组织材料，都应尽量做到有条不紊，通俗易懂，繁简适宜，新颖有趣。

5．整理定型

材料结构大致定好以后，将其列出说话提纲或整理成书面材料，然后进行修改。修改时一是要审查用词是否规范，表意是否准确通俗、浅易明白，句式是否简短，流畅上口，要修改掉华丽、生僻、拗口的词语。二是根据自己的方言特点，把那些拿不准或容易读错的字词，逐个查字典定音、定调，并反复进行口头练习，强化记忆。三是适当讲究一点"文采"。尽管测试不是测口才，但倘若词汇运用得丰富、细腻，表达准确、得体，才华毕现，热情洋溢，测试员会不由地给高分。

6．反复训练

整理好说话内容，审词定音后，并不是万事大吉，并不意味着测试成功，还要不辞劳苦地反复训练。一是把那些失误频率较高的字音准确熟练掌握。二是把已准备好的书面材料抛开，化为发自肺腑的口头自然表述，切记不要带着背诵或演讲的腔调。三是语速不可过快过慢，语音的清晰度和响亮度不可过强过弱。有些应试者说话速度太快，像打机关枪似的"嗒嗒嗒嗒"一阵猛扫，语音错误、方言词语、方言语法、病句不经意之间全会冒出来，不知不觉中就被扣掉了很多分。还有些应试者说话速度太慢，拖拖沓沓，断断续续，流畅度方面就会丢掉不少分。因此，我们建议：测试说话应使用比平常说话稍微慢一点的语速，这样，应试人可以边想边注意发音，边斟酌用词用句。四是避免口头禅。口语化表达要求简洁、明快，口头禅不仅出现大量无用的信息，还使句子支离破碎，严重影响语音的完整性和言语的流畅度。五是建议应试人用录音的方法练习说话，录一遍，听一遍，检查纠正之后再录一遍……这样练下来，效果肯定很好。

总之，不管用什么方法或技巧准备话题，必须牢牢记住：命题说话测试主要是检测你普通话语音的标准度、词汇语法的规范度和言语的流畅度，自身的努力都必须紧扣这三个方面进行。

（四）"命题说话"应试提示

1．要有轻松自如的心态

单项说话是一项比较宽松的口头语言考试，因此说话时它不要求像演讲那样慷慨激昂，不要求像朗诵那样声情并茂，不要求像论辩那样辞锋锐利，而是要求应试者用轻松自如的心态、口语化的语言，紧紧围绕说话题目，好像面对老朋友聊天一样去展开话题。

2．要能随机应变

在测试中，如发现自己准备的腹稿有不妥之处或准备的素材一时忘掉，要随时调整。"普通话水平测试用说话题目"有些话题内容是可以相通的，只要事先对话题的内容进行一番仔细的分析和整合，准备一个基本内容就可以涵盖好几个题目，说话时只需说几句扣题的开场白，然后巧妙地转入自己准备的内容就行了。要善于随机应变，不要死记硬背，不必拘泥于事先准备好的材料。

3．要说够 3 分钟，不能"半途而废"

说话往往心情一紧张，感觉无话可说，说不到 3 分钟，就再也说不下去了。你不妨采用这样的方法：一是延宕构思法。尽量争取一点时间，在不让人感到"矫情"的前提下，适度延宕，将思维散点连缀成篇，或扩句成篇，使自己的说话内容逐渐充实丰富，使表达的感情逐渐充沛、饱满。二是富含例证法。纯粹理论性的东西，逻辑性要求较高，用词也很严格，又不易展开，因而思之维艰。如果你选择举例，则可以从苦苦思索中解脱出来，因为故事、经验很容易复述；在绘声绘色的举例中，你的紧张情绪会渐渐消失，话题会越说越顺。生动的故事能打动听者，增进沟通。

附：普通话水平测试用 30 个说话题目

1．我的愿望（或理想）；

2．我的学习生活；

3．我最尊敬的人；

4．我喜爱的动物（或植物）；

5．童年的记忆；

6．我喜爱的职业；

7．难忘的旅行；

8. 我的朋友；

9. 我喜爱的文学（或其他）艺术形式；

10. 谈谈卫生与健康；

11. 我的业余生活；

12. 我喜爱的季节（或天气）；

13. 学习普通话的体会；

14. 谈谈服饰；

15. 我的假日生活；

16. 我的成长之路；

17. 谈谈科技发展与社会生活；

18. 我知道的风俗；

19. 我和体育；

20. 我的家乡（或熟悉的地方）；

21. 谈谈美食；

22. 我喜欢的节日；

23. 我所在的集体（学校、机关、公司等）；

24. 谈谈社会公德；

25. 谈谈个人修养；

26. 我喜欢的明星（或其他知名人士）；

27. 我喜爱的书刊；

28. 谈谈对环境保护的认识；

29. 我向往的地方；

30. 购物（消费）的感受。

思考与训练

一、"朗读短文"和"命题说话"的要求及评分标准各是什么？

二、"命题说话"的基本要求和技巧是什么？

三、朗读下面语段，注意朗读短文的基本要求。

在各种生命力中，唯有安静最具影响力。阳光静静地普照大地，人的耳朵听不见任何声响，但是它却带给人无限的祝福和行善的能力。地球吸引力也是沉默无声的，它没有机器的嘎嘎声，铁链的铿锵声，也没有引擎轰隆的噪声，然而它却操纵着宇宙的星球按照一定的轨道运行不已。夜晚，露水悄然而降，润湿每一株小草，每一片树叶，每一朵花瓣，使它们焕然一新。电的本源不是轰隆的雷响，而是无声的闪电。大自然的奥秘隐含在安静之中，巨大的力量常常无息地进行。

自然界的奇迹都是在静谧中酝酿。宇宙的巨轮无声地运转。我们处在这个嘈杂的时代，如果想保持圣洁，每天必须有一段孤独安静的时刻。

第5章

口语交际与训练

第1节 朗　诵

训练目标与要求

1. 了解朗诵的含义及特点
2. 掌握朗诵的类型与技巧

相关知识

朗诵是把文字作品转化为有声语言的创作活动。朗，即声音的清晰、响亮；诵，即吟诵。朗诵，就是用清晰、响亮的声音，结合各种语言手段来完善地表达作品思想感情的一种语言艺术。朗诵与朗读相似但又有区别。两者的不同之处：一是选材种类不同。朗诵在选材上只限于文学作品，只有辞美、意美、脍炙人口的文学作品适合朗诵；朗读的选材十分广泛，诗歌、散文、议论文、说明文等各种文章都可以读。二是应用范围不同。朗诵是一种独特的、艺术性较强的语言口头表达活动，是对文学艺术形式的延伸，这种形式多在舞台、文娱活动中使用；朗读是一种教学宣传形式，主要用于课堂学习和电台、电视台播音。三是表现形式不同。朗诵的口语形式生动优美，具有文娱性、趣味性、角色性、华美性，一般是脱稿成诵，目的在于通过艺术表演，使听众受到思想感情熏陶，获得语言美的感受；朗读的口语形式平实自然，具有知识性、转述性、规整性、质朴性，依照作品边看边读，目的在于准确表达原作的思想内容，感情真实，但是不能有表演、夸张的痕迹，语调只求神似，不能采用角色化的语言。朗读中的语速、重音、停顿、连读等技巧在朗诵中是同样的，所以本章不再赘述这些技巧。

一、朗诵的意义

朗诵是口语交际的一种重要形式。在文艺活动和日常生活中它是人们喜闻乐见的一种口语艺术表演形式。

（一）朗诵有利于宣传教育

朗诵可以运用口语艺术进行政治宣传和思想教育。不论过去，还是现在，这种口语艺术一直很受人们的欢迎。人们参加朗诵（包括自己朗诵和听别人朗诵）还能学到很多东西。通过朗诵，可以学习先进思想，明辨是非，陶冶情操，净化社会风气。

朗诵宣传比较直观、生动，有人物形象，有感情变化，有气氛渲染，能使听众在文学语言艺术的欣赏中自然地受到感染和教育。朗诵宣传，直接用口语表达，比较迅速、简便，能使听众很快接受，并能引起强烈共鸣和直接反应。这就是朗诵艺术一直很受人们欢迎和社会重视的主要原因。

（二）朗诵有助于理解文学作品

对一篇文学作品，自己默读，往往不如听成功的朗诵印象深，受益多。自己默读，限于一个人的思想水平和文化修养，对作品理解总有一定的限度，而且抽象的文字符号也不如真人的声音信号对大脑的刺激印象深。听朗诵，通过响亮生动的有声语言，会对作品产生具体鲜明、栩栩如生、经久难忘的印象。朗诵，实际上就是用有声语言对文学作品进行生动的图解，这种图解往往胜过一般的分析讲解。有些作品，文化程度低的人不好理解，但一经别人朗诵，就变得十分浅显、生动、通俗、易懂。因此，文学作品的朗诵已成为人们文化活动的重要内容，不仅文化程度高的人通过朗诵得到很多教益，而且程度低甚至不识字的没有阅读能力的人也可以从朗诵中接受文学作品的熏陶。

（三）朗诵有助于培养语言的表现力

朗诵的语言是规范、标准、富于表现力的艺术语言。它要求字音正确优美，词句熟练流利，语调、语气表情达意。有些人说话，声音不好，口齿不清，语调平淡，只要经过朗诵训练，这些毛病就可以逐渐得到改正。朗诵训练的过程，就是口语训练的过程，也是语音和思想感情结合的训练过程。

语言学家周殿福先生在《艺术语言发声基础》一书中说："朗诵的锻炼，是由生活语言过渡到艺术语言的桥梁。"凡是经常做朗诵训练的人，他的口语能力就会得到明显提高，吐字发音会更加准确有力，声音会更加响亮优美，语词会更加富有情感。这就是生活语言向艺术语言过渡的具体表现。

二、朗诵的特点

（一）文学性

朗诵的文学性，主要表现在朗诵材料—朗诵作品的体裁上。朗诵的材料一般都是诗歌、散文、小说等文学作品。一些非文学作品，如社论、书信等，一旦作为朗诵材料，往往也会偏向于表现某个人的某种思想感情，自然带上明显的文学色彩。文学艺术也是语言的艺术，作品的人物形象、故事情节都是运用语言表现的，有声语言最能显示语言的风采和魅力。文学作品通过朗诵可以再现作品描写的人物形象、环境气氛和生活场景，充分发挥它的艺术魅力和教育作用。

（二）艺术性

朗诵的艺术性，主要表现在朗诵者的修养和技能技巧上。朗诵是一种比较精细、高级的有声语言艺术。朗诵者必须具备一定的文学修养，要能分析欣赏各种体裁的文学作品，这是朗诵表情达意的前提；朗诵者必须具备一定的语言修养，要熟练掌握标准发音和发声技巧，要善于正确地运用语调语气，这是表情达意的关键；朗诵者必须具备一定的舞台表演艺术修养，要敢于在大庭广众之下说话，要善于正确地发音，要有自然的表情，这是朗诵表情达意的重要条件。此外，朗诵者还必须具备一定的政治思想修养、社会知识修养，这是朗诵表情达意的基础。朗诵艺术就是以上各方面修养的综合体现，缺少哪一方面修养都不可能成为一个合格的、优秀的朗诵者。朗诵不是一般的读书，而是一门艺术，其奥妙也就在这里。

（三）表演性

朗诵的表演性主要表现在朗诵运用的形式上。朗诵一般都在舞台上进行，所以朗诵者必须具备一定的表演才能：要有端庄的仪态，丰富的表情，优美的语言。朗诵者还可以适当化装，可以运用灯光布景，可以进行配乐。所有这些，都是为了增强朗诵艺术的表演效果。

只要是朗诵，即使是在小的范围内进行，都会带有表演的艺术性质。朗诵者要向听者显示自己的文学修养和口语艺术才能，听者总要对朗诵者的文学修养、口语才能和表达效果等进行评价，这都具有表演活动的明显特点。在现实生活中，善于表演的人，一般都善于朗诵。话剧、电影演员总比一般人朗诵得好，这主要因为他们具有艺术表演的修养和才能。

三、朗诵的类型

（一）单人朗诵

这种朗诵是指一个人在舞台上朗诵或者在广播里朗诵。单人朗诵有两种形式。

自然式：主要是通过声音的高低快慢来区别人物，区别叙述和议论，不注重人物具体声音形象的描绘。

表演式：用声音的变化，形体动作来区别人物，模仿人物，这种风格的朗诵绘声绘色，生动形象，有较强的吸引力。

（二）双人朗诵

即两个人朗诵一篇作品，可以齐诵，也可以对诵。对诵的方式是多样的，主要有以下三种。

A．两人分段或分章节朗诵；

B．一人朗诵解说部分，一人朗诵人物语言；

C．各自朗诵不同人物的语言及有关部分。

不管哪一种朗诵，都要根据作品内容与朗诵者的特点而定。这种朗诵能给观众留下鲜明清晰的印象。

（三）多人朗诵

是指一篇作品由几个人一齐朗诵或分角色朗诵。也有人把这种朗诵称作分角色朗诵。这种形式便于体会和表达人物思想感情。

（四）集体朗诵

这种朗诵可以分齐诵和领诵两个部分，分工要注意内容之间的有机联系。领诵者应由朗诵水平较高的人担任，因为他要朗诵具有深刻的思想感情的部分。齐诵部分一般是表现共同的思想愿望，强调作品的气势。齐诵一定要整齐，速度可适当放慢一些，节奏的变化不宜过大，注意不要负担字数多的长句和拗口的句子。这种朗诵形式可以在口语训练中一次使很多人得到锻炼。

（五）配乐朗诵

是指朗诵时配上音乐，通过音乐烘托渲染气氛，帮助衔接，强化感情，增强作品的表现力。它可以很快很自然地把听众带入作品的意境中去。但是，不可以随便借用曲子，而应根据作品的内容专门进行设计，音乐要与作品的思想内容一致，产生一种和谐美，以增强朗诵效果。

（六）化装朗诵

根据作品里的不同人物，让朗诵者化上妆，穿上人物的服装来进行朗诵表演。它很有些演话剧小品的味道。若有条件，再加上灯光、布景等，效果会更好。但是这种形式的朗诵要求较高，不具备一定条件，效果就不会好。

四、朗诵的基本技巧

（一）要深入理解作品

要朗诵好作品，必须首先深入理解作品。要把作者的书面语变成自己自然的口语，把作者急切反映现实生活的创作冲动变成自己热切倾诉的愿望。朗诵者不仅要对作品有深入的理解，更要对作品有真切的感受。在分析理解作品的基础上，展开想象，是朗诵表演最重要的条件。朗诵者必须善于用自己生动的、有感情的语言激发听众的想象活动，这是朗诵吸引听众、感动听众的关键。听众的想象活动总是以朗诵者的想象活动为基础。朗诵者的想象活动愈丰富听者的想象活动也就随之愈活跃。丰富又清晰的想象，会使朗诵语言充满生命的活力，会生动地再现作品，使听众更深刻地感受作品的思想内容。对作品深刻的感受又可以反过来活跃朗诵者的想象，使朗诵者沉浸在作品所描写的环境气氛中，取得如闻其声，如见其人，引人入胜的效果。

朗诵要取得良好效果，不仅要深入理解作品，还必须按自己对作品的理解进行反复练习，达到烂熟于心、闭目成诵的程度。背诵作品是做到熟练朗诵的关键，朗诵者不能放松这一艰苦的训练。如果对材料不熟，朗诵时一边看一边念，就不能做到和听众交流感情，必然要破坏感情和情绪，影响朗诵的效果。

（二）字正腔圆

朗诵者的语音不仅要符合普通话的规范，还要符合艺术语言的规范：字正腔圆。字正，主要是指发音正确，意义真；腔圆，主要是指语调自然，音色美。朗诵者只有用这样的艺术语言才能正确、自然地表情达意，才有生命力。我们要想把一篇作品内容朗诵得像一幅有声有色的图画展现在听众面前并引起他们感情上的共鸣，首先就要在"字正"上下功夫，要把每句话的意思交代清楚。戏曲界讲究"千斤念白，四两唱"，强调练"嘴皮子上的功夫"，都是为了解决"字正"，吐字清的问题。著名表演艺术家李默然说："气托声，声带字，气声相助字才清"，可见只有底气充足，声音才会清晰、响亮。如果缺乏基本功训练，在大声朗诵时，就会出现以声"盖"字（"吃"字）的毛病，直接破坏朗诵语言的真实性和艺术性。吐字不清，南腔北调，矫揉造作、粗重生硬的语音，只能引起听众的反感。

在朗诵中，朗诵者的语言要在"字正"的基础上求得"腔圆"，缺少哪一方面都不能产生理想的艺术效果。"字正"而腔不圆，会影响语言的音乐性，使语言枯燥无味，感情不能充分表现出来；"腔圆"而字不正，会减弱语言的清晰度，使语言有味没字，语意不能明确地表达清楚。因此，朗诵者只有用规范优美的语音，才能调动听众的感情，扣动听众的心弦，发挥最大的感染力。

（三）语调自然

朗诵的语调必须朴实自然，不能矫揉造作。朗诵的语言，必须建立在生活语言的基础上，富有生活气息。离开生活语言的基础，创造一种矫揉造作的"朗诵腔"会使听众感到很不舒服，从而破坏语言的真实性和感染力。正确的朗诵语言应该是语调朴实自然，声音高低适度，使听众能听得清楚，既保持生活语言的朴素美，同时又具有高于生活语言的艺术性和感染力。

要做到语调自然，应注意处理好作品中各种人物的独白和对话。朗诵与演话剧不同，朗诵者不需要改变音色，去模仿每个人物的语调。那样会转移朗诵表达的中心，影响朗诵语言的整体美。

要做到语调自然，还必须在朗诵中注意避免语调的重复。例如，诗歌作品中有许多叹词"啊"，有些人朗诵，常采用一种高腔拖音，使人感到重复、生硬。事实上，不同的"啊"代表着不同的思想感情，有明显的差别。朗诵时必须深入理解作品，采用不同的语调，恰当表达作者的思想变化。只有这样，才能使听众感到自然真实，受到感染，引起共鸣。

（四）态势恰当

态势语言是朗诵表情达意必不可少的辅助手段。如果运用得好，可以大大增加语言的艺术力量，增加朗诵的艺术效果。正确地运用眼神可以帮助朗诵者把作品的情节和人物的情绪更加逼真地传达给听众，把听众引导到作品规定的情景之中，使听众如临其境，如见其人，如闻其声，引起强烈的思想共鸣。要获得这样的效果，朗诵者首先要有这样的感受，眼前要有这样的"视像"，心目中要出现这样的环境和情景。有些人朗诵，眼神捉摸不定，当他讲天空时，眼睛却看着地面，当他和作品中人物讲话时，眼睛却注视着观众。这种不协调的眼神，往往会分散听众的注意力。眼神同人们的精神状态和感情变化紧密相连。朗诵时，运用眼神必须紧密结合作品思想感情变化。眼睛要敢于正视听众，要善于用眼睛同听众交流思想感情，使听众感到自然亲切，真实可信。

手势也是朗诵表情达意的重要手段。它可以帮助朗诵者抒发感情，塑造形象，更深刻地表达作品的思想感情。如果使手势和朗诵内容配合得体，就会加深听众的印象，增强语言的感染。运用手势，必须注意准确自然，果断有力，要少而精。

"姿态"、"身势"也是朗诵表情达意的重要辅助手段。朗诵的正确姿态应该是谦逊有礼，神态自然，全神贯注地进入作品，与听众自然交流感情，心心相印。

综上所述，朗诵时适当使用外部动作，有助于语言的表达。但必须注意配合恰当，切不可盲目滥用，画蛇添足。

（五）角色意识

朗诵是一种有声语言艺术，它不纯粹是转述作者的思想感情，还需要朗诵者有角色意识，即角色感，来突出声音达到朗诵的目的。但是朗诵的角色又不同于戏剧、电影、电视中的角色，它们表演得那样细腻，好比国画中的工笔画，而朗诵中的角色则是写意画。

朗诵者站在舞台上，首先有一个角色定位——意识到自己是谁，此时此刻，自己的情感、语气应该是怎样。例如：朗诵《黄河》，把自己想象成一个头裹白毛巾的陕北汉子，朗诵作品时，传递给听众的是一种沧桑感和亲切感；把自己定位为黄河边上的一座塑像，就给听众一种苍茫、沧桑和冷峻感。其次要有角色行为。自己担任的角色在干什么——抒发情感、描绘美景、与他人对话，还是独白。不同的情感情绪，需要在声音中、动作中有所体现。如《致橡树》是一首表达作者爱情幻想的诗歌，是爱情宣言，朗诵时不能把它处理成向对方倾诉爱情的情感，那样与原作不一致。

思考与训练

一、什么叫朗诵？朗诵与朗读的异同是什么？

二、朗诵的艺术性主要表现在哪些地方？

三、朗诵的技巧是什么？

四、自选一篇文学作品，进行朗诵练习。

海燕

高尔基

在苍茫的大海上，风卷集着乌云。在乌云和大海之间，海燕像黑色的闪电，在高傲地飞翔。

一会儿翅膀碰着波浪，一会儿箭一般地直冲向乌云，它叫喊着，——就在这鸟儿勇敢的叫喊声里，乌云听到了欢乐。

在这叫喊声里——充满着对暴风雨的渴望！在这喊声里，乌云听到了愤怒的力量、热情的火焰和胜利的信心。

海鸥在暴风雨到来之前呻吟（shēnyín）着，——呻吟着，它们在大海上飞窜，想把自己对暴风雨的恐惧，掩藏到大海深处。

海鸭也在呻吟着，——它们这些海鸭呀，享受不了生活的战斗的欢乐：轰隆隆的雷声就把它们吓坏了。

蠢笨的企鹅，胆怯地把肥胖的身体躲藏在峭崖底下……只有那高傲的海燕，勇敢地，自由自在地，在泛起白沫的大海上飞翔。

乌云越来越暗，越来越低，向海面直压下来；而波浪一边唱歌，一边冲向高空，去迎接那雷声。

雷声轰响，波浪在愤怒的飞沫中吼叫着，跟狂风争鸣着吧，狂风紧紧抱起一层层巨浪，恶狠狠地把它们甩到峭崖上，把这些大块的翡翠摔成尘雾和碎沫。

海燕叫喊着，飞翔着，像黑色的闪电，箭一般地穿过乌云，翅膀刮起波浪的飞沫。

看吧，它飞舞着，像个精灵，——高傲的、黑色的暴风雨的精灵，——它在大笑，它又在号叫……它笑那些乌云，它为欢乐而号叫！

这个敏感的精灵，——它从雷声的震怒里，早就听出了困乏，它深信，乌云遮不住太阳——是的，遮不住的！

风在狂吼……雷在轰响……

一堆堆的乌云，像青色的火焰，在无底的大海上燃烧。大海抓住闪电的金箭，把它们熄灭在自己的深渊里。这些闪电的影子，像一条条火蛇，在大海里蜿蜒游动，一晃就消失了。

——暴风雨！暴风雨就要来啦！

这是勇敢的海燕，在怒吼的大海上，在闪电中间，高傲地飞翔；这是胜利的预言家在叫喊：

——让暴风雨来得更猛烈些吧！……

（戈宝权译）

朗诵提示：

《海燕》是高尔基的一篇散文诗。作者以饱满的战斗激情描绘了海燕在暴风雨前的英雄形象，反映了俄国 1905 年革命前夜的政治形势，表现了无产阶级革命者英勇顽强、乐观进取的战斗精神。这篇作品，一直是激励着人们积极斗争。

朗诵时，首先要明确文中各种景物的象征意义。例如："暴风雨"，象征日益成熟的革命形势；汹涌澎湃的"大海"象征群众的革命力量；"乌云越来越暗"，象征沙皇统治的残酷；"海燕"，象征勇敢顽强的无产阶级革命战士；几种水鸟，象征目光短浅、害怕革命的资产阶级自由派。

描述海燕的活动，语气需热情洋溢，语调昂扬有力，以突出赞扬海燕的勇敢；叙述海鸥等水鸟的表现，要用轻蔑的语气，读得平淡、低缓，以表现鄙视海鸥等水鸟的怯懦。

作品前六个自然段，写暴风雨到来前的海燕；七至十一段，写暴风雨临近时的海燕；十二段以后，写暴风雨就要来到时的海燕。

最后两句点明主题，是海燕革命精神的集中表现，也是全文思想感情发展的高潮。朗诵时，要满怀豪情，语气坚定，语调高昂，"就"、"猛烈"等词特别加重，以表现海燕一往无前的革命气势，给听众以巨大的感染力。

微笑

杨钧炜

微笑是心灵无声的问好　　　　　　是探索性的信任和礼貌
是淡雅、友爱的花苞　　　　　　　不要在上级面前才慷慨馈赠
是蓝天一样明净的小诗　　　　　　不要见到关系户才咧开嘴角

不要为蝇营私利去廉价拍卖　　　　　我们的事业扇着金色的翅膀
不要被迷惘和失望扔进冰窖　　　　　喜悦溢出唇缝，漫上了眉梢
在繁忙的柜台，在拥挤的车厢　　　　微笑应是中华民族经常的面容
在摩肩接踵的人行道　　　　　　　　微笑应成为我们相处的一个信条
越是"火星"容易燃爆的所在
越是需要微笑、微笑　　　　　　　　朋友，微笑吧，微笑是沉静的美
探索者对生活微笑　　　　　　　　　同志，微笑吧，微笑是文明的桥
生活会以光明和信心回报　　　　　　让全世界投来惊喜和美慕
失足者对劳动微笑　　　　　　　　　——中国，中国，充满微笑！
人民会以赤诚和温暖相交

朗诵提示：

《微笑》这首诗歌从社会各个方面叙述微笑的作用和意义。诗人对新时代的精神文明进行热情歌颂，对社会上的不正之风进行了辛辣的讽刺，褒贬分明。

全诗六小节。朗诵第一节应以娓娓动听、和蔼可亲的语气向人们讲述什么是可贵的微笑。第二节以排比句式讽刺不正之风，朗诵时应用较严肃规劝的语气。第三、四、五节写文明礼貌是中华民族的传统美德，处处需要微笑。朗诵时应音调稍提高，感情真挚。其中"繁忙"、"拥挤"、"摩肩接踵"、"越"、"微笑"、"生活"、"劳动"都应作重音处理。

最后一节是号召性的语言，要朗诵得热情奔放。结尾两行用重音加强，以表现满腔的爱国热情。

这首诗每节的二、四两行最后一个字是押韵的，朗诵时可稍稍拖长字音，显示出诗的韵味来。

第2节　交　谈

训练目标与要求

1. 了解交谈的意义及交谈的方式
2. 掌握交谈的基本技巧和要求

相关知识

交谈也叫会话或对话，是双边或多边的言语活动。人们之间的谈心、聊天、问路、探访、打电话以及讨论、争辩等都属于交谈。

一、交谈的意义

语言是人类最重要的交际工具，而交谈则是社会交际的最基本的言语形式。交流思想、沟通信息、洽谈业务、联系工作、切磋学问等，经常要使用交谈的方式。据统计，人均每天至少要用

去一个小时的时间同别人交谈。交谈，从某种意义上说，具有组织整个社会活动的功能。

虽然人们都在运用交谈这种说活方式，但是并非人人都能交谈得很好。

例如，有的人问路，管一位姑娘喊"大嫂"，路没问到，反遭到姑娘的白眼；有的人管一位同事的父亲喊"大哥"，虽然态度和蔼，事后却使那位同事不舒服了好些天。再如：

张鹏、李强和赵亮一起参加了省级技能大赛，张鹏得了一等奖，李强得了铜奖，赵亮止步于初赛。

回来的途中，张鹏与好友赵亮走在前面，李强便赶上去，十分真诚地对张鹏夸赞道："张鹏，你怎么这么厉害？我连吃奶的劲儿都使出来了，才得了个铜奖。你却毫不费劲地拿到了金奖，真是太厉害了！"

"别那么夸张，瞎猫碰个死耗子罢了！"张鹏谦虚道。

"你还是个瞎猫呀？你要是瞎猫，那其他人不都成了病猫、死猫了！"李强的话刚说完，一旁的赵亮连招呼都没打就突然加快了脚步，张鹏叫他他也没有停下来。于是，张鹏有些尴尬地对李强说："不好意思，我先走一步！"说着便去追赵亮。李强一个人愣住了。

李强本为赞美张鹏，态度真诚，先后使用两次对比，以自己之弱来比衬对方之强，自然会令对方倍感愉悦，遗憾的是，李强没有考虑到在场的赵亮的感受。

在人们的日常交谈中，话语失当、答非所问、言不及义、语无伦次、冷语伤人的现象屡见不鲜。不讲究交谈艺术，在现代社会将到处碰壁，会影响团结，影响工作，影响学习。所以，具备一定的交谈能力，是现代社会人才的重要条件。

二、交谈的特点

（一）对象明确

交谈比起独白体谈话（如演讲、作报告、讲故事、致辞等），对象更加固定、明确。交谈的对象总是固定的一个或几个人。

（二）话题灵活

交谈都有话题。话题一旦确定，谈话的双方便要围绕话题来交谈。但是，话题往往处于不断变化之中。人们交谈一般都是即兴谈话，想说什么就说什么，天南海北、海阔天空，话题多变。它比独白体谈话具有更大的灵活性。

（三）连贯性差

由于交谈时话题灵活，常常转换和中断，所以人们在交谈中的话语往往缺乏连贯性。交谈的内容，从整体上看，结构比较松散。

（四）话语自然

交谈有时是先想后说，有时是边想边说。人们在交谈中往往来不及对话语进行调整和润色。一句话说错了，一旦发现，还可以随时补充和纠正。交谈时的话语，最接近人们的原始思想，语句平实自然。交谈所使用的语言，正是人类的自然语言。这是交谈不同于其他说话方式的最显著的特点。

一位老太太拎着篮子去买水果。她来到第一个小贩的水果摊前问道："这李子怎么样？"

"又大又甜。"小贩回答。

老太太摇了摇头，走向另一个小贩："你的李子新鲜吗？"

"都是刚摘下来的，您要多少？"

"你帮我挑酸一点儿的，来一斤。"

"酸的？好！"小贩一边说一边挑着，"您府上有人喜欢吃酸的？"

"我儿媳妇要生孩子了。"

"老太太，您对儿媳妇真体贴，俗话说酸儿辣女，她一定能给您生一个大胖孙子。"老太太显然被小贩说中了心事，显得格外高兴。

小贩称完李子说："两斤半，就给十块钱得了。"

"行，就来这些吧。"

"您不来点别的了？猕猴桃含多种维生素，特别适合孕妇。"

"是吗？我还真不知道，那给我再来一斤猕猴桃吧。"

"摊上您这样的一位婆婆，有福气呀。"小贩开始给老太太称猕猴桃，嘴里也不闲着："我的水果都是当天从批发市场找新鲜的批发来的，您的媳妇要是吃好了，欢迎您再来。"

面对同一个顾客，第二个小贩不仅多售出了李子，还卖出了一斤猕猴桃，轻松地卖了水果，第一个小贩只是得到了一个摇头的动作。第二个摊贩从老太太要买的李子酸甜谈起，谈到老太太的心事——想要个大胖孙子，再说到适合孕妇的猕猴桃，到最后的邀请——下次再来。话题几经转变，连贯自然，又围绕自己多售水果多赚钱的目的进行的交谈，充分显现了交谈的特点。

三、交谈的基本要求

（一）分析对象

要想使交谈融洽，顺利达到预期的目的，必须观察、了解交谈对象。观察了解的内容是多方面的，它包括对方的姓名、籍贯、大致年龄、职业、职务、愿望、心绪、性格、嗜好、忌讳以及家庭情况，身体状况等。

观察了解的方法，可以向知情人询问，也可以仔细观察分析交谈对象的起居环境，服饰仪表，但最主要的方法是边交谈边观察了解。观察分析交谈对象的目的完全是为了取得最佳交谈效果。如了解对方的姓名、职业、职务是为了便于称呼，显得亲切；了解对方的籍贯、年龄可以推测对方的阅历，确定自己谈话的内容和提出问题的角度；了解对方的忌讳，是为了在交谈时尽量避开，以免引起交谈对象的不快。

我们不需要了解交谈对象的全部情况。凡与交谈不相关涉的问题，不要花精力去询问了解，否则，有可能给交谈带来不良的后果。

（二）注意开头

交谈开头的几分钟，对于形成良好的交谈气氛，至关重要，与陌生人交谈尤其是这样。

开始交谈，称呼要有礼而得体。第一句话要带有启发、诱寻性，使得对方有话可说。如果一开始不便于说出中心话题，则可以就地取材，按当时的环境先选择别的话题，待对方开始有兴致时，再转入正题。如果碰到的是陌生人，实在找不出合适的话题时，则可以恭敬地询问对方的姓氏、职业、籍贯。知道了这些，就容易找到话题。可以同教师谈学校、同工人谈工厂，也可以同广东人谈香蕉、同东北人谈人参。如果对方津津乐道于所提话题，便可形成良好的交谈气氛。

（三）掌握话题

话题，反映着交谈者的动机，它规定和制约着交谈的内容、范围和重点。掌握中心话题是交谈顺利进行并取得良好效果的重要保证。中心话题要在交谈进行到一定时候，适时地提出来，并在交谈中注意控制和及时转换。

1．怎样提出话题

提出话题的方法有"开门见山法"、"侧面迂回法"和"反面激将法"三种。在交谈中采用哪种方法，要根据交谈对象、内容和环境确定。

① 开门见山法

开门见山法是最基本的交谈方法，即交谈开始，就直截了当地把话题提出来。它可以节约交谈时间，提高交谈效率。这个方法，适合于同熟人、知心朋友交谈时使用。

② 侧面迂回法

一开始不提出中心话题，先谈一些对方感兴趣的问题，当形成愉快交谈气氛时，再巧妙地引出中心话题。这种方法，一般适合同陌生人或关系一般的人交谈。有时，交谈对象不愿谈中心话题，也可以暂时先谈一些无关紧要的话题，等对方情绪好转，再转到主要话题上来。

③ 反面激将法

当对方执意不愿谈你想谈的主要话题时，可以巧妙地用激将的方法激起对方冲动，引起对方交谈的迫切愿望，达到交谈的目的。千万注意，运用"激将法"要因人而异，要掌握"激将"的时机，万万不可将关系搞僵。

飞机上，一名男乘客对一名乘务员傲慢地命令道："小姐，把我的行李放上去！"

乘务员微笑地回答道："先生，对不起，我一个人的力量不够，我们一起抬上去，好吗？"

那名乘客马上讥讽说："你不是天使吗？天使还放不上去？"

"先生，你可是我们的上帝啊！"乘务员依然微笑地回答，"连上帝一个人都放不上去，我一个天使又怎能放上去呢？"

乘务员借男乘客的："你不是天使吗？"之语和"乘客是上帝"的职业箴言进行发挥，将男乘客推到"上帝"的高位——由于上帝在人们的习惯意识中，比天使更具有力量，所以乘务员接下来说"上帝一个人都放不上去，我一个天使又怎能放上去呢？"的话语，男乘客只好自己放行李了。

2．怎样控制话题

交谈带有随意性，话题常常转换。因此，要学会在交谈中控制话题。否则，谈了半天，不得要领，也达不到交谈的目的。控制话题的方法主要有"引导法"和"拦截法"两种。

① 引导法

当融洽的交谈气氛形成后，交谈对象可能出现口若悬河，离题万里的情况。这时，就应十分礼貌地插上一句半句，提醒对方注意不要离题太远。当对方谈到正题上时，要微微点头，或用简短的应答词语加以肯定。

② 拦截法

当交谈对象不顾暗示一直滔滔不绝地大谈特谈话题以外的话时，可以直接拦截话头，阻止对方再说下去。但要因人而异，注意采用合适的方式方法。对老熟人、老朋友，可以直截了当地加以阻止；对上级、长辈或陌生人，则应十分注意选择"拦截"的时机和用语。当对方谈话告一段落时，可以十分有礼貌地说："请您停一下！"或"请允许我打断您的话！"待对方停止讲话后，再重申自己希望谈的话题，使交谈顺利进行。

3．怎样转换话题

当对方对某一话题已经谈完看法时，要注意用引导法引到别的话题上去。当对方对某一话题不感兴趣时，也不要勉强对方再说下去。当对方提出的话题使你很尴尬时，可以用巧妙的方法回避，随意谈些别的话题，以摆脱困境。当与对方谈的话题已经谈完，可以很自然地转换到即将告辞的话题上来，以便及早结束交谈。

（四）讲究语言美

交谈时要使用全国通用的普通话。注意说话和气、文雅、谦逊与礼貌。要通过优美的有声语言来表达自己的思想。和气，指说话要和颜悦色，心平气和的，不能声色俱厉；文雅，指说话的内容要健康，能体现出一定的文化素养，不说脏话和粗俗的话；谦逊，指说话的态度要谦和、友好，不盛气凌人，不好为人师；礼貌，指说话时尊敬对方。对方忌讳说的话，要巧妙地避开，或用委婉的说法表达，以维护对方的自尊心。不能动辄争辩，反目相向，更不能用讥讽、挖苦的口吻说话。

俗话说："良言一句三冬暖，恶语伤人六月寒。"运用优美的语言，可以有效地交流思想，增进了解与友谊；还可以消除疑团和误会，化干戈为玉帛。谈吐不当，满口粗话、脏话，最容易伤害感情，造成矛盾和隔阂。

《非诚勿扰》栏目中，瘦弱的男嘉宾上场，有的女嘉宾说："我挺喜欢吃甘蔗，但我不喜欢带着甘蔗上街。"身材有点胖，肚子有点大的男嘉宾上场时，有的女嘉宾说："你如果戴上长头发的假发套，我一定会觉得你是孕妇。"

简析：这些女嘉宾说话冷漠讥讽，缺乏对他人的尊重，也显得她们缺乏修养，少素质。

（五）听、说兼顾

交谈是双边或多边的言语活动，交谈时要注意互相配合，听、说兼顾。

在对方说话时，要专心致志地听，不能三心二意。不要无端插话，以免影响谈话人的情绪和思路。要一边听，一边观察对方的表情态度。要听话听音，借以了解对方谈话的要领和对某一事件的态度，从而确定自己谈话的内容。自己说话时，要与对方的话密切配合。谈话要切题，不能答非所闻，东拉西扯。观点要鲜明，能表态的要明确表态，不能吞吞吐吐。要言之有物，言之成理、以理服人。不说假话、大话、空话。

交谈时，反应要敏捷。当别人在说话中突然发问时，要及时给予回答。当你说到某一句话令对方难堪时，要随时注意纠正自己的话，或说声"对不起"表示歉意。当交谈的对象表现出对谈话不感兴趣时，要注意及时转换话题或及早告退。

姿态，是交谈的辅助手段。它能配合有声语言表达思想感情。因此，交谈时，不论是听还是说，站立、落座、走动的姿势都必须自然、大方、得体。姿态要文雅，活动要适宜。与长辈交谈，更要有礼貌。坐要坐得端正，站要站得自然，不能两腿随意摇来晃去，显得傲慢无礼。自己说话时，可以用适当的姿势辅助说话，但切忌手舞足蹈、得意忘形，也不要背着手旁若无人地走来走去。

（六）注意修辞

交谈不同于写文章，但都是使用语言，都得注意修辞。写文章可以对书面语言进行字斟句酌、反复推敲。交谈时运用有声语言的即兴谈话，要求高速度高效率地传达语言信息，为了提高交谈的效率，增加交谈的趣味性，也应适当地注意口语修辞。交谈时，用词要准确得体。要注意词的使用范围、语体色彩和感情色彩。还要注意多用口语词，少用难懂的书面语词和文言词。赞扬一些事物，要注意使用褒义词；否定一些事物，要适当地使用贬义词。庄重严肃的交谈场合，要避免使用粗俗的词。

交谈时采用的句式，以短句，省略句、独语句、自然句为最好。应尽量少用复杂单句和多重复句。长句难以驾驭，令人费解，还可能引起误会。交谈要尽量做到言简意明，尽量减少重复信息、多余信息和无用信息。如有人说话，经常使用"啊——"、"是吧"一类的字眼，听来令人生厌；再如有人说话爱使用"我说呀"、"我认为"之类的口头禅，都是语言不简练的具体表现，坚决避免。

交谈人要把话说得生动形象些，幽默风趣些，还需要学习一些常见的修辞格。比喻、借代、排比、对偶、夸张、反语、顶针、双关、歇后语等修辞格都可恰当地在交谈中选用。这样做，可以使语言准确、鲜明、生动，使交谈气氛活跃，谈兴盎然。但要防止滥用说话技巧，不能给人以"耍嘴皮子"的感觉，更要避免使用格调不高的歇后语和俏皮话。

女儿："妈妈，我们午饭吃什么？"

妈妈："丰盛的午餐。"女儿看看几道做好的菜，做着夸张的表情说道："妈妈，您喂兔子呢？"

妈妈不好意思地笑了。此后的餐桌上，女儿总能发现，有道荤菜没有品尝过。

女儿用比拟手法，把人比作兔子来表达对没有肉菜的餐饭的不满意，诙谐有趣。

再如：

一天，小刘看到一位老太太在卖新枣，新枣看上去很新鲜、很水灵，小刘打算买一些，就问卖枣的老太太："这新枣多少钱一斤？"老太太："8元一斤。"小刘诧异："这新枣晒成干枣后才卖5元一斤，况且，要多少斤新枣才晒一斤干枣？你这价儿也太离谱了吧？"

老太太："你说是干瘪瘪的老太太值钱呢，还是水灵灵的大姑娘值钱？"

老太太由枣联想到了人，用干瘪瘪的老太太类比干枣、用水灵灵的大姑娘类比新枣，哪个值钱不言自明。

四、交谈的种类

给交谈分类，标准不同，分类的结果也不尽相同。从机遇上分，交谈可以分为偶然性交谈、约会性交谈和拜访性交谈等。从对话题的处理方式上分，交谈又可分为问答式交谈、商讨式交谈和论辩式交谈等。从传达信息的方式上分，交谈又可以分为面谈、笔谈、手语式交谈和打电话等。当然还可以有其他的分类方法。下面简单介绍几种常见的交谈形式。

（一）偶然性交谈

偶然性交谈是指不期而遇的交谈。当走路、学习或工作时，偶尔遇上老师、同学、亲戚、朋友等熟人，这时的交谈就属于偶然性交谈。交谈时应使用礼貌用语，谈些关心对方的话。若无特殊需要，三言两语即可。不宜滔滔不绝地长谈，以免浪费时间，贻误学习和工作。向素不相识的人问路，也属偶然性交谈。问路时说话要有礼貌，称呼要文雅得体，使对方乐于指路。答话的人要热情，指路要明确而具体，使对方能按照所描绘的方位很容易地走向预定地点。

（二）约会性交谈

约会性交谈是双方事先都有思想准备的交谈，这里又包括私人约会和工作约会等。私人约会交谈又叫"谈心"。同事之间、朋友之间、师生之间、恋人之间的约会交谈都属于这一类。谈心时，态度要诚恳，感情要真挚，言谈话语要顾及对方的要求、愿望和情绪。要互相尊重、互相谅解、推心置腹、以诚相见。一般不要用教训人的口吻同对方谈话。当对方犯有这样或那样错又不愿听取别人意见时，态度要冷静，不要急躁。要循循善诱，因势利导，晓之以理，动之以情，使谈心始终在融洽的气氛中进行。

工作约会交谈包括外交谈判、贸易谈判、工作研究、学术讨论等。一般说来，交谈以前，双方都做了思想上、物质上、观点上、政策上的充分准备。交谈时，多用工作用语。参加交谈的人要注意用语的科学性与逻辑性。观点要鲜明，中心要突出，说话要有理有据，条理清晰；数据、事实要真实可靠，不能弄虚作假。争辩问题，要注意有理、有利、有节。不要垄断谈话，要给到场的人以说话的机会。工作性的约会谈话，还要注意礼仪。一味板着面孔说话也是不得体的。要调节好交谈的气氛，尽量避免使谈话陷于僵局。

（三）拜访性交谈

一方有目的、有礼貌地拜会，访问另一方时进行的交谈称为拜访性交谈。探亲、访友、看望病人等都属于这种交谈。拜访交谈要特别注意文明礼貌，否则就难以收到拜访交谈的理想效果。

拜访者要主动开始谈话，并珍惜拜访时间。谈话要热情、诚实、坦率。要注意聆听被拜访人的谈话，认真回答对方的问题。拜访结束时，要注意使用适当的告别礼貌语。

看望病人时，应该说一些病人希望知道的、能引起病人愉快的事情，使病人受到安慰，得到乐趣，增强与疾病斗争的信心。切勿对病人的病情作耸人听闻的描述，更不要谈论死亡一类的话题，以免刺伤病人。例如：

张经理住院，公司员工去探望。小王关切地问："经理您得了啥病，多久能治好啊？"经理答道："急性肝炎，几天就好了。"小王却说："经理，您可得留神啊，急性肝炎治不好就会转化成慢性肝炎，再不重视就会导致肝癌，肝腹水呢……”小高连忙打断：“经理，别听他胡说，小毛病，很快就好了。”小王大声说：“你们不信啊？我们对门的王大爷，就是急性肝炎没治好，最后得肝癌去世的。”张经理生气地说：“你是不是盼着我得肝癌啊？”从医院出来，大家纷纷埋怨他“满嘴放炮”，探望病人时应尽量少谈或不谈病情，更不可随意夸大病情。

（四）打电话

电话这种通信工具使人们的交谈冲破了空间的束缚，给人们带来了便捷，但是如果缺乏打电话的常识与素养，不懂接打电话的礼节，就不能通过电话高效率处理有关事务，就不能依赖电话通信达成愉快的应诺与协议。有人曾说：“不管在公司还是在家庭里，凭这个人在电话里的讲话方式，就可以基本上判断出其教养的水准。如果说文如其人，那么不妨说话如其人。”打电话要做到以下几点。

1. 选好时间。打电话的时间除了紧急的要事以外，一般在以下时间不适宜打私人电话，否则是一种很不礼貌的行为：①三餐吃饭的时间；②早晨7点以前；③晚上10点以后；④午休时间。电话中交谈所持续时间，一般不超过5分钟。打办公电话的时间在上班后半个小时和下班前半个小时比较合适。

2. 讲究礼貌。打电话也要讲究礼貌。拿起听筒，首先要互问“您好”，再互道姓名，然后提出话题。一般由打电话者先自报姓名（或单位），说明找谁接电话。通话完毕，也要相互说“再见”或“谢谢”。通常是由拨电话的一方先挂机。如果与长辈通电话，无论谁先拨电话，都应由长辈先挂机。“女士优先”的礼节，这里同样也适用。听对方说话时，应不时地应声，以表示信息反馈，对人尊重。

3. 语调轻柔舒缓。①轻柔：指说话的声音轻柔悦耳，不生硬，音量适中，亲切感人；大嗓门，瓮声瓮气，震耳欲聋，使听者产生烦躁不满情绪，不能平心静气地进行交流。②舒缓：指语气温和，语调舒缓。这样，有利于通话双方进行愉快的交流。一位军事话务员深有体会地说：“语调过高，语气过重，会使用户感到尖刻、严厉、生硬、冷淡；语气太轻，语调太低，会使用户感到无精打采、少气无力、心不在焉；语调过长又显得不负责任、草率应付、没有诚意。一般说话语气适中，语调稍高些，尾音稍拖一点才会使用户感到亲切自然。另外，语气语调要充满笑意，要融进温暖和友谊。”

4. 语言清晰简洁。①清晰：不仅指发音清楚，吐字清晰，也指表达准确，语言通俗，让对方容易明白，凡是谈到人名、地名、数字、时间等重要概念与关键句子最好重复一遍，尤其是重要的通知，还可以让对方再复述一遍，证实无误，可结束通话。说话时，嘴不要离话筒过远或过近。②简洁：是指语言简明扼要。在办公室或公用电话亭通话，更应该要言不烦。

（五）道歉

1. 道歉语应当文明而规范。有愧对别人的地方，就应该说："深感歉疚"、"非常惭愧"；渴望别人的原谅，就可以说："多多包涵"、"请您原谅"；有劳别人，可以说："打扰了"、"麻烦了"；一般的场合，也可以讲："对不起"、"很抱歉"、"失礼了"。

2. 道歉应当及时。知道自己错了，马上就要说"对不起"，否则拖得越久，就越会让人家"窝火"，越容易使人误解，而且你也越不好开口。为一件五百年前的事情道歉，实在没什么大意义。

3．道歉应当大方。道歉绝非耻辱，应当大大方方，堂堂正正。不应该遮遮掩掩，也不要过分贬低自己，说什么"我真笨"、"我真不是个东西"，这可能让人看不起，也有可能被人得寸进尺，欺软怕硬。

4．道歉可以借助于"物语"。有些道歉的话当面难以启齿，给对方写一封信也可以。对西方女士来说，最好的道歉方式，就是送上一束鲜花，婉"言"示错。这类借物表意的道歉"物语"，会有很好的反馈效果。

5．道歉并非万能。不该向别人道歉的时候，就千万不要向对方道歉。不然对方肯定不大会领你的情，搞不好还会因此而得寸进尺，为难于你。即使有必要向别人道歉时，也要切记：道歉的目的是自己此后的所作所为有所改进，不要言行不一，依然故我，让道歉仅仅流于形式，只能证明自己做人缺乏诚意。

有时候，道歉不是一句对不起，一句谢谢就能起到的作用，而是要在言语中，充分考虑到对方的利益，站在公正的立场说话。例如：

一次，在一个十字路口，一人驾车撞上了一辆摩托车。骑车的小伙子破口大骂："你眼瞎了！红灯看不见吗？想撞死我呀？"

开车人没有争论，友善地说："先不要说谁对谁错，先看看你有没有受伤。"

小伙子拍拍身上的灰尘，发现没有什么大碍，看到开车人态度这么好，反而不知道要说什么了，怔在原地，但还是一脸怒气。

开车人说："既然人没有受伤，那你看这个意外要如何处理？我的意见是叫警察来处理，谁对谁错自有公断。如果是我错，我会负全责，只是可能要花你一点时间，先等警察做事故现场鉴定，再等保险公司的人来谈理赔……"

话没有说完，小伙子看看车子并无大碍，说一声算了，加足油门走了。

面对小伙子盛气凌人、大有拳脚相加的架势，开车人控制了自己的情绪，首先表达对对方的关心。接着，在责任不明的情况下，从公正的立场提出解决问题的办法，不偏不倚，有情有理、充满尊重。小伙子无可挑剔，事情和平收场。

思考与训练

一、结合自己的切身体会谈谈交谈的意义。

二、交谈具有哪些特点？

三、交谈的基本要求有哪些？

四、现在有不少青年人同别人交谈时经常称"师傅"，你认为这样的称呼得体吗，为什么？

五、谈话中使用的礼貌语言要注意场合，下面的话语适用于什么样的场合？试采用这些话设计一些交谈片段，然后两个同学编为一组进行练习。

1．早安！

2．晚安！

3．您好，身体好吗？

4．您到哪儿去？

5．夫人好吗？

6．孩子们都好吗？

7. 您最近休假去了吗?

8. 您这是第一次来我国吗?

9. 劳驾,请问去百货大楼怎么走?

10. 大娘,您坐这儿吧!

11. 您喜欢这里的气候吗?

12. 您喜欢我们的城市吗?

13. 很高兴与您相识,希望再有见您的机会。

14. 再见,祝您周末愉快!

15. 晚安,请向朋友们致意!

16. 请代问全家好!

17. 请常到我们家来玩!

18. 欢迎您来我家做客!

六、说话要注意委婉。下面各组句子中,有的话说得较为委婉,有些话说得不委婉。读一读,指出哪些句子较为委婉,分析一下这样说的好处。

1. 今天会议的内容如此重要,难道你们不想听吗?
   今天会议的内容很重要,我相信大家是喜欢听的。

2. 您老人家是个瞎子,我扶您回家吧!
   您老人家眼睛不好,我扶您回家吧!

3. 我不是要三张飞机票吗?你怎么搞的?才买来 2 张?
   谢谢您给买回两张飞机票,还缺一张,我自己再想想办法吧!

七、同学们两人一组,设计拜访片段,然后试说,试说后由其他同学进行评论。

八、同学们两人一组,在教室里进行问路、打电话模拟练习。话题可以自由选择。

第3节 演 讲

训练目标与要求

1. 了解演讲的含义、作用、分类及特征
2. 掌握演讲稿写作的基本技巧
3. 掌握演讲的语言技巧和表演技巧,懂得怎样提高演讲水平

相关知识

演讲又叫讲演或演说,是指一种带有艺术性而且针对性很强的社会实践活动,它是演讲者为达到一定目的,在特定的时空环境中,以有声语言为主、态势语言为辅的艺术方法,公开向听众传递信心,表述见解、阐明事理或抒发情感,从而达到感召听众并促其行动的一种现实口语表达活动。根据有没有文字凭借的标准,演讲可以分为命题演讲和即兴演讲。

命题演讲也称为备稿演讲，是演讲者根据预定的题目或演讲的范围事先写好演讲稿的演讲。即兴演讲又称即席演讲或即时演讲，它相对于命题演讲而言，指演讲者在某种特定的景物或某种特定的人物、气氛的激发下，兴之所至，在事先没有准备的情况下有感而发的临时性演讲。即兴演讲具有话题集中，针对性强；临场发挥，直陈己见；生动活泼，短小精悍的特点，可用于各种大小会议上的开场白，总结致辞，生日祝词，婚庆祝词，开业庆典祝词，节日祝福，迎送答谢辞等。因为命题演讲比即兴演讲严格，标准高，使用的演讲技巧多等，所以掌握住命题演讲的相关知识并能熟练运用，也就掌握了即兴演讲。因此，本节只阐述命题演讲。

一、命题演讲的特点

命题演讲主要有以下四个特点。

（1）强烈的鼓动性。一场演讲，演讲者要用自己的心声去呼唤听众，以自己的感情火花去点燃听众的感情火花，从而激发听众去思考，去研究，去寻找人间的真理和解决问题的最佳方案。成功的演讲具有极大的吸引力、说服力、感染力和战斗力。费孝通教授曾称赞闻一多先生的演讲，能够使"糊涂的人清醒过来，怯懦的人勇敢起来，疲倦的人振作起来，而反动派则战栗地倒下去"。

（2）动人的艺术性。演讲遵循着一定的美学原则，具有强烈的艺术色彩。演讲者的表达应具有形象化的艺术效果，使抽象的理论思维形象化，使理论的概念富于戏剧性。著名演说家李燕杰认为：一个优秀的演讲家，就是一个艺术家，在每一场演讲中，他都能做到八个字——相声、小说、戏剧、朗诵。演讲开始几分钟内，有相声般的幽默；在演讲过程中，有小说般的形象；讲到高潮时，有戏剧般的冲突；结束之前，有诗歌朗诵般的激情。演讲若能达到这种境界，就可以使听众受到德的熏陶、智的启迪、美的洗礼。

（3）严密的逻辑性。逻辑性强的演讲，才能真正"使人知、使人信、使人激、使人动、使人乐"。初学演讲者总喜欢用"三段式"（即开头引话题，中间举事例，最后来几句号召语），这种模式的层次虽然清楚，但往往没有说服力，成功的演讲应做到既要层次简单，又要让听众听得出你是如何提出问题、分析问题、解决问题的。在分析问题时，还要注意用对比、归纳、演绎等多种方法进行推理，这样听众对你讲的道理才会认可。

（4）演讲的综合性。每一次演讲，都是演讲者多方面的知识修养和能力以及人生观、世界观、价值观的综合体现。演讲是"演"与"讲"的综合，既"讲"又"演"、"讲"，就是运用有声语言，把经过组织的思想有条不紊地表达出来；"演"，是指辅助语言表达的表情、动作和姿态等。演讲者只有把演与讲紧密结合起来，才能把自己准备好、组织好的思想观点传达给听众，从而达到晓之以理、动之以情、喻之以利、导之以行的目的，产生令"快者掀髯，愤者扼腕，悲者掩泣，羡者色飞"的效果。

二、命题演讲的要求

（一）事例要新，以事感人

在演讲中，事实是构成思想观点的炼金石，真实事物的措述是激发听众的助长剂。一般说来，人的感情产生总是外界事物刺激的结果。演讲者欲要使听众产生某种情感态度，除了使用富于感情色彩的语言直抒胸臆外，还有一个有效途径，就是向听众描述那些能令人感动的事件和实物。演讲稿中事例要新、要生动，以事感人。若没有具体感人、新颖典型的事例，只简单追求技巧而内容空洞或虚假的演讲，思想就会失去依托，理论也将流于空泛，会给听众哗众取宠或无病呻吟之感。演讲要体现新的时代精神，达到感人的效果，就必须收集大量新的材料，新的事例。事例要新，就是说要在演讲中运用新人、新事、新成果、新情况、新经验反映新面貌，讲出新"道道"，让人耳目一新。李燕杰说："一篇讲稿，如果只有几条抽象的道理，是永远不会生动的，不生动的演讲怎能吸引听众呢？因此，我们一定要注意搜集、选取生动的例证，包括正面的、反面的例子。我选用例子，曾对自己提出过一个标准：选用古代仁人志士的例子，一定要感动自己，如果没有使我感动，绝不讲；选用当代先进人物事迹的例子，没有接触过的基本不说，尽量做到在有了自己直接感受的基础上，才能把它写到演讲稿之中。这样，演讲时才可能生动感人。"

（二）道理要深，以理服人

成功的演讲是靠深刻的哲理说服、征服人的，深刻的道理是演讲艺术的灵魂。所以，演讲中的议论、说理要站得高，看得远，要善于运用马克思主义的观点来分析问题、认识问题。古罗马美学家、修辞学家郎加纳斯在谈到演讲美的构成要素时指出："第一最重要的是庄严伟大的思想。"这是很有见地的。的确，一篇演讲，只有具有了正确的观点，深邃的思想，独到的见解和深刻的认识，才能汇聚成巨大的理性力量，从而深深地吸引听众和征服听众。一篇演讲如果只满足于简单地罗列一些事例，不作分析、概括，不从中提炼、升华出深刻的道理，就好比画龙而不点睛，听众难以从演讲中得到启迪。只有将新鲜生动的事例与深邃的道理、精辟的论述有机结合起来，演讲才能有血有肉，有说服力。

成功的演讲都能给人留下难忘的言语、深邃的思考。演讲者在准备演讲时只有深入思考，独具慧眼，才能用看似平常的语言，讲出一番不寻常的道理，发人深思。

演讲不能总是老生常谈，重复一些陈腐老套的内容，而应该表达出具有时代感的新颖主题，给人以新的认识和新的启迪，讲出新意来。因为听众在听演讲时都怀有一定的好奇心，而只有主题新颖、富有新意的演讲，才能满足听众的好奇心，进而对他们形成有效的语言刺激和心理冲击，调动起他们的听讲兴趣。

（三）语言要美，以美育人

西汉学者刘向说："辞不可不修，说不可不善。"对一个演讲者来说，要发挥语言的表达和交际效能，就要讲究语言美，就应使自己的语言具有艺术性、形象性和口语表达性。

演讲的语言要富有文采，讲究艺术性。演讲语言与日常口语不同，它更加精练、优美、生动、规范；演讲语言与书面语也不同，它更注重"讲"，因而朴素、明快、简洁。

演讲的语言要讲究形象性，力求使抽象的事物具体化，使概念的东西形象化，使深奥的道理通俗化。使用绘声绘色、声色俱显、生动具体的语言能使听众如临其境、如闻其声、如嗅其味、如触其物，从而给听众强烈而深刻的感染，造成更佳的效果。恰当地使用修辞手法，是美化语言的重要途径。比喻、拟人、排比、夸张、引用、设问、反问等修辞手法，可以增加语言的表现功能，提高语言的审美价值，达到诗情、画意、哲理融为一体的境界。

演讲的语言要具有口语表达性。使用规范的口语对演讲说来是极为重要的。使用规范化口语应注意以下几点：一是要使用句型灵活、节奏感强、简洁的短句；二是要多用音节流畅、语调铿锵、直接性和渗透性好，而又表述庄重、通俗易懂的常用词，尽量不用非常用词、长句或专门术语；三是多运用成语、俗语、谚语、歇后语等口语中常用的生动活泼的语言成分；四是在词语、句子、句群、段落之间要注意思维与情感的逻辑性，避免颠三倒四，冗长拖沓。

（四）感情要真，以情动人

演讲是以真实的事情、正确的道理说服人，以诚挚的感情感动人的口语表达活动。如果说"言之有物"是演讲的第一要素的话，"言之有情"就是演讲的第二要素。在演讲中，恰到好处的真情流露，能把说者的感情灌输到听者的心中，引起听众的共鸣，激荡听众的心灵。换言之，在演讲者真挚而热烈情感的影响和作用下，听众将受到强烈的感染和熏陶，使心灵得到净化，培育出健康而高尚的感情，这是演讲情感价值的根本所在。

从表面看，演讲是用口讲，用身体演，实际上，是演讲者用心、用情与听众进行思想情感交流，演讲者也只有通过真情的流露，让对方时常感到这是在为他着想，替他考虑，这样才会引发他的认同心理，从而愿意听你讲、愿意按照你说的去办，才能获得演讲的成功。唐代诗人白居易说："感人心者莫先乎情。"曲啸同志说："情不真则无以惊心动魄，这是演讲成功的经验之谈……我在演讲的过程中特别注意这个问题。我讲'爱'，就满腔热诚地'爱'，我讲'恨'，就痛心疾首地'恨'。于是我看到：听众与我一起进入共同的喜怒哀乐。常言道：情不通，则理不达。倘若演讲者与听众的感情相悖，即便是金玉良言，听众也难以接受。"我国另一位著名演说家则更加直接地说："在演讲和一切艺术活动中，惟真情，才能使人怒；惟真情，才能使人怜；惟真情，才能使人笑；惟真情，才能使听众信服。"而这种真情的源泉来自于对演讲主旨的彻悟，对演讲事例的感动，对演讲对象的挚爱。

（五）态势得体，以势夺人

态势语言又称形体语言或无声语言，它是指能在一定程度上表达思想感情的眼神、面部表情、手势动作、体态、举止和礼仪等。如同话剧演员、戏剧演员的形体动作，这种态势语言也属流动着的形体动作，这种形体动作运载着思想和感情，诉诸听众的视觉器官。如果运用得准确、适时、得体、优美、自然、简洁、真实、鲜活、富于变化，可把听众引入演讲者所希冀达到的感情和理性境界，或者将听众的情绪由低潮引向高潮，使听众产生强烈的共鸣。教育学家陶行知曾说："演讲如能使聋子看得懂，则演讲之精技矣。"这正说明态势语言在传神达意方面具有极其重要的作用。必须注意的是，态势贵在配合演讲的内容，贵在自然，切忌做作；贵在协调，切忌脱节；贵在精简，切忌泛滥；贵在变化，切忌死板；贵在通盘考虑，切忌前紧后松或前松后紧。

三、命题演讲的技巧

（一）演讲稿的撰写与修改技巧

撰写演讲稿是提高演讲质量，增强演讲效果的重要基础。演讲稿是进行口头演说的文字依据，它实际上是一篇论说文，但又不同于一般文章。演讲稿必须口语化，论题有较强的针对性，论证更富于逻辑性，语言更具有生动性、鼓动性，语句要"上口入耳"。因此，演讲稿要精心写，要认真修改，要写出自己的风格，写出自己的最高水平。具体注意以下几点：

1．看文体是否得当

要审定一下是否突出了演讲稿的口语性、鼓动性、交流性、群众性及临场性等特点，如偏离了轨道，就必须改"邪"归"正"。

2．看标题是否别致精当

一个立意高、用语新、练字响，新颖、生动、恰当的题目，像广告一样，不但会紧紧吸引住听众，而且会增加演讲者必胜的信心。如《走出挫折笑看人生》，一听题目，便给人以明亮、美好、振奋之感，加上充实、有力、建设性的内容陈述，一定会让听众有很大的收获。

3．看主题是否鲜明正确

在演讲稿中明确地提出问题，解决问题，并表明自己的主张和态度，这是演讲的主题，是演讲的灵魂，是贯穿演讲的纲。主题鲜明、突出与否，深度如何，是衡量演讲优劣的重要标准。

4．看材料是否充实有力

在演讲中，空谈大道理是没有说服力的，"事实胜于雄辩"，永远是一个颠扑不破的真理。演讲者的论点不能强迫听众去接受，必须用具体的、丰富精彩的材料来吸引打动听众，才能获得较好的演讲效果。

5．看思路是否清晰明朗

演讲稿是讲给人听的，转瞬即逝。要使听众听明白演讲者的观点，结构层次就不能太复杂，要给人以明朗感。撰写演讲稿时先编写提纲，可以使自己有一个全局观念，先讲什么后讲什么心中有数，避免出现"东一榔头西一棒子"、思路模糊不清的被动现象。

6．看语言是否平易生动、和谐优美

演讲稿语言的修改，首先要把不通和不易懂的话改得让听众清楚明白；其次是要把拗口的变成顺口的；三是要去掉可有可无的字、句、段，力求以最少的文字表达更多的内容；四是要把长句改成短句，并注意整、散句相结合，使之既有气势，又有起伏美。

（二）怎样设计演讲的开头、主体和结尾

1．开头引人入胜

美国演说家洛克伍德·桑佩曾说："在整个讲话过程中，做到轻松地、巧妙地与听众交流思想是困难的。然而要做到这一点的关键是讲话开头的用字和表达。"演讲的开头至关重要，它像歌唱时唱出的第一个音调，又如与人会面时给人的第一印象。好的开头能镇定纷乱的会场，吸引听众的注意力，还能导入主题，定下基调，所以开头应精心设计，力求引人入胜。瑞

士作家克勒说："开场白有两项任务，一是建立说者与听者同感；二是如字意所释，打开场面，引入正题。"这是对演讲开头中肯的解释。

如何创作一个引人入胜的开头呢？下面介绍几种常用的方法。

（1）演讲入题，开宗明义

人的一生，每时每刻都站在一个选择点上，都面临着选择，都进行着选择。我曾不止一次地看到，人们在饭堂的窗口前挑选，在商店的柜台边选择，在年轻的朋友中比较。

选择，这是人的权利和自由，但我想说的，在包罗万象、形形色色的选择中，什么是对于我们的人生最重要、最有价值的。毫无疑问，它应该是信仰和追求，是选择什么样的道路，成为什么样的人的问题。

这是演讲《选择》的开头。这个开场白，首先点出题目，再比喻说明选择的内容，接着简单地进行逻辑推导，这就吸引住了听众的注意力。

（2）由演讲的题目讲起

我演讲的题目是提倡异想天开。说实话，当初我拿到这个演讲题目时，心中有些许的诧异，因为它恰巧与本人的做人原则是背道而驰的。本人一贯三张勤勤恳恳、踏踏实实地，异想天开的想法似乎从未有过。不过既然拿到此题，我也就仔细研究思考一番了。

这是一个参赛选手的演讲《提倡异想天开》的开头。用这种方式开头，不仅交代了题目，引起听众注意，而且还使听众头脑里打了一个问号。听众带着个疑团，就非听下去不可。

（3）由演讲的缘由讲起

看到演讲比赛的四个主题时，我毫不犹豫地选择了"感恩"。在我的内心中，祖国不是不可爱，环境不是不值得保护，友情不是不需要珍惜，而是我想借助这个机会，对所有关爱我的人，表达感谢，尤其是我那贫穷的姑姑，她像阳光一样，照亮我的世界，温暖我的心。所以今天我站在了这里。

这是一个参赛选手演讲《姑姑，我唯一的妈妈》的开头。这个开场白，向听众说明演讲的原因又造成了悬念，吸引听众的注意力，然后顺水推舟，导入下文。

（4）由演讲的主题讲起

同志们，我和你们大家一样，唯一的希望就是你们能好好学习。这是各位家长们的愿望，也是政府、教育家以及老辈人的共同愿望。

这是苏联教育家加里宁在《在莫斯科市鲍乌曼区中学八、九、十年级学生会议上的演讲》的开头。这种方法开门见山，直接揭示了主题。它明快简洁，使听众马上知道了演讲者要讲的中心主题。

（5）从当前的形势讲起

朋友们，听了前面几位选手的演讲，我们确实为伟大祖国辉煌的历史感到骄傲和自豪。然而我认为，只有这些还不够！因为，长城虽然高大，却没能阻挡侵略者的铁蹄！我们发明了指南针，却引来了西方列强的战舰和毒害人们的鸦片……是的，我们的祖先，曾是何等的荣耀！但是，我们绝无权利为祖先的业绩沾沾自喜！我们是新一代青年，用自己智慧的头脑和辛勤的双手建设祖国。

这是一位"爱我中华"演讲比赛选手的开场白。他对于其他选手歌颂祖国的人之常情提出了不同的看法，并进行阐述。批评"沾沾自喜"和"大吹大擂"的作风，强调的是"责任"，更能够启发青年人。这样的开头令听众耳目一新，印象深刻。

（6）渲染气氛，以情动人

1981 年，我带着乡亲们的期望，亲人们的叮嘱，告别了故乡，踏上了开往北京的军列。从此，我开始了新的战斗生活。朝气蓬勃的军营，龙腾虎跃的训练场，光荣的任务，神圣的哨位，这一切的一切，怎不令我心潮起伏，激起对美好生活的向往？怎不使我展开理想的翅膀，在人生的蓝天上飞翔？

这是《战胜厄运挑战》演讲的开头。它只用了三言两语，就渲染出一种生气勃勃、龙腾虎跃的军旅生活的气氛，能吸引听众注意聆听演讲的正文。

（7）由具体事例讲起

韩寒和队友在挪威奥斯陆参加汽车比赛，他们下榻的酒店提供了一种当地产的梨。韩寒用刀切梨的时候发现，这些梨是没有核的，中心是一粒西瓜籽儿大小的种子。住在隔壁的队友王睿知道韩寒的"新发现"后，十分诧异。于是他从垃圾桶里捡起扔掉的梨核，原来"梨核"是自己硬生生地用嘴啃出来的，那些如"核"的部分照样可以吃。

我们平时吃的梨都有一个核，啃梨丢掉核，大家从小就知道。所以，梨有核已经成了我们的"定向思维"。若不是韩寒用刀子切开那只挪威梨，恐怕王睿还会每天啃出一个梨核来。

这是一位学者在《思维与成功》的演讲中的开头。他讲述了发生在韩寒和队友身上的一件小事。这件小事让听众从中悟出人生哲理——思维决定想法，想法决定做法，做法最终决定结果。带着这样的思考和感悟进入之后的演讲，听众对演讲的主题由衷地认同。

（8）由惊人的或意外的事情讲起

现在鸟儿比人都聪明。海鸥求生存，不把见到的贝壳扔到海滩或草地，而把贝壳扔到水泥地板上，利用水泥地板的坚硬和贝壳的下垂力碰撞使贝壳裂开，这样就可以轻松吃到贝壳的肉。鸽子也很聪明，它利用马路的曲直顺利找到自己的家。日本还有一种小乌鸦会利用红绿灯亮的时候，把核桃放到马路中间，等到绿灯过后下一次红灯亮起来时，乌鸦就会重新飞到马路中间，衔走核桃来吃，因为核桃已经被过往的车子碾碎了坚壳，可以吃到果仁了。

我可不是在拿鸟逗趣啊，鸟儿的故事里藏着大道理哟！你看，现在的鸟儿多聪明，也许有一天我们进公园，发现收门票的变成了黑猩猩。我们不是在新闻中看到会使用马桶的猫了吗？那些猫，没准儿人家拉完了，还会想一下，哗哗，冲水呢！连动物都会随着时代进化，懂得适应和利用环境，我们人类，我们要活出自己闪亮的人生，不跟着时代进化怎么行？我们人类不进化，不利用环境，怎么闪亮啊，同学们！

刘墉把鸟儿与时俱进的习性说得绘声绘色，使鸟儿具备了人的智慧，在听众面前描绘了一幅奇景，一下子就吸引了听众的注意力。同时，也切入正题，引出道理，创设了情景并制造了氛围，虽然诙谐不经，但不乏哲理。

善于捕捉生活中的"奇"的场景，运用于演讲艺术中，让演讲有趣生动。善于在演讲中突破常规，别具一格就会取得出奇制胜的动人效果。

（9）由当场的情景讲起

今天，我要特别感谢那些站在门口和走廊里的同学。因为他们在用躯体语言给我鼓气，宁愿站着，也要听我老头子讲完。显然，他们是经过慎重选择的：在老头子的美和少男少女的美之间，他们选择了老头子的美；在说的和唱的之间，他们选择了说的。因为他们相信，说的比唱的好听。

这是孙绍振教授应邀在福州大学演讲的开头。当天同一时间，会场对面有一个青年歌手大赛，孙教授刚进会场，对面就传来了热情动感的音乐。孙教授看到有些同学在门口徘徊，已就座的同学也人心浮动。孙教授话音刚落，全场欢腾。站在门外的动摇分子，笑着进入了会场。一些被掌声和笑声吸引过来的学生，只好挤在门外和窗台上。这种从此时此地、此景此情讲起的开头方法，显得生动活泼，轻松愉快，容易活跃会场的气氛，引起听众的兴趣。

（10）抛出疑问，把听众拉进演讲中

一位专家急匆匆走进演讲厅，预备给全市企业骨干人员作演讲。专家把一个磁盘插入台式电脑，准备打开电子文稿。可是，等他双击鼠标以后，电脑屏上显示系统无法运行指定程序。台下有些轻微的骚动。专家不慌不忙地拿出磁盘说："幸好我带来了一台笔记本电脑，请工作人员帮我把网线接好，打开我的邮箱就行。"可是他输入网址一看，天呀！邮箱竟然打不开。大家发出一阵唏嘘。专家笑笑说："事实真难预料，我精心准备了两份讲话稿都无法使用。不过，我还有第三种办法。"他像变魔术一样拿出移动硬盘。随后演讲开始，电脑屏幕上显示的主题是"自信源于多重准备"。此时，听众恍然大悟，报以热烈的掌声。

调不出文稿，打不开邮箱，专家可谓"洋相百出"。见到此情景，听众们心里肯定生出了疑问：这个专家难道事先没有检查过吗？怎么会出这么多错？此时听众的思维已经跟着专家走了。随后，专家再亮出"自信源于多重准备"的主题，听众方才恍然大悟，原来这些都是专家煞费苦心的设计，他就是想让听众们体验下这种种意外造成的难堪情境，这样自然能加深听众的理解，引起更深的思考。

让听众跟着自己思考，将听众拉近演讲中，可以让现场充满趣味。

（11）回忆往事，引出讲题

20年前，收藏家马未都先生曾到过新疆，在路过阿克苏的一片杏林时，很想吃杏子，于是问主人杏子怎么卖。主人告诉他："两毛一脚。"也就是两毛钱让他对着杏树踹一脚，掉下多少杏子，全都归他。这么浪漫好玩的买卖让马先生心里乐开了花。他选了一棵高大无比的杏树，心想，只消踹上一脚，就会有无数杏子掉下来。可他使出力气，猛地一踹，脚腕子都踹疼了，杏树却丝毫未动，一个杏子也没掉下来。气急之下，马先生提腿想踹第二脚，可主人说要再交两毛钱。这一回，马先生挑了一棵小杏树，不轻不重地给了一脚，顿时，枝摇杏落，捡了大半桶……

这个名人故事，听来饶有趣味，令人开怀大笑。年轻时的马未都实在可爱，可是我们不也常常头脑发热，尤其是面对诱惑时，更是会想当然地胡乱"踹上一脚"，这样做，可能既伤害了自己，又毫无收获。听了这个情趣盎然的故事，听众在感觉"有意思"之余，再跟随演讲者的思路来探讨"保持清醒"这个主题，收获自然更多，演讲效果就会水到渠成。

（12）交待身世，结交传情

我是一名空中乘务员，在振兴中华，建设四化的今天，我很想用自己的笔，把生活在我周围那些普普通通然而心灵高尚的姐妹们的感人事迹，介绍给在座的各位朋友。

这是周蝶《空中乘务员的风貌》演讲的开头。这种简短的自我介绍，一下子就可以和听众拉近感情，结成好友，缩短演讲者与听众在认识上的距离。

（13）哲理名言，统领题旨

一个人要有志气。法国生物学家巴斯德在18岁的时候写过一段名言，他说："工作随着志向走，成功随着工作来，这是一定的规律。立志、工作、成功是人类活动的三大要素。立志是事业的大门，工作是登堂入室的旅程，在这旅程的尽头就有个成功在等待着你，来庆祝你的努力成果。

这是王理《人贵有志》演讲的开头。这段开头，概括了立志、工作、成功三者之间的关系，说明立志是首要的。人进不了立志的"大门"，就不可能持之以恒、坚韧不拔地工作，成功也就无望。这个深刻的哲理，像一条摸不着、看不见的线，可以统摄整个演讲稿。

（14）引用故事，先作铺垫

隔壁住着一对年轻夫妇，常年争吵，"战斗不息"，左邻右舍常常收听不花一分钱的"战斗故事片录音剪辑"。那么他们有没有停战的时候呢？有，以下三种情况停战：刚发工资三天内；男的或女的一个人在家时；晚上十二点以后。可见，恋爱以至结婚，对有的人来说，是幸福的，犹如一池甘美的泉水，而对另一些人来说，则可能成为苦恼的深渊。那么，我们在座的每一个青年，怎样才能使爱情婚姻伴随着我们充实的生命和事业生辉呢？

这个题为《恋爱观》的演讲的开头是很成功的，既生动幽默富有吸引力，又与要阐述的问题联系紧密，过渡十分自然。同时，引用故事要善于从故事本身生发开去，引出所要阐明的问题和思想。

总之，演讲的开头是无定格的，不论哪种方式，只要能娴熟而恰切地运用这些方式方法，就能做到出语见奇、语惊四座，使演讲一开始就生动感人。但是不论哪种方式都是因文、因时、因地灵活设计，不要当成模式生搬硬套，"成功的一半"是用开场的锣鼓"震"出来的，而"良好的开端"是演讲者"创"出来的。

2．主体跌宕起伏

主体是演讲稿的躯干，是演讲稿的重点。它既要紧承开场白，又要合乎逻辑地逐层展开论述，而且还要设置好演讲的高潮，以使观众产生心灵共鸣。"文似看山不喜平"，演讲也是如此。演讲的主体一定要避免一马平川式。在演讲时既不能一味低沉平静——这样很难引起听众的兴趣，也不能一味地慷慨激昂——这样容易让听众感到紧张和疲惫，而应该使演讲有起有伏，产生波澜，有张有弛，富有悬念，做到高潮和低谷相间，情、事、理交融，详略得当。跌宕的文思会让听者心潮起伏，产生一种如交响乐般的和谐美。要达到这一目的，可采用一线串珠法（并列式）、分合有致法（总分式）、正反对比法（对比式）、逐层深入法（递进式）以及欲擒故纵法，张弛结合法等，使内容起伏转折，处处有景，时刻吸引听众。

下面介绍几种主体部分演讲的方式。

1．纵进式（即"递进式"）的演讲

幼儿教师之所以高尚，就在于他不仅要爱孩子，照料孩子，还要教育孩子怎样去认识世界，怎样去生活，怎样去做人。幼儿教师是孩子知识的开拓者。未来的领袖和将军、科学家和诗人，都将在幼儿园里度过他们的童年。幼儿园，这个小小天地，反映着我们伟大祖国的形象，文明的曙光就在这里升起。

这是演讲《叶的事业》的中间部分。这篇演讲的中心是：阐述幼儿教育事业的现实意义及其深远的影响，激励年轻朋友献身幼儿教育事业，像叶子一样为欣欣向荣的祖国增一份明媚的春光，添一片绚丽的色彩。这篇演讲首先讲明了幼儿教育事业的伟大意义和从事幼儿教育事业的价值。进一层讲为什么要选择幼儿教育事业，以及对幼儿教育事业的深爱。接着，讲了上面这段话，更进一步具体地讲述了幼儿教育事业的伟大神圣，使人从正面较为深刻地感受到幼

儿教育事业是民族兴旺、国家富强的主体建设，幼儿教育事业必须发展。然而，我们国家幼儿教育事业的现状如何呢？为什么幼儿教育事业必须改革？这就是第三层要讲的。以上层层意思，思路清晰，逻辑严密，自浅入深步步推进。上面这段话在演讲中，起到了推波助澜的作用。

2．横列式（即"并列"关系）的演讲

以下是演讲《人贵有志》的"中间"部分，它横列了四个小标题。

（1）目标高

① 引用高尔基的名言："一个人的奋斗目标越高，他的才力就发展得越快，对社会就越有好处。"我国古语："志当存高远。"

② 目标高，更要符合坚定正确的政治方向。如栾莽提出的"三士"：政治上成为共产主义战士，业务上成为博士，身体上成为大力士。

（2）立志坚

① 引用爱迪生的话："伟大人物最明显的标志，就是他坚强的意志，不管环境变化到何等地步，他的初衷和希望，不会有丝毫改变，而终于克服障碍，以达到期望的目的。"

② 在逆境下立志不屈的各种范例。

（3）生活俭

生活态度、生活作风历来是人们思想状况的晴雨表。刘邦入关，"财产无所取，妇女无所幸，此其志不在小。"列举事例：毛泽东、周恩来的事迹，南北朝时的范缜，北宋范仲淹、司马光，明初宋濂等生活俭朴的事例。

（4）惜分秒

列举名人事例：列宁、鲁迅、英国诗人爱德华·杨、英国女作家埃米蒂·勃朗特、美国科学家爱因斯坦珍惜分秒的事迹。

《人贵有志》这篇演讲稿，"中间"部分分了四个小标题，有的小标题中又分几个部分，都是从不同角度，对所讲的中心，作较为全面的论证。这篇演讲的中间部分，层次分明，纲目清晰，波澜起伏，扣人心弦。

3．纵横对比式的演讲

在处理材料时，历史和现实的比，是纵比；历史和历史的比，现实和现实的比，是横比。各部分之间又呈一种比较的关系，就叫纵横对比式。胡虹的演讲《伟大的凝聚力》，中间部分就是采取纵横交叉对比的方式。

这是一篇论辩演讲稿。通过对"信仰危机"的分析，说明什么是"伟大的凝聚力"。中间部分可以分为三层。前层和中层形成横比，前层和后层形成纵比。

前层：指出一些青年朋友确实存在着精神支柱倒塌的危机。一个朋友索回了自己递交的入党申请书，一位女共青团员申请离团后，踏上了天主教堂的台阶。这确是可悲的动摇，精神支柱的崩毁。但这毕竟是少数，同时也在变化。我们不能因为子牙河没水了，就肯定滦河也是枯干的。不能因为吃到一粒砂子，就肯定一碗饭都不能吃了。更不能因为自己站在树荫底下，就肯定今天没出太阳。应该全面看待我们的社会、我们的人民、我们的青年。解决思想方法问题之后，在"中层"另外又摆出一些材料。例如，那个索取申请书的青年，在参加天津解放

35 周年图片展览时,久久盯住一行金色大字——"没有共产党就没有新中国"。他在修复他那受到创伤的信念,他在把他的精神支柱向大地深埋,使之更加坚定起来。

4. 结尾精彩完美

拿破仑说:"兵家成败决定于最后五分钟。"我们同样可以说,演讲的成败在相当程度上取决于演讲的结尾。这是因为,经过开头和主体部分的蓄势,演讲者和听众的情绪都已达到高峰,这时候再加上一个出人意料、耐人寻味的好结尾,那么就如同锦上添花,会给听众带来一种精神上的愉快和满足。相反,如果演讲者设计和安排的结尾没有新意而平淡无力,没有激起波澜而陈旧庸俗、索然无味,那就会使听众深感遗憾。可见,结尾是演讲走向成功的最后一步,它在整个演讲中起着不可忽视的重要作用。

怎样设计和安排演讲的结尾呢?

结尾的方法很多。清人沈祥龙在《论词随笔》中说:"结尾数法:或拍合,或宕开,或醒目本旨,或转出别意,或就眼前指点,或于题外借形,不外白石《诗说》所云:辞意俱尽,辞尽意不尽,意尽辞不尽三者而已。"下面介绍几常见的演讲结尾方式。

(1)总结全文,点化主旨

大海是属于地球的,属于人类的,更是属于我们青年人的。把我们生命的水滴,投入到四化的海洋中去掀起那万马奔腾的波浪吧!让我们都做一个虽然不戴红五星,但每个人的青春都像红五星那样熠熠放亮,艳艳生辉的战士。哪怕牺牲,也没有忧怨。忧怨,不属于忠于祖国的战士。

这是周克平《兵的启示》演讲的结尾。这个结尾恳切、热情,不仅点出主题,而且升华了主题。

(2)提出希望与号召

现实曾是过去的希望,现实的希望则在于未来。现实是联结过去和未来的桥梁。还是让我们从现实做起吧,用知识来充实我们的头脑,让高尚的理想为我们插上奋飞的翅膀。时代的火炬已点燃了我们青春的烈火,让我们喷发出所有的光和热吧!

这是左英《生命之树常青》演讲的结尾。这个结尾富有哲理,有战斗激情,有很大号召力,既能使人受到鼓舞,又能让人明白应该怎样去做。

(3)简洁诚恳的赞语

"列宁政治军事学院是我国造就具有高等专门知识的政治工作人员的唯一的学府。请允许我再一次祝你们学习成功,并相信红军和红海军要从你们这里得到一批优秀的政治工作人员。同时,我希望,你们学院在红军和红海军中获得更崇高的声望,将来学院的学员分配工作的时候,他们像争取宝贵的政治教师干部一样来争取这些学员。同志们,这将是在你们的条件下的马克思列宁主义的实现,斯大林同志思想的实现。"(暴风雨般的掌声,转而欢呼"乌拉"。场上的人都站起来祝贺加里宁,欢呼"伟大的斯大林万岁!")

这是加里宁《在获得列宁勋章的列宁红军军事政治学院学员和教学人员大会上的讲演》的结尾。加里宁在这里以诚恳的实事求是的态度,热情地赞扬了学员,指出了他们光辉的前程,使听众增加自豪感和荣誉感,激起更大的热情和积极性,投入新的战斗。

(4)决心和誓言

强有力的结尾往往能产生持续的高潮,赢得越来越响的雷鸣般的掌声。如这一段演讲结结语：

有的人可能犹豫，有的人可能拖延，有的人可能要求进一步协商；但是至于我，我准备现在就行动；至于我的行动，我愿对得起我的良心、我的祖国和我的上帝。

（5）提问与启发

牟氏庄园是现存规模最大的地主庄园，其中的"斗谷墙"令人惊叹。这是一面石料砌成的墙，每块石头都被打磨得平平整整，砌在一起，石缝细如丝线。石缝之间不用灰浆，完全靠石头与石头相对来达到严丝合缝。为了这面墙，牟家可没少下本钱，整面墙用去谷子33000多斤，所以被称作"斗谷墙"。如此完美和精密的墙是怎么建造出来的呢？一定派出了不少打手和监工吧？其实完全不是这样，只是发给石匠200个铜钱，并提出要求：如果石缝里能垫入铜钱，那你就自动把铜钱垫上，如果垫不上，那铜钱就归你。结果整面墙只垫上了3个铜钱。

没有到手的钱和已经到手的钱，如果让你选择，你会更加珍惜哪一些呢？

这是海尔集团首席执行官张瑞敏的演讲《自己管自己》的结尾。还没有进入口袋的钱，失去了也不会太难过，因为不曾拥有；进入自己口袋的钱，再失去，那就如同割肉一般了。把任务交给你，把责任讲清楚，把利益让你攥在自己手里，让你自己管好自己，这无疑是一个绝妙的管理高招。最后向听众提问，实际上点名上面故事的主旨：事件与理论合并，更能触动听众的内心。

在自己所要论述的观点、问题讲完之后，扣住这个问题联系听众实际，联系下一步的做法，或者为了把问题深入一步对听众提问，在听众的思考中结束演讲，也是一种别出心裁的结尾。

（6）幽默含蓄，给人启迪

"以上是我近年来对于美术界观察所得的几点意见。今天我带来一幅中国五千年文化的结晶，请大家欣赏欣赏。"（说时一手伸进长袍，把一卷纸徐徐从衣襟上方伸出，打开看时，原来是一幅病态十足的月份牌，引得哄堂大笑。在笑声和掌声中结束了他的演讲。）

这个别出心裁极具喜剧性的结尾，不仅进一步深化了主题，使听众对那种拙劣的美术创作加深了认识，同时也给听众留下了许多演说者没有讲出来而又令人深思的空白，并让听众在美的享受和回味中，带着愉快的心情离开会场。

演讲者利用幽默结束演讲时，要做到自然、真实，使幽默的动作或语言符合演讲的内容和自己的个性，绝不要矫揉造作、装腔作势。否则，只会引起听者的反感。

（7）哲理名言，留有余韵

是享受还是创造？每个人都会有自己的选择，有志者应该从神火本身中寻找答案。奥斯特洛夫斯基曾经说过："生活赋予我们一种巨大的和无限高贵的礼品，这就是青春，充满着活力，充满着期待、志愿，充满着求职和斗争的志向，充满着希望、信心的青春！"青春属于我们，创造也永远属于我们！

上面一段是讲稿《享受还是创造》的结尾，是巧妙运用哲理名言的典型。名言警语都有较强的权威性和说服力，因此它可以作为演讲者发表见解的最有力的佐证。而且名言警语一般都具有深刻性、概括性、哲理性的特点，如果引用得当，就可以起到总括全篇内容、丰富和深化主题、画龙点睛的作用。这样的结尾就会最后给人一个精练紧凑、主题鲜明、发人深思的印象。

（8）充满激情，有礼有力

亲爱的朋友们，一味地徘徊、彷徨，一味地哀叹、烦恼，并不等于思考、探索、前进，更不是成熟的标志，我们不能让生命在纸牌中消磨，更不能让青春在酒精中溶化，不能让斗志在空想中瓦解，而应当在为祖国和人民的贡献中创造出自己的人生价值。

人生可能腐朽，也可能燃烧，我们不愿腐朽，让我们燃烧起来，燃烧起来吧！

这是一篇题为《人生的价值何在》的演讲稿的结尾，演讲者在演讲将结束时，运用一些感情色彩浓郁的整齐句式激励听众，产生强烈的感染力。

（9）故事式，以一个故事来结束演讲

演讲快要结束了，跟大家分享一个故事结束今天的演讲。

一个生活平庸的人带着对命运的疑问去拜访禅师，他问禅师："您说真的有命运吗？""有的。"禅师回答。

"是不是我命中注定穷困一生呢？"他问。

禅师就让他伸出他的左手指给他看说："您看清楚了吗？这条横线叫做爱情线，这条斜线叫做事业线，另外一条竖线就是生命线。"然后禅师又让他跟自己做一个动作，把手慢慢地握起来，握得紧紧的。

禅师问："您说这几根线在哪里？"

那人迷惑地说："在我的手里啊！"

"命运呢？"那人终于恍然大悟，原来命运是在自己的手里。

各位，同样，我们的成长，是我们自己来决定还是由别人来决定？显然，我们所有的决定都掌握在我们自己的手中。

总之，演讲的结尾要做到：首尾照应成一体，余音绕梁耐寻味；满怀热情寄希望，互相砥砺容商讨；幽默轻松有趣味，彬彬有礼意含诚。演讲结尾忌讳：大开快车，仓促收兵，拖泥带水，轮番轰炸；虎头蛇尾，不了了之。

（三）试讲的技巧

演讲是一项艰苦的劳动，需要事先付出巨大的心血。卡耐基说："只要按照正确的方法，做周密的准备，任何人都能成为杰出的演讲家；反之，无论年龄多大或者经验多么丰富，如果没有适当的准备，都有可能在演讲中出现窘态。"写好了演讲稿，并非大功告成了，演讲稿是否适用，要靠试讲来验证。演讲稿是用来讲的，修改时如果只用眼睛看，往往不易发现问题，而进入演讲状态大声朗诵时，就很容易发现议论抒情不够，语句不畅、词汇不美等问题。通过试讲，对演讲稿进行口头加工，把书面语言化为口头语言，并随时进行修改、润色，以使演讲更加生动感人。实践证明，成功的演讲往往是靠反复试讲获得的。因此，试讲是演讲训练的重要一环。试讲应注意如下几点。

1．精读讲稿，熟记成诵

美国口才训练专家桑迪·林弗女士说："凡演讲，百分之九十九都无需拿稿。一个人拿起讲稿来'读'时，人们对他相信的程度也随之降低了。听众越是感到你在与他们交谈，你演讲的效果就越好。"不拿讲稿不等于死背讲稿，而是要求演讲者对讲稿的内容要十分熟悉，深刻理解，使讲稿中每句话成为自己心声的自然吐露，成为自己内心的真诚呼唤，讲题有什么含义，中心论点是什么，论据有哪些，层次是怎么安排的，开头和结尾的方式怎样，甚至字的读音、词的含义都要十分清楚。这样讲起来就会"忘掉"讲稿，既以它为依据，又不受它的束缚，得心应手，运用自如。

2．精心设计演讲技巧

（1）感情要充沛、真挚，要"进入角色"。在高尚与卑鄙、进步与落后、美与丑之间要褒贬分明，是非面前不能含糊。演讲者要随着内容的变化，时而热烈、时而愤怒、时而低沉、时而激昂。对党、对人民、对祖国以至对美丽大自然的热爱感情，要洋溢于演讲的字里行间，以强烈的、真挚的、自然的感情感染听众，使听众为之兴奋、为之倾倒、为之动容。

（2）确定好恰当的演讲方式。最常见的演讲方式有：脱稿式、宣读式、朗诵式、背诵式、即兴式、风暴式等。

（3）设计好演讲的结构。主要设计好"前言"（称呼语）和"后语"、开头和结尾、主体结构方式和高潮，以及分层、衔接等方面的技巧。在层次转换之处应适当增加有总结性、引导性和启发性的过渡语，段末和演讲结尾对关键词要做必要的重复和强调。

（4）把握好演讲时间。要把握好从演讲开始到演讲结束所用的时间。内容要设计得既不显得紧张，又不显得松散、冗长。

（5）设计好演讲的语言。伟大的文学家高尔基说过："语言是一切事物和思想的外衣。"演讲者只有借助恰当、优美的语言，才能为演讲所要表达的思想、感情穿上闪光的衣裳。在演讲的过程中，首先要反复推敲语言是否准确贴切、简洁明快，是否生动形象、通俗质朴、幽默诙谐，是否言之有据、言之有理、言之有物、言之有味。其次要反复练习、揣摸、感悟语言的发声技巧，要充分考虑到不同段落的语速、句调、节奏；要充分发挥有声语言的教育感染作用，做到发音准确，吐字清晰，声音洪亮，音色优美；语调跌宕，重音、停顿、升降恰当，讲着顺口，听来入耳，有律动感；语速适宜，节奏鲜明，有层次感；语气亲切自然，语势豪迈，鼓动性强，有感染力。要注意使用普通话演讲。

（6）设计好演讲的着装和态势。郭沫若说："衣裳是文化的象征，衣裳是思想的形象。"着装打扮这一无声语言所传递的种种信息，常会无声地向他人表明："我是严肃的"（假如穿中山装、干部服或西装）；"我是随便的"（假如穿"T恤"、"休闲"一类的衣服）；"我是新潮的"（假如穿时髦衣服且涂脂抹粉）；"我是浪漫的"（假如穿着奇异，扮相特别）；"我是富有的"（假如穿的是名牌、高档的衣服，戴的是贵重的饰物）；"我是俭朴的"（假如他穿的是普通价廉的衣服）。演讲者的衣着，反映着他的思想、学识、审美等各方面的修养，也是演讲者风采的另一种体现。在演讲活动中，得体的衣着打扮至少有以下作用：第一，能体现一个人的精神风貌和审美情趣；第二，可以增强自身的感染力，赢得听众的信任和尊重；第三，可以增强自尊心，提高自信心。因此，演讲的着装要做到得体入时，整洁大方，庄重朴素，轻便协调，色彩和谐，既满足听众的审美要求，又不至于影响演讲效果。

总之，演讲的着装、态势要因场合、因听众、因主题而异，要服从内容表达的需要，服从情感表达的需要，服从审美的需要，要适合演讲者的身份。

3．精心"排练"

（1）要训练稳定的情绪。登台之前，演讲者难免都有紧张、慌乱的情绪体验。心理学研究表明，恐惧是人存在的一种生理心理现象。人的恐惧感的形成，无非是来自外界和内心的压力。演讲者一上台，就面对无数双紧盯着你的眼睛，便会感到一种威胁，于是出现恐惧。人的心理是由脑来实现的。当演讲的特定现实作用于演说者感觉器官后，就会引起脑的高级神经活动——对新奇的刺激做出反应，而原有的"刺激—反应"定型受到破坏。于是演讲者的血压增高，心跳加快，呼吸急促，口干或掌心出汗，严重的会嘴打颤，腿发抖，大脑里一片空白，原来记得滚瓜烂熟的演讲词一个字也想不起来了。要消除这种"演讲恐惧症"，首先要调节好自己的情绪，让自己进入演讲内容的特定情景中。当你的情绪完全镇定下来了，就多给了自己一些自信。请记住卡耐基的几句话："你要假设听众都欠你的钱，听众正要求你多宽限几天，你是个神气的债主，根本不用怕他们。"

（2）要训练优雅的风度。风度是演讲者所表现出来的美好的举止姿态，风度是演讲者的思想道德、精神气质、情操学识、心理禀赋等因素的外化，是演讲者的仪表、举止、礼貌、表情谈吐的综合反映。演讲者一经上场，就会把自己的形象诉诸听众的视觉，直接影响听众的评价和审美。演讲者上场时，务必要仪表端庄，神态自如，步履稳健，举止从容；情绪饱满，精神抖擞，头不戴帽，手不插兜，给人一种沉重冷静、气质文雅、镇定自若、胸有成竹之感。

但有很多初学演讲者都不能把握好这第一印象，上台时步子缺乏控制，或跑步上台，或低头上台，或驼背上台，或少气无力漫不经心地上台，或转了一个弯才走上讲台，这都不雅观。要么给人一种盛气凌人的感觉，要么就显出你胆怯不自信。登台伊始，莫慌开口，眼看听众，亮相片刻。同时注意对主持人及观众的掌声应给予礼貌回答，或点头或招呼表示致意，或以掌声表示感谢，要给听众一个热情谦逊、彬彬有礼的好印象。沉稳自信，挺胸收腹，气下沉；两肩放松，脊椎、后背挺直，腿应绷直，稳定重心位置。不要低头弯腰，也不要过于笔直而显得僵硬。双手自然下垂。女士也可双手相握，放小腹处。站立方法一般有两种：一种是前进式，即一脚稍前，一脚在后，两脚成 45 度角左右，身躯微向前倾，给人一种精神振奋、积极向上的感觉；一种是自然式，即两脚左右微开成"八"字形，略与肩同宽，给人一种注意力集中、稳重亲切的印象。不要把身体靠在某些东西上，把桌子、椅子当成你的"拐杖"。不要身子歪歪斜斜，显出精神散漫，有气无力的样子。上台后，应面带微笑，用亲切的目光平视在场听众，表示打招呼之意，也起到组织安定听众情绪作用。同时，深吸一口气，平静一下自己的心情，待掌声停下来，听众的注意力集中起来，会场开始安静了，慎重开篇，一般先加一个"前言"（即称呼语）。"尊敬的领导、老师和同学们，大家好！（鞠躬）今天我演讲的题目是……"以此拉开序幕，可以拉近与听众的距离，创造出与听众进行交流的亲切氛围，然后再开始演讲。

演讲完之后，应该稍作停顿，收尾谦恭有礼，一般应加一个礼貌性的"后语"（敬谢语），如："我的演讲完了，谢谢大家！"向听众鞠躬，而后从容自然地走下讲台。切不可如释重负，匆匆跑下，也不要漫不经心，大摇大摆地离开。

（3）要训练丰富的表情。面部表情是体态语中最传神的部分，演说者要充分发挥面部表情的辅助作用。切忌面部毫无表情，做出一副道貌岸然、不可一世的样子，或者是眼神乱晃，不敢正视听众；或者是两眼看着桌面或天花板，盯着某个地方只顾背词。演讲者应当在每一句或几句话的结尾处趁着停顿的间隙，用顾盼的眼神"眼看听众"，以增强台上台下、演讲者与听众之间思想感情的交流。

（4）要训练适当的声音。声音是传递信息的一种物质载体，声音对提高表达效果非常重要。声音响亮、吐字清晰，抑扬顿挫，语调自然、有声有色，是对演讲声音的基本要求。优秀的演讲者之所以能演说得跌宕起伏，有张有弛，无不经过良好的发音训练。声若洪钟时，能激起千百万听众感觉摸不着头绪。还有的不合逻辑，妄加论断，上得台来，哇啦哇啦一通，结果讲者欣然，听者茫然。

（四）正式演讲的应变技巧

初练演讲的人，扔掉演讲稿登台演讲，有时会发生一些预料不到的变化，如怯场、忘词。这就要求演讲者当机立断，随机应变，巧妙处置，化险为夷。某单位举行演讲大赛，一位演讲员登上讲台，不慎被话筒线绊倒。台下听众顿时出现了唏嘘声和鼓倒掌声，气氛降到了零点。然而，这位聪明的演讲员从容不迫地爬起来，不慌不忙地走到话筒前，微笑着对听众说："同志们！我确实为大家的热情所倾倒了！谢谢！"接着，他便开始了自己的演讲。顷刻间，全场一片欢呼声、叫好声，大家都为她这绝妙的应变和开场白而喝彩。

演讲者有时因高度紧张或外界的刺激，在演讲的过程会突然出现"卡壳"、忘词的现象，此时，借助以下方式进行补救：①专心致志法。也就是说演讲者临场精力一定要集中，不论发生什么情况，都不要分心。②跳跃法。也就是说忘掉的词或句子不要去反复地想，可以直接跳过去。

思考与训练

一、熟悉下面演讲稿，按演讲的方法及要求进行模拟演讲。

不忘父母养育恩

尊敬的各位领导，亲爱的老师同学们：

大家好！

今天我演讲的题目是《不忘父母养育恩》。

当你坐在明亮的教室中聆听老师讲课时，当你坐在饭桌前吃着可口的饭菜时，你可曾想到从嗷嗷待哺的婴儿成长为今天的你，父母要付出多少血汗？你是否想过有一天会用你的努力来回报他们呢？

我们中华民族素有"礼仪之邦"之称，而礼仪之首便是尊敬父母。有这样一件事，一位同学在家一直娇生惯养，一次，妈妈因生病耽误了做饭，他竟然大发雷霆，妈妈泪水涟涟，伤心不已。同学们，这位妈妈当时是多么痛心啊！自己对儿子的拳拳爱心换来了什么呢？你们能想象一个人如果连自己的生身母亲都不热爱，他还能对其他人充满爱心吗？世界没有了爱心将变得怎样？老人流落街头，小孩被丢弃荒野……那将是多么可怕啊！

我国汉代有个叫黄香的孩子，他9岁丧母，与父亲相依为命。寒冬腊月，他为父亲暖热被窝后再挑灯夜读；炎炎夏日，父亲在外纳凉，他就在父亲身旁摇着扇子驱赶蚊虫。他对父亲说："父亲养育之恩孩儿应当终身相报。"他长大后当了官，遇上灾年，他拿出自己的俸禄救济灾民。同学们！黄香如果没有对父亲的挚爱，又怎么会有对黎民百姓的爱，又怎么会用自己的俸禄救济百姓呢？

古往今来，凡是有所成就的人无一不具有这种高尚的美德。曾为新中国的创建立下赫赫战功的陈毅元帅，在任外交部长期间，工作非常繁忙，然而他却能利用出访回来的间隙顺路去看望年迈的母亲，并给瘫痪的母亲洗尿裤。在他的身上有一种美德，他是一个高尚的人。

我们应该从小学会孝敬和热爱为我们日夜操劳的父母，并把这种美德推广到尊敬所有的师长，做一个有道德的人。想一想多少个妈妈曾在灯下为我们织毛衣，多少个爸爸在为生活奔波。让我们都来关心父母，孝敬父母，为父母，为长辈谱写一曲爱之歌吧！

二、在全班举行一次主题演讲比赛：主题可以是青春、爱国、感恩、读书和理想等。

第4节 辩 论

训练目标与要求

1．了解辩论的基本常识
2．熟悉辩论方法与技巧的原则
3．掌握辩论的基本方法与技巧

相关知识

辩论，顾名思义，"辩"有辩论、辩伪、辩明的意思；"论"则包含有议论、评定之意。辩论就是通过议论，辩明是非之意。由此可以看出，辩论是指代表不同的思想观点的各方，彼此间利用一定的理由来证明自己观点的正确性，揭露对方观点的错误性的言语交锋过程。

在口语交际中，辩论是经常发生的，比如维权争辩、法庭辩论、校园辩论赛等。近几年全球正在兴起一种新的辩论赛项目——模拟辩论，这是一项侧重于表现人们语言表达能力的比赛，被称为唇枪舌剑的竞赛。辩论可以开阔人们的思维，锻炼其口头表达能力、查找资料的能力、统筹分析的能力，使人们开动脑筋，为追求真理从多方面去考虑问题，同时也可以加强辩论团体之间的默契、团结协助能力，增进友谊。

一、辩论的基本特征和要求

辩论就是交际双方用一定理由来说明自己对事物或问题的看法，揭露对方的矛盾，以便取得彼此认同的过程。它与前面的朗诵、交谈、演讲不同，有着属于自己的特征和要求。

（一）辩论的基本特征

（1）辩论者的双边性。辩论是双边活动，最少两人参加，单方面只能是议论而已。

（2）辩论观点的对立性。辩论双方的观点是对立的，或是或非，这样才有辩论的可能，否则就是谈判。

（3）论证有严密性。只有合乎思维逻辑的辩论，才可能获胜，否则只能是诡辩。

（4）追求真理的目的性。辩论并非争吵斗嘴，其目的在于通过辩论去昭示真理，取得共识。辩论双方没有对错之分。

（二）辩论的要求

（1）辩论中存在着持不同意见的双方或多方。有不同意见的双方或多方存在，才能实现思想交锋。一个人不可能自己同自己辩论，一个人头脑中几种方案或做法的权衡和比较，那是思考或思辨而不是辩论。

（2）辩论必须针对同类事物或同一问题，即存在着同一论题。如果各方谈论的论题不同，就不能实现有意义的辩论。例如，一个人说"法律是有阶级性的"，一个人说"市场经济就是法制经济"，由于两人所认识的对象不同，因此两个观点不能构成辩论。只有当一个人说"法律是有阶级性的"，另一个人说"法律是没有阶级性的"，这样两个判断才构成辩论。因为这两个判断所认识的对象相同，又是相互对立的思想，而这两个判断至多只能有一个为真，不可能都真。这样就有了孰是孰非的问题，就必然要引起辩论。

（3）辩论的诸方有或多或少的共同认识或共同承认的前提，如思维的同一律、不矛盾律、排中律和充足理由律以及正确推理的方法等，以及如社会公理、科学规律等是非真伪标准和价值取向。没有这些共同承认的东西，辩论只会是一场混战，不可能得出结论。总之，辩论双方有共同的话题，而又有不同意见。从哲学观点看，辩论的双方是一种对立统一的关系。

二、辩论的方法与技巧

辩论的目的就是树立自己对某个事件或问题的观点。可从正面阐述自己的见解和主张，表明自己鲜明的态度，这叫立论。也可反驳对方的观点和主张，从而确立自己的观点，这叫驳论。

（一）立论、驳论时应注意的事项

立论时要注意：①自己的观点必须是经过认真的思考或者一定的实践，确实是自己所独有的正确的认识和见解，使听者感到有新意，能增长知识。②必须围绕自己的观点进行论证。③"立"建立在"破"的基础上。在立论的过程中，需要对一些错误的见解和主张加以否定和辩驳，以增强证明力。

驳论时要注意：①"破"中有"立"。反驳别人的错误言论的过程，也是表达自己正确的见解和主张的过程。边"破"边"立"，使听众或读者容易明辨是非，从而更好地达到反驳的目的。②要有分析地对待对立面的意见。批驳时应肯定对方正确的意见，然后找出对方或观点、或论据、或论证中的破绽，进行细致入微的分析，实事求是，合情合理，这样才容易使人心悦诚服。③要以理服人，驳论时最忌在缺乏分析说理的基础上，强词夺理，武断地给对方的意见下结论。要有乐于倾听对方意见的讨论式态度，语气上要留有余地。

（二）辩论过程中的方法和技巧

辩论是一种语言艺术。辩论双方交锋的工具是语言，辩论胜负在很大程度上取决于语言的巧妙运用。

1. 矛盾反驳法

自相矛盾，一击致命，也叫一击致命法。它是指在辩论过程中，不要面面俱到地去攻击对方，而应抓住对方论辩的矛盾之处，攻其要害，给予致命一击。打蛇要打在三寸上，只有抓住了要点，攻击才能见效。

2. 引申归谬法

由对方的论据推出荒谬的结论。

从前有个县官，凡来打官司的，不给钱就会被打个半死。当地一艺人编了出《没钱就要命》的戏。县官一看演的是自己，回到衙门便传讯这个艺人。艺人穿了件龙袍来见县官。县官一见，便一拍惊堂木，喝道："大胆刁民，见了本官为何不跪？"艺人指了指身上的龙袍，说："我是皇帝，怎能给你下跪？""你在演戏，分明是假的！""既然你知道是演戏，是假的，为什么还要传我来审问？"县官张口结舌，无言以对，只好放他走了。

艺人回答机智之处，在于他的回答包含了两个命题：演戏如果是真的，我现为皇帝，自然不能下跪，那么你要我下跪是错的；演戏如果是假的，我演《没钱就要命》自然不能当真，那么传讯我是错的，这样使县官陷入两难，反正总有一错。这是辩论常见的"两难选择"的运用。

3. 反证驳斥法

若 A 命题成立，则只需证明与之对立的命题不成立即可；反之亦然。

4. 釜底抽薪法

驳倒论据，来驳倒对方论点。所谓正本清源，本文取其比喻义而言，就是指出对方论据与论题的关联不紧或者背道而驰，从根本上矫正对方论据的立足点，把它拉入我方"势力范围"，使其恰好为我方观点服务。较之正向推理的"顺水推舟"法，这种技法恰是反其思路而行之。

例如，在"跳槽是否有利于人才发挥作用"的论辩中，有这样一节辩词：

正方：张勇——全国乒乓球锦标赛的冠军，就是从江苏跳槽到陕西，对方辩友还说他没有为陕西人民作出贡献，真叫人心寒啊！（掌声）

反方：请问，到体工队可能是跳槽去的吗？这恰恰是我们这里提倡的合理流动啊！（掌声）对方辩友戴着跳槽眼镜看问题，当然天下乌鸦一般黑，所有的流动都是跳槽了。（掌声）

正方举张勇为例，他从江苏到陕西后，获得了更好地发展自己才能的空间，这是事实。但反方马上指出对方具体例证引用失误，张勇到体工队，不可能是通过"跳槽"这种人才流动方式去的，而恰恰是在"公平、平等、竞争、择优"的原则下"合理流动"去的，反方论据可信度高、说服力强、震撼力大，收到了较为明显的反客为主的效果。

5. 出其不意法

不急于直接辩驳，扰乱对方，乘其不备，话锋突转。

6. 戏谑调侃法

苏联外交部长维辛斯基出身贵族。一次联合国大会上，英国工党的一名外交官向他挑衅："你是贵族出身，我家祖辈是矿工，我们两个究竟谁能代表工人阶级呢？"维辛斯基平静地答道："你我都背叛了自己的阶级。"开始会场鸦雀无声，当人们理解这句话后，立即爆发出暴风雨般的掌声。

仅仅一句机智的回答，既有力地回击了对方的挑衅，又维护了自己的尊严。

7．事实反驳法

摆事实，讲道理，事实胜于雄辩。

8．引蛇出洞法

在辩论中，如果正面进攻效果较差时，可以采取迂回的方法，从看来并不重要的问题入手，诱使对方乱说或者乱答，在对方的观点上找到一个缺口后，立即进行猛烈进攻，瓦解对方的坚固防线，从而沉重打击对方。

9．顺水推舟法

表面上认同对方观点，顺应对方的逻辑进行推导，并在推导中根据我方需要，设置某些符合情理的障碍，使对方观点在所增设的条件下不能成立，或得出与对方观点截然相反的结论。

例如，在"愚公应该移山还是应该搬家"的论辩中：

反方：……我们要请教对方辨友，愚公搬家解决了困难，保护了资源，节省了人力、财力，这究竟有什么不应该？

正方：愚公搬家不失为一种解决问题的好办法，可愚公所处的地方连门都难出去，家又怎么搬？……可见，搬家姑且可以考虑，也得在移完山之后再搬呀！

从上面的辩词来看，反方的就事论事，理据充分，根基扎实，正方先顺势肯定"搬家不失为一种解决问题的好办法"，既而归入"愚公所处的地方连门都难出去"这一条件，自然而然地导出"家又怎么搬"的诘问，最后水到渠成，得出"先移山，后搬家"的结论。如此一系列理论环环相扣，节节贯穿，以势不可挡的攻击力把对方的就事论事打得落花流水，真可谓精彩绝伦！

10．快慢结合法

论辩中的"快"与"慢"也是一种对立统一的辩证关系。兵贵神速，"快"当然好，给对方一个措手不及。可是，有时"慢"也有"慢"的妙处，它是舌战中的缓兵之计，缓动慢进花的时间虽长，绕的弯子虽大，然而在许多时候，它却往往是取得胜利的捷径。

总之，辩论是一个非常灵活的过程，在这一过程中，随时随地都可以采用多种辩论技巧。经验告诉我们，只有使知识积累和辩论技巧珠联璧合，才可能在辩论中取得较好的成绩。

三、辩论赛的策划和组织

辩论赛在比赛前应先确立一个辩题，辩题可涉及学校、社会、政治、伦理、道德、法律等人们关心的问题。比赛的双方分为正方和反方，正方支持这一辩题，反方则反驳这一辩题。评分以参赛人员的立场、辞令和演讲风度三项为标准，总分最高者为优胜。

比赛分规则辩论与自由辩论两个阶段。规则辩论阶段由正反双方轮流派一名代表依次按规定的时间发言。自由辩论阶段正反方交替，不按顺序自由发言。

辩论的顺序一般为：起——提纲挈领地概述己方论点；承——（对方反驳后）进一步阐述，发挥己方论点的核心部分，并用事实向对方提出责难，发起攻击；转——（待对方三辩陈述完毕后）一方面巩固和扩大责难，发起攻击，另一方面固守己方"阵地"，不给对方以可乘之机；合——对己方的论点、论据作归纳总结。

（一）参赛规则

（1）由参赛双方通过抽签决定正方和反方。参赛时，先由正方一辩发言，接着由反方一辩发言，时间各 3 分钟。

（2）反方一辩发言完后，由正方二辩发言，接着由反方二辩发言，时间各 3 分钟。

（3）反方二辩发言完后，由正方三辩发言，接着由反方三辩发言，时间各 3 分钟。

（4）接着进行自由辩论，双方各有 4 分钟，先由正方发言，另一方要接着发言，否则时间照计。

（5）最后进行总结陈词，先由反方四辩发言，再由正方四辩发言，时间各占 4 分钟。

（6）辩论赛结束后，由评判团评判主席进行总结。

（7）由主持人现场公布比赛结果。

（8）评判团成员一般由语文老师及相关人员组成。

（9）每场比赛安排 1 名主持人、2 名计分员和 4 名计时员（正、反方各两名）。

（二）辩论赛的准备

辩论赛的参赛队员在赛前应做好这四项准备：认识准备、核对准备、立论准备和试辩准备。

1．认识准备

参赛队员在赛前对"辩论赛"的性质和特点要有所认识。辩论赛是一项作为比赛项目来进行的模拟辩论（即辩论演习）。这种辩论往往不问辩论者本人的立场和主张，而侧重于辩论者的辩论技巧。比赛双方都不准备说服对方或被对方说服，而以驳倒对方、争取评委的裁决和听众的反响来击败对方。所以，它有以下三个特点。

第一，辩论的题目、辩论的程序、发言的时间等，都是由辩论赛的组织者所决定，参赛者必须按规定进行辩论，不能随意改变。

第二，比赛胜负标准包括立论、材料、辞令、风度以及应变技巧等综合因素，胜负由评委根据标准及主观印象进行裁定。

第三，辩论时只能针对对方的观点和理由进行攻击，而不能涉及对方的立场和人品。

2．核对准备

辩论赛的规模有大有小，层次有高有低，各主办单位的具体要求也会因时因地而不尽相同，所以辩论赛的规则也很难趋于统一。这就要求参赛者在接到比赛通知后，不能立即简单地按照通知上的要求去准备，更不能想当然地去准备，而应设法主动地找主办单位仔细核对一下通知上各项比赛的规定和要求是否确实无误，包括辩题的确切的字样、正反方所属、辩论程序细则，各位队员的分工和允许的发言时间等，这既是为了确保己方准备辩词时的无误，又是为了防止主办单位工作上有可能出现的失误。

3．立论准备

首先要对辩题进行严格的审题，也就是要对辩题字面上的每个词或词组逐个进行概念分析，即通常所说的"破题"。这种分析要同时站在双方的立场上去审视，不能一厢情愿，尤其是要分析出哪些词或词组对对方立论具有潜在的有利因素，可能成为双方首先争论的焦点，因为一般的辩论赛双方都会抓住辩题中的某个词项解释入手开始辩论，有时会出现整个辩论赛始终围绕这种解释来进行。因此，尽量设法站在一定理论高度，对辩题作出有利于己方观点的界定，以获得大多数听众的"公认"，是极为重要的一环。

4．试辩准备

要想在正式比赛中获胜，辩论队一定要在比赛前搞一次尝试性的比赛，以检验自己的赛前准备是否经得起实际的考验。当然，为了达到检验的效果，试辩条件和气氛要尽量搞得逼真，且处于"保密"状态。

试辩的另一目的，是让参赛队员进入角色，使参赛队员不仅在理论上，而且在情感上也完全站在所持的辩题观念上，以便逼真地表现出理直气壮、慷慨激昂、义正词严而又通情达理地维护真理的样子。对于初赛者来说，通过试辩，还可以先锻炼一下上场的胆量，积累一些临场的经验。

试辩结束后，参赛队员应与假设对方迅速共同进行总结，对原先准备的辩词和论辩技巧作相应的调整、修正和补充，这样赛前所有的准备便完备了。

孙子曰"上兵伐谋"，高水平的辩论赛首先是认辩双方在论辩思路与立场上的较量。对于一个已经确定下来的命题，如果能找到一个最佳的思路，确立好自己的立场，那么就能为整个论辩的胜利奠定基础。

（三）辩论赛评分标准

辩论赛没有固定的评分标准，但评分标准又必须设定，而且要在赛前向参赛者说明。制定评分标准应遵循科学、公平、公正和具有可操作性的原则。下表的辩论赛评分标准可供参考。

辩题					
参赛队员 时间	第一辩论员 （3分钟）	第二辩论员 （3分钟）	第三辩论员 （3分钟）	自由辩论 （各4分钟）	第四辩论员 （4分钟）
正方队员					
反方队员					

评分项目 （100 分×4）	得分							
	正方				反方			
	一辩	二辩	三辩	四辩	一辩	二辩	三辩	四辩
1．思想内容（40 分） 观点鲜明　论据充分 说理中肯　逻辑严密								
2．语言表达（30 分） 发音准确　声音洪亮 语言清晰　感情充沛								
3．辞锋技巧（10 分） 讽喻得当　攻防有序 应付自如　破立巧妙								
4．风度效果（10 分） 衣着得体　举止文明 谈吐有礼　反响良好								
5．整体配合（10 分） 团体合作　相互支持 互为补充　配合默契								
各选手总分								
各队合计总分								

（四）辩论赛演练

1．辩论题：学历（能力）是求职中的先决条件

正方：学历是求职中的先决条件

反方：能力是求职中的先决条件

正方：求职是一个短期的行为，通常只包括递交简历、安排面试等几个步骤即结束。在这

个短期行为里，往往很难判定"能力"这样一个需要长期判定的东西。而学历的高低，也能从另一个侧面，在一定程度上判定一个人的能力；在用人单位无法在短期内看出能力的状态下，学历成为第一标尺。

如果我们到招聘的人才网站上随便一找，很多职务的需求也让我们一目了然："要求本科以上，研究生优先"，"本科以下恕不接待"，"只需要研究生学历者"，等等。

从现实的考虑我们也看得出来，学历是用人单位的必要评定标杆。不同的职位要求不同的学历。如果一个酒店要招聘服务员，它会需要"中专学历"者；一个公司需要文职人员，会需要"本科毕业者"；一个研究机构需要研究人员，则一定只考虑"硕士、博士"……学历不是死的，学历是活的，不同的机构要求不同的人才，学历为它们选择人才提供了标准，达到了不浪费人才的目的。

简析：反方支持"能力至上"观点。他们会举很多例子表明，很多成功人士并不是学历高的人士，这个时候，正方一定要咬住"求职"这个大前提来说明，表明对方谈论的完全是另一个话题，从而指出对方偏题。

2．辩论题：治贫比治愚更重要

在关于"治贫比治愚更重要"的论辩中，正方有这样一段陈词：

对方辩友以迫切性来衡量重要性，那我倒要告诉你，我现在肚子饿得很，十万火急地需要食物来充饥，但我还是要辩下去，因为我意识到辩论比充饥更重要。

话音一落，掌声四起。

这时反方从容辩道：

对方辩友，我认为有饭不吃和无饭可吃是两码事……

反方的答辩激起了更热烈的掌声。

简析：正方以"有饭不吃"来论证贫困不足以畏惧和治愚的相对重要性，反方立即从己方观点中归纳出"无饭可吃"的要旨，鲜明地比较出了两者本质上的天差地别，有效地扼制了对方偷换概念的倾向。

3．辩论题：电脑必将取代书本

正方：电脑必将取代书本。电脑包括软件和硬件，它具有分析、储存和传播资料、多媒体、人工智能和上网等卓越功能。而书本，根据《汉语大辞典》的定义，是装订成册的著作。保存和传播知识是书本的主要功能，它只是电脑的其中一项功能。电脑在处理资讯上还有着更多、更快、更广和更省的优势……电脑的普及是必然趋势，电脑也必定在将来吞噬书本的市场，最终取代书本在知识传播上的功能。在人类工具史中，先进取代落后的例子屡见不鲜。所以为了国家的发展和经济的繁荣，我方坚决认为电脑取代书本是必然的趋势。谢谢！（掌声）

反方：电脑不会取代书本。电脑发展至今的确优点多多，但问题也不少哇！这就是电脑的局限性嘛！这些常识对方辩友却一字不提，难道你不面对它，它就不存在了吗？"必将"是必然将要、必定将会，指的是事理上的确定不移。但对方辩友从头到尾讲的都是趋势有多好，可能性有多大，但无论趋势还是可能都不等于事理上的确定不移呀！因此这种取代在事理上不确定，在电脑技术上不可能，其真正运作上也不可行。必将取代从何谈起呢？谢谢！（掌声）

简析：当正方振振有词地诉说着电脑的功能如何多、如何广，用起来多么快，多么省时，反方却扣住字词和纰漏，从事理逻辑上和全局问题上反驳对方，使对方失去还击之力。一场辩论赛能否获胜，在很大程度上取决于反驳是否有力。辩论是思维的搏斗，反驳则是交锋的艺术。所谓"兵无定势，水无常形"，或以退为进，或以攻为守；或正面迎击，或迂回包抄，都需依据辩场形势巧作安排。

思考与训练

一、以"立大志必成大器"、"开卷必有益"为辩题，请站在正方或反方的立场上选择最佳角度立论，然后为立论选择 3 个有力的论据材料。

二、从下列辩论赛参考题目中选择辩题，组织一场小型辩论赛。

正方	反方
在人生的道路上，机遇更重要	在人生的道路上，奋斗更重要
友情比爱情更重要	爱情比友情更重要
我不平凡，我很重要	我很平凡，我不重要
人为自己活着快乐	人为别人活着快乐
社会发展主要靠法制	社会发展主要靠德制
外行能够管好内行	外行不可能管好内行
网络爱情是真正的爱情	网络爱情不是真正的爱情
个人的命运是由个人掌握	个人的命运是由社会掌握
网络的娱乐性比实用性强	网络的实用性比娱乐性强
环境保护应该以人为本	环境保护应该以自然为本
成大事者不拘小节	成大事者也拘小节
天灾比人祸更可怕	人祸比天灾更可怕
性教育应列为中学课程	性教育不应列为中学课程
劳心者比劳力者对社会更有贡献	劳力者比劳心者对社会更有贡献
克隆人有利于人类发展	克隆人不利于人类发展
真正的爱情一定是天长地久的	真正的爱情不一定是天长地久的
美丽是福不是祸	美丽是祸不是福
强将手下无弱兵	强将手下未必无弱兵
在人生路上乘胜追击好	在人生路上见好就收好
挫折有利于成才	挫折不利于成才
高分是高能的体现	高分不是高能的体现
失败后应迎头向前	失败后应另寻方向
山寨盛行，应该打击	山寨盛行，不妨宽容
微博应该实行实名制	微博不该实行实名制

第5节 应聘面试

训练目标与要求

1. 了解应聘面试前需要做的准备技巧
2. 掌握求职面试的语言表达技巧
3. 掌握自我介绍的技巧，学会巧妙地应答面试问题

相关知识

当前各单位采用公开招聘的方法录用人才。一般来说，用人单位在招聘新员工时，会采用笔试、面试两种形式。笔试，求职者只要掌握相关的基础知识和专业技能，做好充分准备就容易通过。面试则比笔试复杂得多，它是招聘者与求职者双方直接见面，招聘者通过面对面观察、交谈等，既考察求职者的形象、气质、性格、道德观念、思想境界、心理素质、可靠性、诚实性、稳定性、忠诚性，又考察求职者的思维能力、应变能力、表达能力、专业技能、智商水平和对工作的适应能力等，并以此来决定录用与否。

在强手如云的人才市场中，在用人单位提出的苛刻条件下，怎样使自己脱颖而出，谋取到既符合招聘者的需要，又能适合于自己发展的理想单位呢？这就要求应聘者不仅具备较强的个人竞争实力，而且要具备成功的自我推销术，靠求职面试的语言艺术打动考官。

一、求职面试的准备技巧

面试前的准备主要包括仪表的准备、心理的准备和材料的准备等。

（一）做好仪表准备

应聘面谈时，仪表既不要过于正规、刻板，也不要过于轻浮；既不能浓妆艳抹，也不能不修边幅。着装要同自己的身材、肤色、个性、身份以及应聘的职位相符合，力求给对方留下整洁美观、大方得体、活泼向上、充满朝气的深刻印象。

（二）做好心理准备

在应聘面试前要具备良好的心态，要抱着积极进取的心态，消除"聘不聘上无所谓"和"肯定聘不上"这两种心态。在面谈中，要以沉着、稳健和自信的气势面对主考官的提问，从而为顺利应聘打下良好的基础。

考官有时也会故意用一些很诡异的问题来刁难应聘者，这个时候，最重要的就是保持一颗平常心，不要慌乱，停顿5～10秒钟，整理一下思路，然后大胆地说出自己的观点。其实，答案是其次的，考官主要考察的还是应聘者的应变能力和逻辑思维能力。

（三）做好材料准备

1. 个人有关材料

个人材料包括求职信、推荐表、获奖证书、成绩单、成果证明以及能反映自己水平能力的相关材料等。在求职信中要写出自己的"亮点"，即"特长爱好"。寥寥几笔就说明一切，可以引起招聘者的注意。

如何制作一份新颖的个人简历？

个人简历是求职者的资历和工作情况的反映。简历是求职者的"名片"，简历就像人的"脸面"一样，起着举足轻重的作用。写好简历的关键是能把你的情况全面概括地介绍给别人。简历通常包括基本情况（姓名、性别、年龄、婚否、政治面貌、健康状况、籍贯、住址及通讯电话等）、受教育背景（就读学校、所学专业、主要课程、实习场地、获得的学历等）、特长、价值观及优势（主要回答你最成功的是什么）等等。教育背景和社会活动经验是你求职的"敲门砖"。因此，求职简历要重点列举你的主要学习经历、所获得的荣誉和奖励、业余爱好、兴趣和参加过的活动等。尤其是要突出有关社会实践活动方面的事实，如担任的职务、取得的工作成绩、获取了什么收益，提高或升华了哪些方面的知识和能力等。

设计撰写求职简历要注意：①目的明确，语言简练。②条理清晰，简短明了（内容过多过细反而会淹没一些有价值的闪光点）。③要尽力陈述你的长处、才能。④突出个性。个性化的简历首先需要量体裁衣，针对不同企业、不同职位撰写简历，对症下药，投其所好。每一份简历应该只适用一个单位或者一个职位，根据职位的要求取舍素材，确定重点。针对职位突出自己的优势，淡化不足；内容的编排上，不妨先重后轻，突出与其他竞争者的不同，重要内容还可以加着重号以便突出关键词。此外，还应在简历的形式上做文章，突出个性化色彩，封面、封底及卷首语也应该有与众不同的特色。有的大学生"一份简历走天下"，不论职位，不看行业，统统用的是网上下载的标准简历，外加一张标准照，这些"批发"式的简历，自然不如独具特色的简历更吸引人。⑤各种证书、证件或作品成果等可缩印后，附在简历后边。⑥在文字、用词、排版及格式上不要出现错误，否则招聘单位会认为你素质不高或做事不认真。

不管采用何种方式进行求职申请，都要精心准备好求职材料，并注意以下几点。

第一，揣摩用人单位的心理。准备求职材料的目的是向用人单位自荐个人情况，以引起对方重视，求到自己想得到的工作岗位或职位。要达到这一目的，就要善于寻找自身条件与对方需要之间的最佳结合点，千方百计地赢得对方的器重，引起对方的兴趣和关注。因而，当应聘者准备向某一单位求职时，首先应该揣摩对方的用人心理，做到"投其所好，荐其所求"。

第二，准备求职材料要突出重点。这个重点便是"六字要诀"——"名、优、特、情、诚、美"。

所谓"名"就是名气、名声，也就是求职者及其所在单位或学校的知名度和美誉度。比如：你毕业于一所名牌大学，那就是最好的求职砝码；如果不是名牌大学毕业，应聘者可利用自身其他方面的名气，如你的学历、职衔、成果、所获荣誉、资格证书、所学专业特色等。名气是一种求职资源，应该尽可能地充分利用它。

所谓"优"是指应聘者的求职优势。每个人都有自己的优势，应聘者应该善于发现和自荐自己的优势，让这种优势打动对方心扉并胜过竞争者。

129

所谓"特"就是应聘者的特点，如性格特点、知识领域、技术特长、素质专长等，特别是要针对所求职位和工作性质的特殊性来突出自己在这方面的特长和优势。人才市场里一些负责招聘的人士表示："我们要招的应届毕业生，是个性突出的那类人。随大溜、个性平庸者不是我们的理想人选。"

所谓"情"是指求职信要写得以情感人，情真意切，打动人心。求职材料要有人情味，不得干巴巴地直奔主题。

所谓"诚"是指应聘者的态度要诚恳，礼节要周全，表达要真诚，做到情真词恳，真话表诚意，言传心声，用袒露的诚恳和质朴吸引对方。

所谓"美"是指求职材料的撰写要工整清雅，从形式到内容都要给人以美感。如果是手写的求职材料，一定要书写得清楚漂亮，要知道一手漂亮的蝇头小楷本身就是个人素质的最好说明；如果是打印材料，应当精心设计编排，使其成为一件艺术品，让用人单位从制作的简历中不仅获得应聘者的"才气"信息，而且得到一种美的享受。

2．了解应聘单位信息

应聘前，应聘者要尽可能多地收集用人单位的相关情况，如单位的创建时间、经营规模、机构设置、业务情况、发展前景等，这些信息越多越好，很多信息都将会在应聘面谈中涉及，对应聘者的成功应聘可以起到很大的帮助作用。

3．答题准备技巧

常见问题的准备，主要是对面试中可能提出的问题做出应如何回答的准备。不少求职者在面试前怯场，主要原因就是不知道面试时会提什么问题，怎样进行回答。心中无数，难免恐惧。尽管不同的用人单位、不同招聘者会提出不同的问题，但是一般来说，大致提些什么样的问题来考察求职者，是有共同规律的。应聘者回答问题应遵循以下要领。

第一，树立对方意识。

应聘过程中，应聘者始终处于被动地位，招聘者则始终处于主动地位。应聘者要注意树立对方意识。在面试中不要一味地提到"我"的水平、"我"的文凭、"我"的抱负、"我"的要求等。"我"字太多，会给招聘者目中无人的感觉。因此，言谈话语中要尽量减少"我"字，要尽可能地把对方单位摆进去——"贵单位向来重视人才，这一点大家都是清楚的，这次这么多人来竞争，就说明了这一点"。这种话既得体，又确立了强烈的对方意识，招聘者是很欢迎的。其次是招聘者提问才回答，不要招聘者没有提问就先谈开了，这样既耽误了时间，也会使招聘者不愉快。另外，面试结束，不要忘记向招聘者道声"谢谢"和"再见"。

第二，不置可否，模糊应答。

在面试中常常会遇到这样一些考题，无论你作肯定的回答还是作否定的回答都不讨好。例如，招聘者可能会问："依你现在的水平，恐怕能找到比我们企业更好的公司吧？"当你遇到这种任何一种答案都不是很理想的考题时，就要善于用模糊语言来应答。例如："或许我现在能找到比贵公司更好的企业，但别的企业或许发展前景不如贵公司好，未来的发展空间也不如贵公司大。所以我想，还是珍惜已有的最为重要。"

第三，冷静勿躁，理智应答。

有时，招聘者会故意提出一些敏感问题，此时，应聘者容易回避或急于反驳，显得不够冷静。这时需要的是理智型的答案。例如，某外贸进出口公司在一家人才交流会上招聘秘书，应聘者各方面的条件都符合招聘单位的要求。正当招聘单位欲拍板录用她时，一名考官灵机一动，又提了一个问题："小姐，假如在将来的工作中，你接待的客人要你陪跳舞，你不想跳，但不跳又不行，你将怎么办？"遇到这样的问题，不妨这样回答："跳舞是现代交际的一种手段，正常社交情况下跳舞也不是什么坏事。我对我们的企业有信心，正规单位，不会碰上不三不四的人。我喜欢跳舞，也乐于接受正当的客户邀请。"

第四，话不说死，灵活应答。

在面试应答中，如果不注意随机应变，一开始就把话说死，这对求职者是非常不利的。所以，面试应答要学会随机应变，不把话说死。例如："我认为这个问题包含如下几个要点。"在此用"几个"而不用具体的数字"三个"、"四个"或"五个"来回答，这样就比较好，有利于灵活发挥，边讲边思考边丰富。反之，如果话一讲死，而回答时又一时记不起来，就会忙中出错，出现"卡壳"，越是"卡壳"越紧张，后面本可以完全回答出来的题目也答不好了。

第五，心平气和，委婉应答。

面试中，有的招聘者会从求职者最薄弱的地方着手，提出一些带有挑战性的问题来考察求职者。对这类问题，比较好的回答应该是"这样的观点可以商榷"，"这样的说法有一定的道理，但我恐怕不能完全接受"，等等。

第六，巧于周旋，借话应答。

面试中，有些敏感问题如果处理不好，就有可能招致失败。正确的方法应该是先作出思考的样子，然后不慌不忙地回答："我听别人说这个职位的行情大概是……"这样，无论答对答错，都是源自"道听途说"，而非本人的想法。

第七，复述考题，拖延应答。

面试中招聘者提出问题后，有时可能会因为种种原因一下子答不上来，为了避免冷场或者"卡壳"，可以通过重新叙述考题的方法，或者说一些"废话"来应对。例如："这个问题很有意思，似乎涉及了哲学领域，我想是不是可以这样回答……"

下面是人事部门、用人单位在校园面试毕业生时常要问到的问题，请你认真浏览一下每个问题，并构思怎样对答。

（1）用简洁的语言介绍一下你的学业情况和实践经历。

（2）你为什么应聘本职工作？

（3）你认为自己在这个岗位上有哪些竞争优势？

（4）在过去的实践工作中你学习到了什么？

（5）你对哪类岗位最感兴趣？如果公司的安排与你的愿望不一致，你是否愿意服从安排？

（6）你曾经取得的最大成就是什么？

（7）上学时，假期怎么过？星期天怎么过？

（8）你所期望的工资待遇是多少？

（9）你对体育的兴趣如何？你为了健康常做些什么？

（10）你对我们公司及你所应聘的岗位有什么了解？

（11）你喜欢与别人一起工作还是独自工作？

（12）你为什么放弃目前的工作？

（13）请介绍一下你和你的家庭。

（14）你以前的雇主对你怎样？你喜欢怎样的上司？

（15）你学习成绩怎样？你能提供一些参考证明吗？

（16）你对我们单位了解吗？

（17）你觉得此工作岗位应具备哪些素质和能力？

（18）谈谈你对所学专业的理解，在专业方面有哪些突出成绩。

（19）你对你所学的专业里的知识了解多少？

（20）你准备工作多长时间？你对加班怎么看？

（21）你与老师、同学相处是否有过困难？同事呢？

（22）你有什么特长和爱好？你最自信你自身哪些方面的能力？

（23）请谈谈你的几个最大优点及主要弱点。

（24）请介绍一下你的个性特点。

（25）你未来三年内的目标是什么？如何实现？

（26）如果我们雇用你，你是否打算做这份工作？

（27）你有和这份工作相关的训练和品质吗？

（28）本公司的规章制度较多，较严，你能遵守吗？

（29）你最崇拜的人是谁？

（30）你懂何种外语，熟练程度如何？

总之，现在，面试中的问题越来越灵活、广泛，所以想在应聘中获胜，除了精心准备外，更重要的是平时对自身素质的培养与积累。

二、求职面试的语言要求

面试以谈话为主，面试时间一般都不会很长，长则半小时，短则几分钟。求职者与招聘者素不相识，要在这短暂的时间内让招聘者认识你并欣赏你，这就要靠你的口语表达技巧了。有些人求职名落孙山，不是因为学识或任职能力不够，而是因为口语表达能力欠佳，致使招聘者难以了解他的才华而不予录用。所以在面试中，谁的口语表达水平好，善于扬长避短地推销自己，谁就能在竞争中获胜。求职面试的语言有如下几项基本要求。

1．言必中的

面试时，求职者必须按照招聘者问话的中心内容进行回答。如果脱离中心而漫无边际地乱扯，或者答非所问，即使讲得头头是道，也只能以失败而告终。

2．朴实无华

面试语言贵在朴实、生动亲切，语气、语调要自然，要改变学生腔、背书腔。表白自己的水平和才华，评价自己应少用空洞无物的溢美之词。在问及有关工作能力与专业技能等问题时，语言要恰如其分，有实际内容，有真知灼见，切忌言过其实，夸夸其谈，语言华丽，辞藻堆砌，内容空洞，议论抽象，给人华而不实的印象。

3．语速恰当

在面试中，有的因激动、紧张，说话快言快语，有的则慢条斯理，这都不可取。语速太快会令人感到语言表达不清楚，语速太慢又令人感到迟钝、反应不敏捷，以正常语速为好。

4．突出个性

在求职面试时，"个性鲜明"的回答往往容易给人留下深刻的印象。如当招聘者问："你喜欢出差吗？"一位求职者回答说："坦率地说，我不喜欢。因为从一个地方到另一个地方毕竟不是旅游，确实很辛苦，但到外地推销商品是营销活动的一个重要组成部分，也是推销工作之一，所以我不会在意出差的艰辛，反而会以此为荣。因喜欢推销工作，我认为这一点更重要。"又如，招聘者问："如果你被录用，你会干多久呢？"求职者回答："没人愿意把一生中最为宝贵的时间只花在不停地寻找工作中，也不会有人甘愿将自己喜爱的工作放弃。如果这份工作使我学以致用，能更好地发挥我的潜力，从中获得更多的新知识与新技能，并且也能得到相应的回报，我怎么会不专心致志地对待我热爱的工作呢？"这番话所表现的机敏、睿智深深为招聘者所欣赏。可见，真实的思想与坦诚的语言都能较好地体现个性。

5．简明扼要

面谈时间有限，要使招聘者在短暂的时间内了解应聘者，应聘者就不可漫无边际或事无巨细地"大侃"。简明扼要的语言，就是以最少的语言传递最多的信息，突出重点地宣传、推销自己。简明扼要的语言要做到：不絮叨重复，回答问题开门见山。

6．真诚热情

应聘者的真诚对于自己求职成功非常重要。对此，应聘者要注意三点：一是语言具有亲和力。回答问题时切忌语言生硬、矫揉造作。二是悉心聆听。当招聘者提问时，应聘者要专心听，不要东张西望或做其他事，以免招聘者认为你心不在焉、态度傲慢或为人冷漠而影响应聘。三是主动发问。招聘者与应聘者大都不认识，初次见面，求职者应向招聘者主动问好，这样会体现自己的礼貌、好客与热情。

7．使用普通话

一口流利的普通话可以具体体现出应聘者良好的文化素质、雅致的风度气质、较高的精神品位、极强的表达能力，从而给应聘者留下较好的印象。一个满嘴方言土语的应聘者，很难得到招聘者的好感。

三、求职面试的语言技巧

1．自我介绍的语言技巧

自我介绍必须讲究技巧。人人都以为自己最了解自己，介绍自己是一件容易的事情，其实不然，说人易，说己难，在面试中介绍自己是最困难的话题。许多人往往急于介绍自己，推销自己，却因为缺乏讲话艺术而引起招聘者的反感。由于介绍不当使应试失败者达 60%。一位有经验的招聘者建议说："应聘者必须学会自我介绍的技巧，否则你会变得一钱不值。"

（1）彬彬有礼，谈吐文雅

说话彬彬有礼、自然大方，与服饰端庄、仪表优雅一样，是一个人美好的内涵、修养的外在显现，也是具有良好职业素质的重要特征。面试中，应聘者要主动、有礼貌地招呼招聘人员，恰当地使用称呼语与敬语，始终面带微笑。用专注的神情倾听招聘人员的问题，用谦恭态度、委婉地回答提问或做自我介绍。高雅的谈吐是美好风度的特征。谈吐之美在于措辞恰当，切不可咬文嚼字、卖弄华丽辞藻，也不可夹带不文明的口头语或社会习惯语。不要打断对方的说话，急于自我表现，给人以缺乏礼貌的感觉。尚未听清楚对方问话的意图，就"慌不择词"答非所问或词不达意，还会给人留下浮躁、鲁莽的坏印象。面试结束时，无论谈得是否顺利，都不要忘记说表达谢意的话。

（2）针对性强，要点突出

应聘者自我介绍的内容很多，但究竟该介绍什么，哪些该重点介绍并不是随意的、盲目的，而是有一定的内在依据和技巧的。提高针对性的原则是：要紧紧围绕应聘的职业岗位对人才的条件要求和招聘单位的用人标准来介绍自己。

不同的职业岗位对应聘者的性格、知识、能力等的要求是不相同的，因此在介绍时，应聘者要针对对方的需要和期待，来个对症下药，而对那些与对方需求无关的特点、长处则没有必要多介绍。如应聘教师，就应重点介绍你的职业道德、专业能力、知识结构，介绍的内容正合招聘者的心理和要求。

（3）掌握好分寸，留有余地

在自我介绍时，不要过高赞美自己，也不要贬低自己，关键在于掌握分寸，怎样掌握好分寸呢？一是实事求是，该说的事情、成绩要说清说够。但遣词造句一定要留有余地，要注意语言技巧。二是不宜用表示极端的词句自我赞美。赞美之词过多过滥，会给人以夸夸其谈、自我吹嘘之感。例如：

刚从学校毕业的小张，是学校的高才生，他很自信地到一家合资企业去面试，开口就说："我是国家级一类××大学毕业的，我爱看书，尤其爱读西方哲学著作，我更爱写作，我发表了许多论文，其中××论文引起了校内轰动。"

小张开口就强调自己就读的学校是名牌大学，给人以拉大旗，作虎皮的感觉，令人反感。又说自己喜爱读西方哲学著作，以显示学识渊博，但又说不出读的什么哲学书，反而把自己弄成爱吹牛皮的人了。论文轰动全校，既不能引人敬佩，反被人看轻，叫人嘲笑。结果，招聘者认为小张虚荣心强，华而不实，争名好胜，不适合在公司工作，拒绝聘用他。

另外，自我介绍既要坦诚，又要留有分寸。既介绍自己能力，也不能把自己搞成事事皆能，使自己进退维谷。遣词造句要客观、实在，并留有余地，少用"可能"、"大概"、"一定"、"绝对"等模棱两可或"斩钉截铁"的词语。更不能说"我绝对有把握"、"今后你们瞧我的"之类狂傲自负的话，否则就会失去表白的可信度。

（4）愉快自信，突出个性

自我介绍，思想要轻松愉快，语气要自信，精神要振奋，说话的速度不要太快，口齿一定要清晰。措辞、造句、内容、声音等，一定要注入活力，俾面试气氛活跃而融洽。要不失时机地表达对所求职业（岗位）的热切向往，希望在该企业（单位）有所贡献、有所作为。在做自我介绍时，要正确把握"谦虚"的度，既不自吹自夸，也不妄自菲薄，应恰如其分地介绍自己的优点与专长，表露出能够胜任对所求职业（岗位）的自信。即使意识到自身条件的不足，也应该表现出在今后的工作中边干边学、虚心求教、不断进取、完善自我、做出成绩的意愿与信心，从而给招聘者以有朝气、有潜力、有进取精神的良好感觉。

在自我介绍的过程中，应竭力避免以下五种情况：①忌"我"字连篇；②忌不着边际；③忌得意忘形；④忌故意卖弄；⑤忌语言空泛。

2．当面对答的语言技巧

在应聘中，最能考验人的是对答这一阶段。自我介绍只不过是面试官以此对求职者获得一个初步的印象，而对答阶段，则是从不同角度去考察应聘者的应变能力、适应能力、专业水平、工作能力、性格爱好、处事方式、处世态度等。整个对答阶段就是对应聘者综合能力的考察。所以，我们必须注意积累当面对答的口语技巧。

四、常见问题对答技巧及举例

所谓常见问题，是指在一般求职面试场上往往问得较为频繁的问题。虽然说它们常见，但也得讲究技巧，这样才会给面试官留下良好的印象。

1．如实相告法

这种技巧，一般运用在内容弹性很小的问题上，如专业方面、家庭背景、学历、业余爱好等。如实相告是指把自己与问题有关的事实坦率而明确地告诉给招聘者。

2．举例说明法

在回答问题时，不能笼统空泛，敷衍了事，要用具体例子来说明。例如："上学时，有没有进行过勤工俭学活动？"

答：有。我在假期期间参加过一些勤工俭学活动。如在××广告公司做兼职员工，当家庭教师。其中做家庭教师的时间最长。我的专业是美术，我辅导了五名学生，他们都考上了不同层次的艺术院校。通过勤工俭学，既减轻了家庭的经济负担，又巩固了我所学的专业知识，积累了一些社会经验。

不少用人单位都想招用有一定实践经验的人。这个问题，实质上是招聘者想从你的回答中了解你是否有一定的工作经验。这段话既举例回答了所从事的实践活动，又答出了本人的体会。

3．坦率直言法

有不少面试者，由于存有戒备心理，回答问题时吞吞吐吐，不将心中的实情坦率流露出来，从而影响回答的质量，给招聘者造成疑虑，以致留下不好印象。有些话题可坦率直言。但应注意，这里所要求的坦率，并非是无话不谈，那些有伤大雅、有损自己形象和招聘单位形象的话就无须"坦率"了。

下面是求职者在面试中常常会遇到的 9 种问题以及回答示例，供训练参考。

（1）请简单地描述一下自己好吗？

答：本人身材虽小，激情却高；说话不巧，心态却好；学历不高，经验不少；欲望不高，决心不小。

简析：此题旨在考察应聘者在完成一项任务时能否遵照要求和是否能够辩证客观地看待自己。一般应聘者在回答此题时，却会置题目中的"简单"二字和自己已经显示出来的缺点而不顾，大谈特谈自己的"闪光点"。而上例回答运用对比手法简要客观地对自身的外形和内在素质作了一个简单的描述。骈偶式的语句，短小精悍，幽默风趣，值得主考官咀嚼玩味。再如下例也很好：

我叫林岚，是××学院金融专业97届毕业生，1976年生于郑州。经过四年的努力，我较好地掌握了专业知识，成绩在年级名列前茅，曾三次被评为三好学生。我爱写作，写作能力较强，我是系学生会宣传部长、校报通讯员，经常向报刊投稿，曾在报刊上发表文章四篇。此外，我在平时还积极发展其他业余爱好，如书法、跳舞等。在校读书期间，我一直担任学生干部，多年的锻炼，使我学会了组织各项活动，如何处理各种人际关系。（递上证书）

（2）你为什么离开了原来的工作单位？

答：毕业后为了尽快地找到工作以解决生活问题，我就"病急乱投医"。后来发现，在匆忙中所找的单位，既不能发挥自己长于创意、善于策划的特长，也不能学到有用的东西。在这种情况下，本打算早点离职，但为了信守承诺，我还是一直坚持到了合同期满。我对原公司还是很感激的，因为它不仅帮我解决了毕业之初的生活问题，而且还让我认识到只有从事一份能充分施展自身价值的工作，生活才会更有意义。

简析：一般应聘者在回答这一问题时，习惯将原单位使劲"往下贬"，将现应聘的单位拼命"往上吹"，以为这样会讨得主考官的欢心。殊不知，主考官会从这种"厚此薄彼"的回答里，看出应聘者将来到聘时对现应聘单位的态度。以上回答实在、可信且富于人情味，既突出了自己信守承诺的优良素质，又点明了自己希望在新单位发挥特长的愿望。

（3）你为什么选择了本公司？

答：贵公司在本地有着良好的口碑，我对贵公司可以说是心仪已久，看到招聘启事后，我觉得本人身体条件、思想品行、所学专业都符合贵公司的要求，所以就前来应聘。我有信心通过公平竞争得到梦寐以求的工作。

简析：这个问题旨在考察应聘者对于招聘单位的了解程度以及应聘者是否具备应有的专业技能和心理准备——招聘方的要求和应聘者的素养的吻合程度。一般应聘者在回答这一问题时，只会盲目地、没有分寸地对应聘单位吹捧。而这段回答对症下药，有的放矢，除了对应聘单位作了分寸适度的奉承外，还着重回答了招聘者关心的问题。相信一般的主考官都会满意这样的回答。

（4）从简历来看，你在大学学习时成绩优异，但却缺乏相关的工作经验。对此，你有何看法？

答：工作经验固然重要，但在当今日新月异、瞬息万变的时代，一个人的学习能力和适应能力比工作经验更为重要。在学校学习时的优秀成绩，足以证明我具有学习新知识和新技能的能力以及接受新鲜事物的能力。公司只要给我一个机会，我相信自己一定能很快积累起相关经验，最终还你一个奇迹。

简析：由于认为招聘方对工作经验看得很重，一些缺乏工作经验的应聘者在回答这一问题时，就站在和招聘者对立的立场上，否认工作经验的重要性，或者用忘了在简历上填写等话语来遮掩自己缺乏工作经验这一事实。而这一示例首先承认了工作经验的重要性，然后才扬起了自己所具备的可以弥补缺乏工作经验这一缺陷的长处——学习能力和适应能力。回答不偏不倚，不卑不亢，坦荡自信，誓言式的结束语更是让招聘者倍感鼓舞。

（5）你的学习成绩平平，请说明原因。

答：我的学习成绩确实不是很突出，这是因为我在学习期间由于家庭经济方面的原因兼了多份家教，同时又担任了学校多个社团的负责人，这些都占用了我的一部分时间和精力。但凡事都有利有弊，做家教和担任社团负责人的工作虽然影响了我的学习成绩，但却给我带来了另外的收获，那就是让我的实践能力和组织领导能力得到了锻炼和提高。我相信贵公司会更看重一个人的全面素质和"综合指数"的。

简析：由于认为学习成绩事关自己应聘成败，一些在校学习成绩不好的应聘者在回答这一问题时，会竭力否认学习成绩的重要性，而刻意说明工作经验、适应能力等的重要性。而事实上，应聘单位并不特别看重应聘者在校的学习成绩（否则就不会让应聘者参加面试），招聘者提出这一问题的目的只是想弄清原委并考察一下应聘者是否具有实事求是的思想素质和辩证看待问题的思维方法。上面回答事实求是，不掩饰事实，不回避缺陷，既回答了在校学习成绩不好的原因，又辩证地指出了与成绩不好这一短处相伴而生的长处和优势，同时还对公司在选用人才方面委婉地作了提醒。

（6）参加面试的人这么多，你能给我一个录取你的理由吗？

答：当然，今天参加面试的朋友很多，并且都很优秀，这在一定程度上证实了贵杂志社的吸引力。从专业上讲，我们都很对口；在特长方面，我们也各有优势。而我在校学习期间的兼职记者经验以及毕业后在报社实习的经历，更坚定了我进入贵杂志社的信心。因为对相关工作情况的熟悉，可以使我只需一个较短的磨合期，便能胜任工作。

简析：此问的目的是为了让应聘者亲口说出自己较其他应聘者所具有的优势，同时考察应聘者在面对竞争压力时，是否具备应有的承受力及公平竞争意识。这段回答在客观看待对手实力的前提下，有选择、有针对性地展示了自身的特长和优势，同时也让招聘者初步了解到了自己的竞争承受能力。

（7）你的人生信条是什么？

答：人活着不能只为自己，要讲奉献。人也不能失去自我，完全由别人主宰。把个人融入集体之中，才会拥有一个完美的人生。

简析：在应聘的问题中，话不在"多"而在于"精"，既要充分地展示自己与求职有关的优点与特长，又要说得真诚可信、体现出良好的综合素质，这样才能在众多的应聘者中脱颖而出。

（8）你喜欢交友吗？

答：我交的朋友不多，却有几位很知心的。

简析：人际关系很重要，如果根本不愿交朋友或没有朋友的人，工作很难展开。回答此题时，要三思而行。

（9）你对工资待遇有何期望？

答：对于工资及福利待遇我没有具体要求，我更注重的是工作所带来的机会与挑战。我相信公司会根据每一位员工的工作业绩给予恰当合理的报酬，以体现多劳多得、优劳优得和奖勤罚懒的原则。

简析：这是一个很难正面回答的问题，回答高了，会让招聘方觉得求职者过分看重金钱

01　　　　02　　　+

普通话训练及应用教程

和不自量力；回答低了，又会让招聘方觉得求职者对自己缺乏信心。鉴于这一实际，这段话就避开具体数字，只表达了对用人单位的信任以及所寄予的厚望，同时巧妙地表达了希望得到合理报酬的愿望。

随着用人单位选拔人才的标准不断提高，其面试考察的方法也往往奇招百出、变化莫测。有一些面试甚至非常特殊，面试官常常在你不经意间对你开展面试考察。应对的策略有：

一、多思考，思路开阔，与众不同

凤凰卫视当家花旦曾子墨曾在世界摩根斯坦利银行工作，在她最后一轮面试时，一位面试官走进会议室，面无表情地与她握手寒暄后，不动声色地发问："如果你找到一份工作，薪水有两种支付方式：一年12000美元，一次性全部归你；同样一年12000美元，按月支付，每月1000美元。你怎么选择？"

她嘱咐自己千万别慌，刚要回答，却又突然意识到，如果简单地选择第一种，答案过于绝对了。于是她说："这取决于现在的实际利率。如果实际利率是正数，我选第一种；如果是负数，我选第二种；如果是零，两者一样。同时，我还会考虑机会成本，即便实际利率是负数，假如有好的投资机会能带来更多的回报，我还是选择第一种。"

"一般人都说选择第一种，你还不错，考虑得很周全！"面试官当即给予了很高的评价，在她的评定书上写道："不惜代价，一定要雇用。"

简析：她考虑问题非常周全，没有直接回答选择哪一种方案，而是列出了所有应该考虑的因素："实际利率"、"投资机会"，然后给出四种答案，如此回答，充分证明了她思维敏捷，有宽阔的思维空间，能从多角度、多方面地看待同一事物。这番回答凸显了她的思路开阔，思维与众不同，让她脱颖而出。面试就是展示自己的时候，求职者如果能够同她一样，有的放矢，考虑周全，成功率将会大大提高。

二、思维缜密，步步到位

一位求职者到一家企业应聘，工作人员让他先到总经理办公室去一趟。进屋后，总经理正在打电话，并让求职者帮他拿一个文件夹，要看个数据。求职者轻声问："第几排？"总经理伸出三个手指，求职者又问："右边数，第几个文件夹？"总经理伸出两个手指。求职者直接走向文件柜，拿出二号文件夹后又问："在哪一页？"总经理回答："第10页。"求职者赶紧翻到第10页，把文件夹递过去。这时，总经理突然放下电话，说："你的面试通过了。"

求职者简直不敢相信自己的耳朵。此时，总经理问他："你怎么问我这么多问题？"求职者说："因为文件柜有好几排，每排又有不少的文件夹，倘若我随便抽出一个肯定不行。再则，您要看一个数据，一个文件夹那么厚，不问清楚哪一页，怎么能够准确地给你提供数据呢？"总经理当即向求职者竖起了大拇指。

简析：这是招聘方设置的一道考题，旨在通过这种方式考察求职者处理问题的思维是否缜密周全。求职者能够顺利通过面试，虽与他迅速进入角色、言语有礼貌有关，但更为重要的是，它能够通过有章法的询问，迅速找到总经理要的文件，显示他思维缜密、做事到位的优点。

五、求职后的备忘

面试后一两天内，要给招聘单位负责人写信或打电话，以表示感谢；面试后两周内如果没有任何信息，打电话询问，并表示出你求职的热情和愿望，如果未被录用，也请教一下原因，为下一次面试积累经验。其意义在于：

一是表示感谢，显得礼貌周全，也加深对方对自己的记忆。

二是表达自己希望被录用的执著和热忱，有可能在用人单立难以下取舍决心之际，让录用加重砝码向自己一方倾斜。

三是可以起到再推销的作用——你的致谢信或电话除了对对方的关心、器重表示赞赏和感谢外，更重要的是提醒对方知道你姓啥名谁，提及在面试时对方或对方单位给你留下的深刻印象。同时，还可以在信中谈及自己的某些求职优势，列举自己较之于其他应聘者的"闪光"之处，让对方记住你的长处，淡化你的劣势。

打电话或写致谢信实际上是"二次推销"、再次自荐，用人单位或者为你的真情所打动、或者会为你的礼貌而增加好感、或者为你的执著所感化，促使你的求职梦想好梦成真！例如：

2012 年 10 月的一天。

小刘："王经理吗？您好，我是上周来公司面试的刘伟杰。我刚才收到了您的短信，知道自己已经落选了，但是，仍然很感谢您百忙之中抽出时间，安排了我的面试，谢谢您！"

经理："没什么，这是我们应该做的。我没有记错的话，你应聘的是文案部副经理的职位吧？"

小刘："是的。我打电话给您，除了表示感谢外，还想听听您的意见，看看我在下次求职中，哪些地方需要提高。"

经理："其实，你的表现还是不错的，主要是经验不足。我们的文案部经理要求较高，至少要有 3 年的工作经验，但是你才在这个行业工作 1 年，相比其他几个人不具有优势。此外，你在面试时还要注意答问时的针对性……"

小刘认真地听着，还不时询问几个问题，经理也一一作了解答。

小刘："您的指点让我受益匪浅，下次面试，我的表现一定会上一个台阶的。顺便问一下，不知您是否有其他工作机会，方便介绍给我？"

经理的一个大学同学是一家猎头公司的总裁，不久前，让经理留心给他推荐几个合适的助手，而小刘给经理的印象不错。

经理："你愿意不愿意去猎头公司当咨询顾问？你比较善于与人沟通，这个行业可能更适合你。"

小刘："当然愿意了！"经理把同学公司的联系电话告诉了他，又嘱咐了他几句，他一一答应了。

一周后，小刘给经理打来了报喜的电话。电话里他兴奋地告诉经理，下周一就要去那家猎头公司上班了。"王经理，真是太谢谢您的指点和推荐了！"

经理："这一切靠的都是你自己的努力，你是个聪明的求职者！"

简析：很多人都想当然地认为招聘结束，自己肯定没有机会了。其实从严格意义上来讲，一次招聘活动，应该是确定了最佳人选之后才算结束。小刘的落聘已是不争的事实，一个电话让小刘重新找到了工作。小刘先是礼貌地表达谢意，并委婉地表明打电话的另一个意图是了解自己落聘的原因。当经理告诉他真实的原因时，他认真地听着并不时询问了几个问题。结束电话之前，顺便问一下为自己争得了一个工作机会。看来，招聘结束后，还是有机会的。

思考与训练

一、求职面试应做好哪些准备？

二、试制作一份求职简历。

三、求职面试应具有怎样的心理？如你有时间，请到人才市场或人才招聘会上去体验一下招聘的程序与气氛，从而为面试做好心理和经验等方面的准备。

四、2013年5月，某省某职业技术学校为即将结束职业学校学习的全体毕业生组织了大型"校企联谊招聘会"，你要根据自己的专业、特长和应聘单位，在本次招聘会上介绍自己，请根据自我介绍的要求和侧重点，撰写一篇400字左右的自我介绍。

五、根据下面的情况，设计一段应聘交谈。

××职业技术学校酒店管理专业的2013届毕业生吴雅莉同学，曾在省中职英语口语竞赛中获得第一名的优异成绩，她将去广州白天鹅宾馆应聘酒店礼仪小姐一职。在交谈时，起初比较顺利，但在即将结束时，招聘人突然问道："你成绩优秀，直率单纯，将来会很有前途，可我们的工作需要与形形色色的人打交道。如果有客人请你喝酒，请你跳舞，你怎么办？"

六、面试后，为什么要给招聘单位写致谢信，同时心态上要做好哪两手准备？

七、朗读下面一段文字，然后谈谈松下给你的启示。

日本松下电器公司总裁松下年轻的时候生活贫困，为了养家糊口，他四处谋职。有一次，松下走进一家电器公司人事部，向负责人说明了来意。负责人看他衣着邋遢，又瘦又小，就推托说："我们现在暂不缺人，你一个月以后再来看看吧。"一个月以后，松下真的来了，负责人又推托说有事，让他过几天再来。隔了几天，松下又来了。几次反复，负责人干脆说出了真正的理由："你这样脏兮兮的是进不了我们工厂的。"松下回去后，借了些钱，买了身整齐的衣服，穿上又返了回来。那位负责人没有办法了，便告诉松下说："关于电器方面的知识，你知道得太少了，我们不能要你。"过了两个月，松下再次来到这家公司，对负责人说："我已经学了不少电器方面的知识，您看我哪方面有差距，我一项项来弥补。"负责人盯着他看了半天，说："我干这行几十年了，头一回看到像你这样来找工作的，我真佩服你的耐心和韧性。"松下终于进了这家电器公司。

八、下面是一段面试交谈，你认为应聘者能等来公司的通知吗，为什么？

"谈谈你对未来的打算和规划，你的职业目标是什么？"

"我非常想出国深造，我想先考托福，然后到美国读MBA，然后回来创业。"

"你为什么到我们公司来呢？"

"我还没有想好要找一份什么样的工作，我现在工作也是想锻炼一下自己的能力，看你们公司还不错，所以想来试试。"

"你直接准备出国考试不是更节省时间吗？"

"我已经说过了，我是想来锻炼一下自己，我觉得工作是很好的锻炼。"

"希望你能如愿以偿，你的情况我知道了，请回去等通知吧。"

容易读错的字词训练表

例字	应读	不读	例字
皑	ái	kǎi	皑皑
隘	ài	ai 或 yi	狭隘
谙	ān	àn	谙熟
铵	ǎn	ān	碳铵
昂	áng	āng	昂首
凹	āo	wā	凹陷
坳	ào	āo	山坳
傍	bàng	bāng	傍晚
		páng	
褒	bāo	bǎo	褒贬
胞	bāo	pāo	同胞
蓓	bèi	péi	蓓蕾
匕	bǐ	bì	匕首
鄙	bǐ	bì	鄙视
庇	bì	pì	庇护
婢	bì	bèi	奴婢
痹	bì	pì	麻痹
愎	bì	fù	刚愎自用
蝙	biān	piǎn	蝙蝠
砭	biān	biǎn	针砭
濒	bīn	pín	濒临
摈	bìn	bīng	摈弃
波	bō	pō	波浪
菠	bō	bó	菠菜

帛	bó	bò	帛书
卜	bǔ	pǔ	卜辞
哺	bǔ	pǔ	哺乳
捕	bǔ	pǔ	捕捞
埠	bù	fǔ	商埠
惭	cán	cǎn	惭愧
糙	cāo	zào	粗糙
嘈	cáo	cāo	嘈杂
巢	cháo	chāo	巢穴
谄	chǎn	xiān	谄媚
阐	chǎn	shàn	阐述
忏	chàn	qiān	忏悔
偿	cháng	shǎng	偿还
伥	chāng	zhàng	为虎作伥
嗔	chēn	tián	嗔怒
瞠	chēng	tang	瞠目结舌
乘	chéng	chèn	乘机
惩	chéng	chěng	惩罚
逞	chěng	chéng	逞能
痴	chī	zhī	痴情
嗤	chī	chì	嗤笑
侈	chǐ	chì	奢侈
豉	chǐ	gǔ	豆豉
饬	chì	shí	整饬
炽	chì	zhì	炽热
辍	chuò	chuì	辍学
绌	chù	zhuō	相形见绌
触	chù	zhù	接触
黜	chù	chuò	罢黜
杵	chǔ	wǔ	杵臼
赐	cì	sì	赏赐
从	cóng	cōng	从容
怆	chuàng	cāng	悲怆
丛	cóng	cōng	丛刊
淙	cóng	zōng	淙淙
猝	cù	cuì	猝死
皴	cūn	jùn	皴裂
璀	cuǐ	cuī	璀璨
粹	cuì	suì	精粹

痤	cuó	zuò	痤疮
挫	cuò	cuō	挫伤
呆	dāi	āi	呆板
傣	dǎi	tài	傣族
耽	dān	dāng	耽误
殚	dān	dàn	殚精竭虑
玷	diàn	zhān	玷污
档	dàng	dǎng	档案
蹈	dǎo	dào	舞蹈
悼	dào	dǎo	悼念
堤	dī	tí	堤岸
蒂	dì	tì	并蒂莲
缔	dì	tì	缔造
吊	diào	diāo	吊车
订	dìng	dīng	订购
笃	dǔ	dù	笃信
踱	duó	dù	踱步
珐	fà	fǎ	珐琅
发	fā	fǎ	理发
妨	fàng	fāng	不妨
沸	fèi	fú	沸点
氛	fēn	fèn	氛围
敷	fū	fú	敷衍
拂	fú	fó	拂晓
符	fú	fǔ	不符
幅	fú	fǔ	幅度
甫	fǔ	pǔ	神甫
脯	fǔ	pǔ	果脯
讣	fù	pǔ	讣告
阜	fù	bǔ	物阜民丰
复	fù	fǔ	复杂
腹	fù	fǔ	心腹
尴	gān	jiān	尴尬
尬	gà	gǎ	尴尬
冈	gāng	gǎng	山冈
戈	gē	gé	戈壁
犷	guǎng	kuàng	粗犷
瑰	guī	guì	瑰宝
刽	guì	kuài	刽子手

皈	guī	fǎn	皈依
佝	gōu	jú	佝偻
罕	hǎn	hān	罕见
或	huò	huái	或者
桦	huà	huá	桦树
踝	huái	luǒ	踝骨
桓	huán	héng	（姓）
肓	huāng	máng	病入膏肓
讳	huì	wěi	忌讳
晦	huì	huǐ	晦气
阂	hé	hai	隔阂
涸	hé	gù	干涸
黑	hēi	hēi	黑白
畸	jī	jí	畸形
即	jí	jì	立即
棘	jí	là	棘手
嫉	jí	jì	嫉妒
脊	jǐ	jí	脊背
绩	jì	jī	成绩
迹	jì	jǐ	迹象
寂	jì	jí	孤寂
戛	jiá	gā	戛然而止
歼	jiān	qiōn	歼灭
酵	jiào	xiào	发酵
剿	jiǎo	chāo	围剿
校（对）	jiào	xiào	校对
浸	jìn	qìn	浸泡
茎	jīng	jìng	茎叶
粳	jīng	gěng	粳米
颈	jǐng	jìng	颈项
痉	jìng	jīng	痉挛
灸	jiǔ	jiū	针灸
疚	jiù	Jū	内疚
狙	jū	zǔ	狙击手
沮	jǔ	zǔ	沮丧
矩	jǔ	jù	矩形
菌	jūn	jǔn	细菌
俊	jùn	zùn	英俊
喟	kuì	wèi	喟然

揩	kāi	kǎi	揩擦
慨	kǎi	kài	慷慨
括	kuò	guò	包括
踉	liàng	làng	踉跄
捞	lāo	láo	捕捞
烙	lào	luò	烙印
蕾	lěi	léi	花蕾
羸	léi	yíng	羸弱
劣	liè	lù e	劣绅
拎	līn	líng	拎着
掳	lǔ	lǒu	掳去
虏	lǔ	lǒu	掳去
掠	lüè	lüě	掠夺
袤	mào	róu	广袤
虻	méng	máng	牛虻
谋	móu	mù	计谋
某	mǒu	mǔ	某人
陌	mò	mái	陌生
娩	miǎn	wǎn	分娩
谬	miù	niú	谬论
墓	mò	mù	墓地
讷	nè	nà	木讷
拟	nǐ	ní	草拟
馁	něi	lěi	气馁
拈	niān	zhān	拈花惹草
酿	niàng	rǎng	酝酿
脓	nóng	néng	脓包
嫩	nèn	lùn	嫩叶
虐	nüè	yuè	虐待
殴	ōu	ǒu	殴打
呕	ǒu	ōu	呕吐
葩	pā	bā	奇葩
湃	pài	bài	澎湃
蟠	pán	fān	蟠桃
滂	pāng	bàng	滂沱
胚	pēi	pī	胚胎
澎	péng	pēng	澎湃
坯	pī	pēi	毛坯
披	pī	pēi	披挂

毗	pí	bǐ	毗邻
匹	pǐ	pí	匹敌
癖	pǐ	pì	癖好
譬	pì	bì	譬如
媲	pì	bì	媲美
剽	piāo	biāo	剽悍
瞥	piē	piě	瞥见
骈	pián	bìng	骈文
珀	pò	bó	琥珀
剖	pōu	pāo	剖析
咆	páo	bāo	咆哮
琶	pá	bà	琵琶
蹒	pán	mǎn	蹒跚
戚	qī	qì	哀戚
颀	qí	jīn	颀长
栖	qī	xī	两栖
绮	qǐ	yǐ	绮罗
契	qì	qiè	契机
憩	qì	qiè	休憩
迄	qì	qǐ	迄今
潜	qián	qiǎn	潜藏
虔	qián	qiǎn	虔诚
悭	qiān	qiǎn	悭吝
堑	qiàn	zhàn	天堑
跄	qiàng	qiāng	踉跄
怯	qiè	què	怯场
惬	qiè	xiá	惬意
挈	qiè	xié	提纲挈领
锲	qiè	qì	锲而不舍
确	què	quō	确实
侵	qīn	qǐn	侵略
倾	qīng	qóng	倾听
擎	qíng	jíng	引擎
顷	qǐng	qōng	顷刻
龋	qǔ	yū	龋齿
蜷	quán	juǎn	蜷伏
券	quàn	juàn	债券
闰	rùn	yùn	闰年
润	rùn	yùn	湿润

绕	rào	rǎo	缠绕
仍	réng	rēng	仍旧
儒	rú	rǔ	儒家
蠕	rú	nuò	蠕动
缛	rù	rǔ	繁文缛节
容	róng	yóng	容貌
霎	shà	chà	霎时
嬗	shàn	chán	嬗变
赡	shàn	zhān	赡养
摄	shè	niè	摄影
慑	shè	niè	慑服
娠	shēn	chēn	妊娠
蜃	shèn	chén	海市蜃楼
矢	shǐ	shī	矢口否认
室	shì	shǐ	办公室
狩	shòu	shǒu	狩猎
殊	shū	chū	特殊
吮	shǔn	yún	吮吸
墅	shù	yě	别墅
涮	shuàn	shuā	涮羊肉
松	sōng	xōng	松柏
怂	sǒng	zǒng	怂恿
悚	sǒng	shù	悚然
艘	sōu	sǒu	艘船
宿	sù	xú	住宿
塑	sù	suò	塑料
溯	sù	suò	溯源
缫	sāo	cáo	缫丝
肃	sù	xū	甘肃
虽	suī	suí	虽然
髓	suǐ	suí	骨髓
隧	suì	suǐ	隧道
损	sǔn	xǔn	损害
隼	sǔn	zhǔn	鹰隼
笋	sǔn	xǔn	竹笋
森	sēn	shēn	森林
挞	tà	dá	鞭挞
獭	tǎ	lài	水獭
剔	tī	tì	挑剔

涕	tì	dì	涕泣
佻	tiāo	tiǎo	轻佻
湍	tuān	chuán	湍急
恸	tòng	dòng	悲恸
吞	tūn	tēn	吞没
洼	wā	wà	洼地
膝	xī	qī	膝盖
昔	xī	xí	昔日
袭	xí	xī	袭击
徙	xǐ	xí	迁徙
隙	xì	xī	缝隙
弦	xián	xuán	弓弦
舷	xián	xuán	舷梯
陷	xiàn	xuàn	陷阱
骁	xiāo	xiǎo	骁将
淆	xiáo	yáo	混淆
哮	xiào	xiāo	哮喘
械	xiè	jiè	机械
朽	xiǔ	qiǔ	朽木
恤	xù	xuè	抚恤
酗	xù	xiōng	酗酒
炫	xuàn	xuán	炫耀
眩	xuàn	xuán	眩晕
穴	xué	xuè	空穴来风
徇	xùn	xún	徇私舞弊
殉	xùn	xún	殉职
绚	xuàn	xùn	绚丽
悬	yá	ái	悬崖
亚	yà	yǎ	亚军
俨	yǎn	yán	俨然
魇	yǎn	yàn	梦魇
揠	yan	yan	揠苗助长
药	yào	yūe	中药
宜	yí	yì	适宜
倚	yǐ	yī	倚仗
谊	yì	yí	友谊
肄	yì	sì	肄业
弋	yì	ge	游弋
谒	yè	jié	谒见

液	yè	yí	液体
映	yìng	yāng	放映
硬	yìng	èng	坚硬
邮	yóu	yōu	邮包
莠	yǒu	xiù	良莠
迂	yū	yú	迂回
娱	yú	yù	娱乐
愉	yú	yù	愉快
跃	yuè	yào	飞跃
允	yǔn	rǔn	允许
酝	yùn	yūn	酝酿
纵	zòng	jiòng	纵横
暂	zàn	zhàn	暂时
凿	záo	zuò	确凿
纂	zuǎn	cuàn	编纂
憎	zēng	zèng	憎恶
札	zhá	zhā	札记
绽	zhàn	diàn	绽开
沼	zhǎo	zhāo	沼气
召	zhào	zhāo	召开
遮	zhē	zhě	遮蔽
贞	zhēn	zhēng	忠贞
诊	zhěn	zhēn	诊断
诤	zhèng	zhēng	诤谏
脂	zhī	zhǐ	脂肪
峙	zhì	chǐ	对峙
质	zhì	zhǐ	质量
诌	zhōu	zōu	胡诌
骤	zhòu	zòu	步骤
诸	zhū	zhù	诸位
贮	zhù	chù	存贮
撞	zhuàng	chuàng	撞车
茁	zhuó	zhō	茁壮
卓	zhuó	zhō	卓越

附录 B

普通话水平测试用的轻声词语训练表

说 明

1. 本表根据《普通话水平测试用普通话词语表》编制。
2. 本表供普通话水平测试第二项——读多音节词语（100个音节）测试使用。
3. 条目中的轻声音节，注音不标调。

1 爱人 àiren	23 鼻子 bízi	45 场子 chǎngzi
2 案子 ànzi	24 比方 bǐfang	46 车子 chēzi
3 巴掌 bāzhang	25 鞭子 biānzi	47 称呼 chēnghu
4 把子 bǎzi	26 扁担 biǎndan	48 池子 chízi
5 把子 bàzi	27 辫子 biànzi	49 尺子 chǐzi
6 爸爸 bàba	28 别扭 bièniu	50 虫子 chóngzi
7 白净 báijing	29 饼子 bǐngzi	51 绸子 chóuzi
8 班子 bānzi	30 拨弄 bōnong	52 除了 chúle
9 板子 bǎnzi	31 脖子 bózi	53 锄头 chútou
10 帮手 bāshou	32 簸箕 bòji	54 畜生 chùsheng
11 梆子 bāngzi	33 补丁 bǔding	55 窗户 chuānghu
12 膀子 bǎngzi	34 不由得 bùyóude	56 窗子 chuāngzi
13 棒槌 bàngchui	35 不在乎 búzàihu	57 锤子 chuízi
14 棒子 bàngzi	36 步子 bùzi	58 刺猬 cìwei
15 包袱 bāofu	37 部分 bùfen	59 凑合 còuhe
16 包涵 bāohan	38 裁缝 cáifeng	60 村子 cūnzi
17 包子 bāozi	39 财主 cáizhu	61 耷拉 dāla
18 豹子 bàozi	40 苍蝇 cāngying	62 答应 dāying
19 杯子 bēizi	41 差事 chàishi	63 打扮 dǎban
20 被子 bèizi	42 柴火 cháihuo	64 打点 dǎdian
21 本事 běnshi	43 肠子 chángzi	65 打发 dǎfa
22 本子 běnzi	44 厂子 chǎngzi	66 打量 dǎliang

67 打算 dǎsuan	105 队伍 duìwu	143 骨头 gǔtou
68 打听 dǎting	106 多么 duōme	144 故事 gùshi
69 大方 dàfang	107 蛾子 ézi	145 寡妇 guǎfu
70 大爷 dàye	108 儿子 érzi	146 褂子 guàzi
71 大夫 dàifu	109 耳朵 ěrduo	147 怪物 guàiwu
72 带子 dàizi	110 贩子 fànzi	148 关系 guānxi
73 袋子 dàizi	111 房子 fángzi	149 官司 guānsi
74 耽搁 dānge	112 份子 fènzi	150 罐头 guàntou
75 耽误 dānwu	113 风筝 fēngzheng	151 罐子 guànzi
76 单子 dānzi	114 疯子 fēngzi	152 规矩 guīju
77 胆子 dǎnzi	115 福气 fúqi	153 闺女 guīnü
78 担子 dànzi	116 斧子 fǔzi	154 鬼子 guǐzi
79 刀子 dāozi	117 盖子 gàizi	155 柜子 guìzi
80 道士 dàoshi	118 甘蔗 gānzhe	156 棍子 gùnzi
81 稻子 dàozi	119 杆子 gānzi	157 锅子 guōzi
82 灯笼 dēnglong	120 杆子 gǎnzi	158 果子 guǒzi
83 提防 dīfang	121 干事 gànshi	159 蛤蟆 háma
84 笛子 dízi	122 杠子 gàngzi	160 孩子 háizi
85 底子 dǐzi	123 高粱 gāoliang	161 含糊 hánhu
86 地道 dìdao	124 膏药 gāoyao	162 汉子 hànzi
87 地方 dìfang	125 稿子 gǎozi	163 行当 hángdang
88 弟弟 dìdi	126 告诉 gàosu	164 合同 hétong
89 弟兄 dìxiong	127 疙瘩 gēda	165 和尚 héshang
90 点心 diǎnxin	128 哥哥 gēge	166 核桃 hétao
91 调子 diàozi	129 胳膊 gēbo	167 盒子 hézi
92 钉子 dīngzi	130 鸽子 gēzi	168 红火 hónghuo
93 东家 dōngjia	131 格子 gézi	169 猴子 hóuzi
94 东西 dōngxi	132 个子 gèzi	170 后头 hòutou
95 动静 dòngjing	133 根子 gēnzi	171 厚道 hòudao
96 动弹 dòngtan	134 跟头 gēntou	172 狐狸 húli
97 豆腐 dòufu	135 工夫 gōngfu	173 胡琴 húqin
98 豆子 dòuzi	136 弓子 gōngzi	174 糊涂 hútu
99 嘟囔 dūnang	137 公公 gōnggong	175 皇上 huángshang
100 肚子 dǔzi	138 功夫 gōngfu	176 幌子 huǎngzi
101 肚子 dùzi	139 钩子 gōuzi	177 胡萝卜 húluóbo
102 缎子 duànzi	140 姑姑 gūgu	178 活泼 huópo
103 对付 duìfu	141 姑娘 gūniang	179 火候 huǒhou
104 对头 duìtou	142 谷子 gǔzi	180 伙计 huǒji

181 护士 hùshi
182 机灵 jīling
183 脊梁 jǐliang
184 记号 jìhao
185 记性 jìxing
186 夹子 jiāzi
187 家伙 jiāhuo
188 架势 jiàshi
189 架子 jiàzi
190 嫁妆 jiàzhuang
191 尖子 jiānzi
192 茧子 jiǎnzi
193 剪子 jiǎnzi
194 见识 jiànshi
195 毽子 jiànzi
196 将就 jiāngjiu
197 交情 jiāoqing
198 饺子 jiǎozi
199 叫唤 jiàohuan
200 轿子 jiàozi
201 结实 jiēshi
202 街坊 jiēfang
203 姐夫 jiěfu
204 姐姐 jiějie
205 戒指 jièzhi
206 金子 jīnzi
207 精神 jīngshen
208 镜子 jìngzi
209 舅舅 jiùjiu
210 橘子 júzi
211 句子 jùzi
212 卷子 juànzi
213 咳嗽 késou
214 客气 kèqi
215 空子 kòngzi
216 口袋 kǒudai
217 口子 kǒuzi
218 扣子 kòuzi

219 窟窿 kūlong
220 裤子 kùzi
221 快活 kuàihuo
222 筷子 kuàizi
223 框子 kuàngzi
224 困难 kùnnan
225 阔气 kuòqi
226 喇叭 lǎba
227 喇嘛 lǎma
228 篮子 lánzi
229 懒得 lǎnde
230 浪头 làngtou
231 老婆 lǎopo
232 老实 lǎoshi
233 老太太 lǎotaitai
234 老头子 lǎotóuzi
235 老爷 lǎoye
236 老子 lǎozi
237 姥姥 lǎolao
238 累赘 léizhui
239 篱笆 líba
240 里头 lǐtou
241 力气 lìqi
242 厉害 lìhai
243 利落 lìluo
244 利索 lìsuo
245 例子 lìzi
246 栗子 lìzi
247 痢疾 lìji
248 连累 liánlei
249 帘子 liánzi
250 凉快 liángkuai
251 粮食 liángshi
252 两口子 liǎngkǒuzi
253 料子 liàozi
254 林子 línzi
255 翎子 língzi
256 领子 lǐngzi

257 溜达 liūda
258 聋子 lóngzi
259 笼子 lóngzi
260 炉子 lúzi
261 路子 lùzi
262 轮子 lúnzi
263 萝卜 luóbo
264 骡子 luózi
265 骆驼 luòtuo
266 妈妈 māma
267 麻烦 máfan
268 麻利 máli
269 麻子 mázi
270 马虎 mǎhu
271 码头 mǎtou
272 买卖 mǎimai
273 麦子 màizi
274 馒头 mántou
275 忙活 mánghuo
276 冒失 màoshi
277 帽子 màozi
278 眉毛 méimao
279 媒人 méiren
280 妹妹 mèimei
281 门道 méndao
282 眯缝 mīfeng
283 迷糊 míhu
284 面子 miànzi
285 苗条 miáotiao
286 苗头 miáotou
287 名堂 míngtang
288 名字 míngzi
289 明白 míngbai
290 蘑菇 mógu
291 模糊 móhu
292 木匠 mùjiang
293 木头 mùtou
294 那么 nàme

295 奶奶 nǎinai	333 旗子 qízi	371 绳子 shéngzi
296 难为 nánwei	334 前头 qiántou	372 师父 shīfu
297 脑袋 nǎodài	335 钳子 qiánzi	373 师傅 shīfu
298 脑子 nǎozi	336 茄子 qiézi	374 虱子 shīzi
299 能耐 néngnai	337 亲戚 qīnqi	375 狮子 shīzi
300 你们 nǐmen	338 勤快 qínkuai	376 石匠 shíjiang
301 念叨 niàndao	339 清楚 qīngchu	377 石榴 shíliu
302 念头 niàntou	340 亲家 qìngjia	378 石头 shítou
303 娘家 niánjia	341 曲子 qǔzi	379 时候 shíhou
304 镊子 nièzi	342 圈子 quānzi	380 实在 shízai
305 奴才 núcai	343 拳头 quántou	381 拾掇 shíduo
306 女婿 nǚxu	344 裙子 qúnzi	382 使唤 shǐhuan
307 暖和 nuǎnhuo	345 热闹 rènào	383 世故 shìgu
308 疟疾 nüèji	346 人家 rénjia	384 似的 shìde
309 拍子 pāizi	347 人们 rénmen	385 事情 shìqing
310 牌楼 páilou	348 认识 rènshi	386 柿子 shìzi
311 牌子 páizi	349 日子 rìzi	387 收成 shōucheng
312 盘算 pánsuan	350 褥子 rùzi	388 收拾 shōushi
313 盘子 pánzi	351 塞子 sāizi	389 首饰 shǒushi
314 胖子 pàngzi	352 嗓子 sǎngzi	390 叔叔 shūshu
315 狍子 páozi	353 嫂子 sǎozi	391 梳子 shūzi
316 盆子 pénzi	354 扫帚 sàozhou	392 舒服 shūfu
317 朋友 péngyou	355 沙子 shāzi	393 舒坦 shūtan
318 棚子 péngzi	356 傻子 shǎzi	394 疏忽 shūhu
319 脾气 píqi	357 扇子 shànzi	395 爽快 shuǎngkuai
320 皮子 pízi	358 商量 shāngliang	396 思量 sīliang
321 痞子 pǐzi	359 上司 shàngsi	397 算计 suànji
322 屁股 pìgu	360 上头 shàngtou	398 岁数 suìshu
323 片子 piānzi	361 烧饼 shāobing	399 孙子 sūnzi
324 便宜 piányi	362 勺子 sháozi	400 他们 tāmen
325 骗子 piànzi	363 少爷 shàoye	401 它们 tāmen
326 票子 piàozi	364 哨子 shàozi	402 她们 tāmen
327 漂亮 piàoliang	365 舌头 shétou	403 台子 táizi
328 瓶子 píngzi	366 身子 shēnzi	404 太太 tàitai
329 婆家 pójia	367 什么 shénme	405 摊子 tānzi
330 婆婆 pópo	368 婶子 shěnzi	406 坛子 tánzi
331 铺盖 pūgai	369 生意 shēngyi	407 毯子 tǎnzi
332 欺负 qīfu	370 牲口 shēngkou	408 桃子 táozi

409 特务 tèwu	447 相声 xiàngsheng	485 衣服 yīfu
410 梯子 tīzi	448 消息 xiāoxi	486 衣裳 yīshang
411 蹄子 tízi	449 小伙子 xiǎohuǒzi	487 椅子 yǐzi
412 挑剔 tiāoti	450 小气 xiǎoqi	488 意思 yìsi
413 挑子 tiāozi	451 小子 xiǎozi	489 银子 yínzi
414 条子 tiáozi	452 笑话 xiàohua	490 影子 yǐngzi
415 跳蚤 tiàozao	453 谢谢 xièxie	491 应酬 yìngchou
416 铁匠 tiějiang	454 心思 xīnsi	492 柚子 yòuzi
417 亭子 tíngzi	455 星星 xīngxing	493 冤枉 yuānwang
418 头发 tóufa	456 猩猩 xīngxing	494 院子 yuànzi
419 头子 tóuzi	457 行李 xíngli	495 月饼 yuèbing
420 兔子 tùzi	458 性子 xìngzi	496 月亮 yuèliang
421 妥当 tuǒdang	459 兄弟 xiōngdi	497 云彩 yúncai
422 唾沫 tuòmo	460 休息 xiūxi	498 运气 yùnqi
423 挖苦 wāku	461 秀才 xiùcai	499 在乎 zàihu
424 娃娃 wáwa	462 秀气 xiùqi	500 咱们 zánmen
425 袜子 wàzi	463 袖子 xiùzi	501 早上 zǎoshang
426 晚上 wǎnshang	464 靴子 xuēzi	502 怎么 zěnme
427 尾巴 wěiba	465 学生 xuésheng	503 扎实 zhāshi
428 委屈 wěiqu	466 学问 xuéwen	504 眨巴 zhǎba
429 为了 wèile	467 丫头 yātou	505 栅栏 zhàlan
430 位置 wèizhi	468 鸭子 yāzi	506 宅子 zháizi
431 位子 wèizi	469 衙门 yámen	507 寨子 zhàizi
432 蚊子 wénzi	470 哑巴 yǎba	508 张罗 zhāngluo
433 稳当 wěndang	471 胭脂 yānzhi	509 丈夫 zhàngfu
434 我们 wǒmen	472 烟筒 yāntong	510 帐篷 zhàngpeng
435 屋子 wūzi	473 眼睛 yǎnjing	511 丈人 zhàngren
436 稀罕 xīhan	474 燕子 yànzi	512 帐子 zhàngzi
437 席子 xízi	475 秧歌 yāngge	513 招呼 zhāohu
438 媳妇 xífu	476 养活 yǎnghuo	514 招牌 zhāopai
439 喜欢 xǐhuan	477 样子 yàngzi	515 折腾 zhēteng
440 瞎子 xiāzi	478 吆喝 yāohe	516 这个 zhège
441 匣子 xiázi	479 妖精 yāojing	517 这么 zhème
442 下巴 xiàba	480 钥匙 yàoshi	518 枕头 zhěntou
443 吓唬 xiàhu	481 椰子 yēzi	519 镇子 zhènzi
444 先生 xiānsheng	482 爷爷 yéye	520 芝麻 zhīma
445 乡下 xiāngxia	483 叶子 yèzi	521 知识 zhīshi
446 箱子 xiāngzi	484 一辈子 yíbèizi	522 侄子 zhízi

523 指甲 zhǐjia	531 爪子 zhuǎzi	539 字号 zìhao
524 指头 zhǐtou	532 转悠 zhuànyou	540 自在 zìzai
525 种子 zhǒngzi	533 庄稼 zhuāngjia	541 粽子 zòngzi
526 珠子 zhūzi	534 庄子 zhuāngzi	542 祖宗 zǔzong
527 竹子 zhúzi	535 壮实 zhuàngshi	543 嘴巴 zuǐba
528 主意 zhǔyi	536 状元 zhuàngyuan	544 作坊 zuōfang
529 主子 zhǔzi	537 锥子 zhuīzi	545 琢磨 zhuómo
530 柱子 zhùzi	538 桌子 zhuōzi	

普通话水平测试用的常用儿化词语训练表

说　明

1. 本表参照《普通话水平测试用普通话词语表》及《现代汉语词典》编制。

2. 本表仅供普通话水平测试第二项——读多音节词语（100 个音节）测试使用。

3. 本表儿化音节，在书面上一律加"儿"，但并不表明所列词语在任何场合都必须儿化。

4. 本表共收词 189 条，按儿化韵母的汉语拼音顺序排列。

5. 本表列出原形韵母和所对应的儿化韵，用＞表示条目中儿化音节的注音，只在基本形式后面加 r，不标语音上的实际变化。

一、

a＞ar	刀把儿 dāobàr	号码儿 hàomǎr
	戏法儿 xìfǎr	在哪儿 zàinǎr
	找茬儿 zhǎochár	打杂儿 dǎzár
	板擦儿 bǎncār	
ai＞ar	名牌儿 míngpáir	鞋带儿 xiédàir
	壶盖儿 húgàir	小孩儿 xiǎoháir
	加塞儿 jiāsāir	
an＞ar	快板儿 kuàibǎnr	老伴儿 lǎobànr
	蒜瓣儿 suànbànr	脸盘儿 liǎnpánr
	脸蛋儿 liǎndànr	收摊儿 shōutānr
	栅栏儿 zhàlánr	包干儿 bāogānr
	笔杆儿 bǐgǎnr	门槛儿 ménkǎnr

二、

ang＞ar（鼻化）	药方儿 yàofāngr	赶趟儿 gǎntàngr
	香肠儿 xiāngchángr	瓜瓤儿 guārángr

三、

ia＞iar	掉价儿 diàojiàr	一下儿 yīxiàr
	豆芽儿 dòuyár	
ian＞iar	小辫儿 xiǎobiànr	照片儿 zhàopiānr
	扇面儿 shànmiànr	差点儿 chàdiǎnr
	一点儿 yīdiǎnr	雨点儿 yǔdiǎnr
	聊天儿 liáotiānr	拉链儿 lāliànr
	冒尖儿 màojiānr	坎肩儿 kǎnjiānr
	牙签儿 yáqiānr	露馅儿 lòuxiànr
	心眼儿 xīnyǎnr	

四、

| iang＞iar（鼻化） | 鼻梁儿 bíliángr | 透亮儿 tòuliàngr |
| | 花样儿 huāyàngr | |

五、

ua＞uar	脑瓜儿 nǎoguār	大褂儿 dàguàr
	麻花儿 máhuār	笑话儿 xiàohuar
	牙刷儿 yáshuār	
uai＞uar	一块儿 yīkuàir	
uan＞uar	茶馆儿 cháguǎnr	饭馆儿 fànguǎnr
	火罐儿 huǒguànr	落款儿 luòkuǎnr
	打转儿 dǎzhuǎnr	拐弯儿 guǎiwānr
	好玩儿 hǎowánr	大腕儿 dàwànr

六、

| uang＞uar（鼻化） | 蛋黄儿 dànhuángr | 打晃儿 dǎhuàngr |
| | 天窗儿 tiānchuāngr | |

七、

üan＞üar	烟卷儿 yānjuǎnr	手绢儿 shǒujuànr
	出圈儿 chūquānr	包圆儿 bāoyuánr
	人缘儿 rényuánr	绕远儿 ràoyuǎnr
	杂院儿 záyuànr	

八、

ei＞er	刀背儿 dāobèir	摸黑儿 mōhēir
en＞er	老本儿 lǎoběnr	花盆儿 huāpénr
	嗓门儿 sǎngménr	把门儿 bǎménr
	哥们儿 gēmenr	纳闷儿 nàmènr
	后跟儿 hòugēnr	高跟儿鞋 gāogēnrxié
	别针儿 biézhēnr	一阵儿 yīzhènr
	走神儿 zǒushénr	大婶儿 dàshěnr
	小人儿书 xiǎorénrshū	杏仁儿 xìngrénr
	刀刃儿 dāorènr	

九、

eng＞er（鼻化）	钢镚儿 gāngbèngr	夹缝儿 jiāfèngr
	脖颈儿 bógěngr	提成儿 tíchéngr

十、

ie＞ier	半截儿 bànjiér	小鞋儿 xiǎoxiér
üe＞üer	旦角儿 dànjuér	主角儿 zhǔjuér

十一、

uei＞uer	跑腿儿 pǎotuǐr	一会儿 yīhuìr
	耳垂儿 ěrchuír	墨水儿 mòshuǐr
	围嘴儿 wéizuǐr	走味儿 zǒuwèir
uen＞uer	打盹儿 dǎdǔnr	胖墩儿 pàngdūnr
	砂轮儿 shālúnr	冰棍儿 bīnggùnr
	没准儿 méizhǔnr	开春儿 kāichūnr
ueng＞uer（鼻化）	＊小瓮儿 xiǎowèngr	

十二、

-i（前）＞er	瓜子儿 guāzǐr	石子儿 shízǐr
	没词儿 méicír	挑刺儿 tiāocìr
-i（后）＞er	墨汁儿 mòzhīr	锯齿儿 jùchǐr
	记事儿 jìshìr	

十三、

i＞i:er	针鼻儿 zhēnbír	垫底儿 diàndǐr
	肚脐儿 dùqír	玩意儿 wányìr
in＞i:er	有劲儿 yǒujìnr	送信儿 sòngxìnr
	脚印儿 jiǎoyìnr	

十四、

ing＞i:er（鼻化）	花瓶儿 huāpíngr	打鸣儿 dǎmíngr
	图钉儿 túdīngr	门铃儿 ménlíngr
	眼镜儿 yǎnjìngr	蛋清儿 dànqīngr
	火星儿 huǒxīngr	人影儿 rényǐngr

十五、

ü＞ü:er	毛驴儿 máolǘr	小曲儿 xiǎoqǔr
	痰盂儿 tányúr	
üe＞ü:er	合群儿 héqúnr	

十六、

e＞er	模特儿 mótèr	逗乐儿 dòulèr
	唱歌儿 chànggēr	挨个儿 āigèr
	打嗝儿 dǎgér	饭盒儿 fànhér
	在这儿 zàizhèr	

十七、

u＞ur	碎步儿 suìbùr	没谱儿 méipǔr
	儿媳妇儿 érxífur	梨核儿 líhúr
	泪珠儿 lèizhūr	有数儿 yǒushùr

十八、

ong＞or（鼻化）	果冻儿 guǒdòngr	门洞儿 méndòngr
	胡同儿 hútòngr	抽空儿 chōukòngr
	酒盅儿 jiǔzhōngr	小葱儿 xiǎocōngr
iong＞ior（鼻化）	＊ 小熊儿 xiǎoxióngr	

十九、

ao＞aor

红包儿 hóngbāor　　　　灯泡儿 dēngpàor
半道儿 bàndàor　　　　手套儿 shǒutàor
跳高儿 tiàogāor　　　　叫好儿 jiàohǎor
口罩儿 kǒuzhàor　　　　绝着儿 juézhāor
口哨儿 kǒushàor　　　　蜜枣儿 mìzǎor

二十、

iao＞iaor

鱼漂儿 yúpiāor　　　　火苗儿 huǒmiáor
跑调儿 pǎodiàor　　　　面条儿 miàntiáor
豆角儿 dòujiǎor　　　　开窍儿 kāiqiàor

二十一、

ou＞＞our

衣兜儿 yīdōur　　　　老头儿 lǎotóur
年头儿 niántóur　　　　小偷儿 xiǎotōur
门口儿 ménkǒur　　　　纽扣儿 niǔkòur
线轴儿 xiànzhóur　　　　小丑儿 xiǎochǒur
加油儿 jiāyóur

二十二、

iou＞iour

顶牛儿 dǐngniúr　　　　抓阄儿 zhuājiūr
棉球儿 miánqiúr

二十三、

uo＞uor

火锅儿 huǒguōr　　　　做活儿 zuòhuór
大伙儿 dàhuǒr　　　　邮戳儿 yóuchuōr
小说儿 xiǎoshuōr　　　　被窝儿 bèiwōr

(o)＞or

耳膜儿 ěrmór　　　　粉末儿 fěnmòr

普通话水平测试 "啊" 的词语训练表

回家啊	jiāya	早起啊	qǐya	报告啊	gàowa	好听啊	tīngnga
快滑啊	huáya	东西啊	xiya	冷饮啊	yǐnna	劳动啊	dòngnga
打岔啊	chàya	快来啊	laáya	小心啊	xīnna	青松啊	sōngnga
喝茶啊	cháya	警惕啊	tìya	家人啊	rénna	完成啊	chéngnga
广播啊	bōya	不去啊	qùya	弹琴啊	qínna	字纸啊	zhǐra
上坡啊	pōya	大雨啊	yǔya	围裙啊	qúnna	可耻啊	chǐra
菠萝啊	luóya	别哭啊	kūwa	大干啊	gànna	老师啊	shīra
唱歌啊	gēya	大路啊	lùwa	没门啊	ménna	花儿啊	huārra
合格啊	géya	巧手啊	shǒuwa	真准啊	zhǔnna	女儿啊	érra
祝贺啊	hèya	跳舞啊	wǔwa	联欢啊	huānna	先吃啊	chīra
上街啊	jiēya	快锄啊	chúwa	运转啊	zhuǎnna	节日啊	rìra
快写啊	xiěya	中秋啊	qiūwa	太脏啊	zāngnga	开门儿啊	ménnrra
半截啊	jiéya	快走啊	zǒuwa	真痒啊	yǎngna	小曲儿啊	qǔrra
白雪啊	xuěya	里头啊	tóuwa	不用啊	yòngnga	写字啊	zì[z]a
节约啊	yuēya	吃饱啊	bǎowa	好冷啊	lěngnga	一次啊	cì[z]a
可爱啊	àiya	可笑啊	xiàowa	水清啊	qīngnga	蚕丝啊	sī[z]a
喝水啊	shuǐya	真好啊	hǎowa	小熊啊	xiongnga	公司啊	sī[z]a

常用异读、多音字词训练表

A

阿 ①ā　　　阿姨 阿拉伯
　②ē　　　阿谀 阿弥陀佛
挨 ①āi　　　挨次 挨近 挨个
　②ái　　　挨饿 挨打 挨说
艾 ①ài　　　方兴未艾 艾蒿
　②yì　　　自怨自艾
熬 ①āo　　　熬白菜 熬豆腐
　②áo　　　熬药熬夜
拗 ①ào　　　拗口令
　②niù　　　执拗 拗脾气

B

扒 ①bā　　　扒拉 扒皮
　②pá　　　扒手 扒鸡
把 ①bǎ　　　把握 把关 把持
　②bà　　　刀把儿 话把儿
颠 ①bǒ　　　颠簸
　②bò　　　簸箕
柏 ①bǎi　　　柏树 柏油 姓柏
　②bó　　　柏林（地名）
蚌 ①bàng　　河蚌 鹬蚌相争
　②bèn　　　蚌埠（地名）
磅 ①bàng　　过磅 磅秤
　②páng　　磅礴
膀 ①bǎng　　翅膀

　②páng　　膀胱
薄 ①báo　　　薄冰 薄饼
　②bó　　　薄弱 淡薄 刻薄
　③bò　　　薄荷
堡 ①bǎo　　　堡垒 碉堡
　②pù　　　五里堡
暴 ①bà　　　暴动 暴风雨 暴躁
　②pù　　　一暴十寒
背 ①bēi　　　背东西 背包袱
　②bèi　　　背诵 背叛背后
奔 ①bēn　　　奔跑 奔赴 奔放
　②bèn　　　投奔 奔头儿
绷 ①bēng　　绷带 绷紧 绷子
　②běng　　绷着个脸
　③běng　　绷瓷 绷硬 绷亮
辟 ①bì　　　复辟 辟邪
　②pì　　　开辟 辟谣
臂 ①bì　　　臂膀 臂章
　②bei　　　胳臂
便 ①biàn　　便当 便道 便利
　②pián　　便宜 大腹便便
别 ①bié　　　别处 差别 别致
　②biè　　　别扭
瘪 ①biē　　　瘪三
　②biě　　　干瘪 瘪嘴
剥 ①bō　　　剥削 剥夺
　②bāo　　　剥花生 剥皮

泊 ①bó　　淡泊 漂泊 停泊
　 ②pō　　湖泊 血泊
卜 ①bo　　萝卜
　 ②bǔ　　占卜 姓卜

C

参 ①cān　　参加 参考 参谋
　 ②cēn　　参差不齐
　 ③shēn　 人参海参
藏 ①cáng　 矿藏 埋藏 藏匿
　 ②zàng　 西藏 宝藏
叉 ①chā　　叉腰 叉子 交叉
　 ②chá　　叉着腿
　 ③chà　　劈叉
撮 ①cuō　　撮合 撮要
　 ②zuǒ　　一撮儿头发
差 ①chā　　差别 差错 差距
　 ②chà　　差不多 成绩差
　 ③chāi　 出差 差遣 当差
　 ④cī　　 参差不齐
颤 ①càn　　颤动 颤抖 颤悠
　 ②càn　　打颤 颤栗
禅 ①chán　 禅房
　 ②shàn　 禅让
长 ①cháng　长短 长期 长处
　 ②zhǎng　生长 长辈
场 ①chǎng　赶场 一场大雨
　 ②chǎng　战场 场地 广场
朝 ①zhāo　 朝阳 朝气 朝晖
　 ②cháo　 朝代 朝拜
车 ①chē　　车辆 车间 车站
　 ②jū　　 车（象棋棋子名）
称 ①chēng　称号 称赞 称颂
　 ②chèng　称杆 称砣
　 ③chèn　 称心 称职 对称
澄 ①chéng　澄清 澄澈
　 ②dēng　 黄澄澄
匙 ①chí　　汤匙
　 ②shi　　 钥匙

仇 ①chóu　 仇恨 仇视
　 ②qiú　　 姓仇
臭 ①chòu　 臭气 臭虫
　 ②xiù　　 乳臭 铜臭
处 ①chǔ　　处罚 处理 处方
　 ②chù　　 好处 处所 长处
揣 ①chuāi　揣在怀里
　 ②chuǎi　揣测 揣摩
传 ①chuán　传递 传统 传播
　 ②zhuàn　小传 传记
幢 ①chuáng　人影幢幢 经幢
　 ②zhuàng　一幢楼
创 ①chuàng　创伤 创面 创痕
　 ②chuàng　创造 创新 创业
伺 ①cì　　 伺候
　 ②sì　　 窥伺 伺机下手

D

答 ①dā　　 答应 答理
　 ②dá　　 答案 答复 报答
打 ①dá　　 一打 苏打
　 ②dǎ　　 打败 打岔 打扫
大 ①dà　　 大小 钢铁大王
　 ②dài　　 大夫 大黄
待 ①dāi　　待一会儿
　 ②dài　　 待命 待业 待遇
逮 ①děi　　（语）猫逮老鼠
　 ②dèi　　（文）逮捕
担 ①dān　　担负 担架 担心
　 ②dàn　　 担子 重担
弹 ①dàn　　子弹 弹药 弹弓
　 ②tán　　 弹琴 弹性弹劲
当 ①dāng　 当差 当初 当场
　　　　　　当代 当时 当中
　 ②dàng　 当真 当作适当
倒 ①dǎo　　倒霉 倒闭 倒腾
　 ②dào　　 倒退 倒叙 倒车
得 ①dé　　 得宠 得到 得体
　 ②děi　　 可得注意 必得

③de 好得很 看得见

的 ①dí 的确
　②dì 有的放矢　目的
　③de 我的书　红的

翟 ①dí 墨翟（墨子）
　②zhái 姓翟

地 ①dì 地理　地位　地质
　②de 好好地学习

调 ①diào 调查　调动　调度
　②tiáo 调皮　调和　调整

钉 ①dīng 钉子　钉耙
　②dìng 钉鞋

都 ①dū 首都　都市
　②dōu 都是　都要　全都

读 ①dú 读书　读物　读者
　②dòu 句读

肚 ①dù 肚子　肚量
　②dǔ 猪肚子　羊肚儿

度 ①dù 程度　制度　度量
　②duó 揣度　度德量力

囤 ①dùn 粮囤
　②tún 囤积　囤粮

E

恶 ①è 恶劣　恶棍　恶化
　②ě 恶心
　③wù 厌恶可恶

F

发 ①fā 发生　发达　发表
　②fà 理发　发指

菲 ①fēi 芳菲　菲律宾
　②fěi 菲薄　菲仪

分 ①fēn 分别　分布　分类
　②fèn 分量　分外　分子

缝 ①féng 缝纫
　②fèng 裂缝　缝隙
　③feng 裁缝（轻）

佛 ①fó 佛教佛手

②fú 仿佛

服 ①fú 服务　服装　服从
　②fù 一服药

脯 ①fǔ 果脯
　②pú 胸脯

G

干 ①gān 干燥　干涉　干脆
　②gàn 干活　干部　干劲

杆 ①gān 旗杆　栏杆
　②gǎn 笔杆儿　一杆枪

岗 ①gāng 花岗石　山岗
　②gǎng 岗位　岗楼　岗哨

搁 ①gē 搁浅　搁笔　搁置
　②gé 搁不住

个 ①gě 自个儿
　②gè 个别　个人　个性

给 ①gěi 送给　给以
　②jǐ 供给　给予　配给
　　　自给自足（文）

更 ①gēng 更正　更新　更正
　②gèng 更加

供 ①gōng 供给　供销　供应
　②góng 口供　上供　翻供

勾 ①gōu 勾结　勾销　勾搭
　②góu 姓勾　勾当

冠 ①guān 衣冠　冠冕
　②guàn 冠军　姓冠

龟 ①guī 龟缩　龟甲
　②jūn 龟裂
　③qiū 龟兹（地名）

H

行 ①háng 银行　行业
　②xíg 发行　品行　行走

好 ①hǎo 好坏　友好　好看
　②hào 好客　好强　好奇

号 ①háo 号叫　号哭
　②hào 号令　号召

喝　①hē　　　喝水
　　②hè　　　喝彩　喝令

和　①hé　　　和平　和解　和谐
　　②hè　　　附和　应和

和　①hé　　　和平　和解　和谐
　　②hè　　　附和　应和
　　③hú　　　和了（打牌用语）
　　④huò　　 和面　和泥
　　⑤huo　　 和药
　　⑥huo　　 搀和　搅和　暖和

荷　①hé　　　荷花　荷包
　　②hè　　　负荷　荷重

核　①hé　　　核心　核对　核算
　　②hú　　　桃核儿

横　①héng　　横行　横幅
　　②hèng　　横财　蛮横　专横

哄　①hōng　　哄动　哄堂大笑
　　②hǒng　　哄骗
　　③hòng　　起哄　一哄而散

华　①huá　　　中华　华丽　华裔
　　②huà　　　华山　姓华

划　①huá　　　划船　划算
　　②huà　　　划分　计划　划拨

还　①hái　　　还是　还要
　　②huán　　归还　还原

会　①huì　　　会议　会场　会客
　　②kuài　　会计　财会室

混　①hún　　　混蛋　混水摸鱼
　　②hùn　　　混合　混乱　混淆

豁　①huō　　　豁口　豁出命
　　②huò　　　豁达　豁免　豁亮

J

缉　①jī　　　通缉　缉捕　缉私
　　②qī　　　缉鞋口　缉边儿

几　①jī　　　几乎　茶几
　　②jǐ　　　几个　几何

济　①jǐ　　　济南　人才济济
　　②jì　　　经济　救济

贾　①jiǎ　　　姓贾
　　②gǔ　　　商贾

假　①jiǎ　　　真假　假如　假象
　　②jià　　　放假　请假

间　①jiān　　中间　时间
　　②jiàn　　间断　间或　间作

监　①jiān　　监察　监督　监视
　　②jiàn　　国子监　太监　监利县

强　①jiàng　强嘴
　　②qiǎng　强迫　勉强　牵强

将　①jiāng　将来　将军　将就
　　②jiàng　将领　将官

浆　①jiāng　豆浆　泥浆　浆洗
　　②jiàng　浆糊

降　①jiàng　降低　降落　降格
　　②xiáng　投降

嚼　①jiáo　　嚼舌　嚼碎
　　②jué　　　咀嚼

角　①jiǎo　　牛角　角落　角度
　　②jué　　　口角　角斗　主角

脚　①jiǎo　　脚步　脚印　脚本
　　②jué　　　脚色

教　①jiāo　　教书
　　②jiào　　教师　教育　教材

节　①jiē　　　节子　节骨眼
　　②jié　　　节目　节省　节日

结　①jiē　　　结巴　结实
　　②jié　　　结合　结论　结果
　　　　　　　结业　团结　结束

解　①jiě　　　解决　解答　解除
　　②Jiè　　　起解　解元　解送

劲　①jìn　　　劲头　用劲
　　②jìng　　苍劲　强劲　劲松

尽　①jǐn　　　尽管　尽快　尽量
　　②jìn　　　尽情　尽力　尽职

禁　①jīn　　　禁受　不禁
　　②jìn　　　禁绝　禁忌　禁止

据　①jū　　　拮据
　　②jù　　　据点　据说　据悉

矩　①jǔ　　　　矩形　矩尺
　　②ju　　　　规矩（轻声）

卷　①juǎn　　　卷尺　卷烟
　　②juàn　　　卷宗　试卷

觉　①jué　　　　觉醒　觉悟　觉察
　　②jiào　　　睡觉

倔　①jué　　　　倔强
　　②juè　　　　倔头　倔脑

K

卡　①kǎ　　　　卡车　卡片　卡尺
　　②qiǎ　　　　关卡　发卡　卡壳

看　①kān　　　　看守　看家　看管
　　②kàn　　　　看病　看望　看待

扛　①káng　　　扛活
　　②gāng　　　力能扛鼎　能扛鼎

壳　①ké　　　　（语）蛋壳　贝壳
　　②qiào　　　（文）地壳　躯壳

吭　①kēng　　　吭气　吭声
　　②háng　　　引吭高歌

空　①kōng　　　空洞　空想　空间
　　②kòng　　　空白　空额　空隙

溃　①kuì　　　　溃败　溃疡　溃烂
　　②huì　　　　溃脓

L

拉　①lā　　　　拉拢　拉扯
　　②lá　　　　手上拉个口子

烙　①lào　　　　烙印　烙饼
　　②luò　　　　炮烙（古酷刑）

勒　①lè　　　　（文）勒令　勒索
　　②lēi　　　　（语）勒紧点

乐　①lè　　　　乐意　乐观　乐趣
　　②yuè　　　　音乐

累　①léi　　　　累赘　果实累累
　　②lěi　　　　积累　连累
　　③lèi　　　　劳累

俩　①liǎ　　　　咱俩　哥俩
　　②liǎng　　　伎俩

量　①liáng　　　测量　衡量
　　②liàng　　　胆量　数量　忖量
　　③liang　　　打量　掂量

撩　①liāo　　　撩起来
　　②liáo　　　撩拨　春色撩人

淋　①lín　　　　淋浴　淋漓尽致
　　②lìn　　　　淋病　淋盐

令　①líng　　　一令纸
　　②lìng　　　命令　令箭

溜　①liū　　　　溜走　溜须拍马
　　②liù　　　　一溜烟儿跑了

笼　①lóng　　　笼头　笼子　蒸笼
　　②lǒng　　　笼络　笼统　笼罩

搂　①lōu　　　　搂柴火
　　②lǒu　　　　搂抱

露　①lù　　　　（文）露天　露骨
　　　　　　　　抛头露面　揭露
　　②lòu　　　　（语）露马脚　露脸

绿　①lù　　　　绿林好汉　鸭绿江
　　②lǜ　　　　绿色　绿化

率　①lǜ　　　　效率　出勤率
　　②shuài　　　率领　轻率

罗　①luō　　　　罗嗦
　　②luó　　　　罗列　罗网　罗纹

落　①là　　　　（语）丢三落四
　　②lào　　　　（语）落炕落枕
　　③luò　　　　落成　落实　落地
　　　　　　　　落魄　着落　落选

M

埋　①mái　　　　埋没　埋伏　埋头
　　②mán　　　　埋怨

蔓　①màn　　　蔓延　蔓草
　　②wàn　　　（语）瓜蔓

没　①méi　　　　没有　没错　没辙
　　②mò　　　　没落　没收

闷　①mēn　　　闷热　闷饭
　　②mèn　　　闷气　苦闷

蒙　①mēng　　　蒙骗　蒙头转向

②méng　蒙蔽　蒙受　蒙混

③měng　蒙古族

眯　①mī　笑眯眯　眯缝

②mí　眯了眼

秘　①mì　秘密　秘方　秘书

②bì　秘鲁（国名）

模　①mò　模范　模仿　模拟

②mú　模样　模具

磨　①mò　磨练　磨灭　磨损

②mó　磨豆腐　磨坊

脉　①mài　山脉　脉搏

②mó　脉脉含情

抹　①mǒ　抹杀　抹黑

②mó　转弯抹角

③ma　抹布

N

哪　①nǎ　哪里　哪个　哪些

②něi　（语）哪年

③na　干哪

④né　哪吒

那　①nà　那里　那么　那样

②nèi　（语）哪年

难　①nán　难道　难免　难看

②nàn　灾难　刁难　责难

呢　①ne　怎么办呢

②ní　呢喃　毛呢

泥　①ní　泥土　泥泞　泥沼

②nì　泥墙　拘泥

尿　①niào　尿素　尿布

②suī　尿脬

宁　①níng　宁静　安宁

②nìng　宁可　宁肯　宁愿

拧　①níng　拧毛巾

②níng　拧螺丝

③nìng　拧脾气

弄　①nòng　弄鬼　弄饭　弄权

②lòng　弄堂

疟　①nuè　（文）疟疾

②yào　（语）发疟子

娜　㊀nuó　婀娜　袅娜

②nà　多用于人名

P

刨　①páo　刨土　刨坑　刨根儿

②bào　刨床

炮　①páo　炮制

②pào　炮兵　炮弹　炮火

泡　①pāo　泡桐　眼泡

②páo　泡沫　泡影

喷　①pēn　喷射　喷嚏　喷洒

②pèn　喷香

劈　①pī　劈山　劈头盖脸

②pǐ　劈柴

片　①piān　唱片儿　相片儿

②piàn　片段　片面　片刻

片言　唱片

漂　①piāo　漂泊　漂移　漂浮

②piǎo　漂白　漂白粉

③piào　漂亮

撇　①piē　撇开　撇油

②piě　撇嘴一撇

屏　①píng　屏风　屏幕　屏障

②bǐng　屏弃　屏除　屏气

迫　①pò　迫害　迫近　迫使

②pǎi　迫击炮

铺　①pū　铺垫　铺张　铺盖

②pō　床铺　铺张　铺盖

朴　①pǔ　朴素　朴实　俭朴

②pō　朴刀

Q

奇　①qí　奇特　奇迹　奇妙

②jī　奇数

呛　①qiāng　呛着了　吃呛了

②qiàng　呛人　够呛

强　①qiáng　强大　强化　强制

②qiǎng　强迫　强词夺理

③jiàng　倔强　强脾气

悄　①qiǎo　悄静　悄然落泪
　　②qiāo　悄悄　静悄悄

翘　①qiáo　翘首　翘望
　　②qiào　翘尾巴　翘舌音

切　①qiē　切磋　切开　切削
　　②qiè　切实　切身　切记

茄　①ié　茄子　番茄
　　②jiā　雪茄烟

亲　①qīn　亲切　亲属　亲友
　　②qìng　亲家　亲家母

曲　①qū　弯曲　曲线　曲折
　　②qǔ　曲艺　歌曲

圈　①quān　圆圈　圈套　圈阅
　　②juàn　猪圈

R

嚷　①rāng　嚷嚷
　　②rǎng　吵嚷　喧嚷

任　①rén　姓任
　　②rèn　任务　任命　任何

S

撒　①sā　撒网　撒娇　撒谎
　　②sǎ　撒种　播撒　瓶塞

塞　①sāi　瓶塞　火塞
　　②sè　堵塞　塞音　塞责
　　③sài　塞外　塞翁失马

散　①sǎn　散文　懒散　散漫
　　②sàn　散会　散步　散发

丧　①sāng　丧事　丧钟
　　②sàng　丧失　颓丧　丧偶

扫　①sǎo　扫地　扫除　扫兴
　　②sào　扫帚

色　①sè　色彩　货色　色泽
　　②shǎi　（语）掉色　色字

刹　①shā　刹车
　　②chà　古刹　刹那

煞　①shā　煞笔　煞尾

②shà　煞白　煞费苦心

杉　①shā　杉木　杉篙
　　②shān　杉树　红杉

扇　①shān　扇动　扇扇子
　　②shàn　扇子　电风扇

上　①shǎng　上声
　　②shàng　上山　上当　上游

少　①shǎo　多少　少许　少数
　　②shào　少年　少女

舍　①shě　施舍　舍弃
　　②shè　宿舍　退避三舍

甚　①shén　甚(什)么
　　②shèn　甚至

省　①shěng　省心　省略　省会
　　②xǐng　反省　省悟　省亲

盛　①shèng　盛开　盛况　生产
　　②chéng　盛饭

什　①shí　什锦　家什
　　②shén　什么

石　①shí　石头　石灰　石油
　　②dàn　一石米

识　①shí　认识　识别　识字
　　②zhì　博闻强识

属　①shǔ　属于　属性　属相
　　②zhǔ　属望　属意

术　①shù　技术　战术
　　②zhú　苍术　白术

数　①shǔ　数不清　数落
　　②shù　数学　数目　数据
　　③shuò　数见不鲜

刷　①shuā　刷子　刷洗
　　②shuà　刷白

说　①shuō　说明　说穿　说笑
　　②shuì　游说
　　③yuè　同"悦"

似　①sì　相似　似乎
　　②shì　似的

伺　①sì　伺机　窥伺
　　②cì　伺候

宿　①sù　　宿舍　宿愿　宿营
　　②xiǔ　　一宿
　　③xiù　　星宿　二十八宿
遂　①suí　　半身不遂
　　②suì　　未遂　遂心　遂愿

T

踏　①tā　　踏实
　　②tà　　踏步　践踏
提　①tí　　提高　提纲　提拔
　　②dī　　提防
体　①tī　　体己
　　②tǐ　　体操　体统　体质
挑　①tiāo　挑水　挑选
　　②tiǎo　挑战　挑拨　挑衅
帖　①tiē　　妥帖　帖切　服帖
　　②tiě　　请帖　喜帖
通　①tōng　通知　通常　通道
　　②tòng　说了一通
同　①tóng　同伴　同样　同等
　　②tòng　胡同
吐　①tǔ　　吐气　吐痰　吐露
　　②tù　　呕吐　吐血
拓　①tuò　　开拓　拓荒
　　②tà　　拓本

W

瓦　①wǎ　　瓦房　瓦解　瓦砾
　　②wà　　瓦刀
为　①wéi　　作为　为首　为止
　　②wèi　　因为　为了

X

系　①xì　　系列　系统
　　②jì　　系鞋带
吓　①xià　　吓唬　吓了一跳
　　②hè　　恐吓　威吓
厦　①xià　　厦门（地名）
　　②shà　　大厦

纤　①xiān　纤维　纤细　纤弱
　　②qiàn　拉纤
鲜　①xiān　鲜红　鲜艳　鲜嫩
　　②xiǎn　朝鲜　鲜见
相　①xiāng　相信　相互　相处
　　②xiàng　相貌　真相　相声
巷　①xiàng　大街小巷　巷战
　　②hàng　巷道
削　①xiāo　削铅笔　削皮儿
　　②xuē　剥削　削减　瘦削
校　①xiào　学校
　　②jiào　校对　校正
兴　①xīng　兴旺　兴奋　兴办
　　②xìng　高兴　兴趣
畜　①xù　　畜牧　畜产　畜养
　　②chù　牲畜　家畜
旋　①xuán　旋转　旋律　旋涡
　　②xuàn　旋风
血　①xue　（文）心血　热血
　　　　　　贫血　血液　血管
　　②xiě　（语）流了点儿血

Y

咽　①yān　　咽喉　咽头
　　②yàn　　吞咽　咽气
　　③yè　　哽咽　呜咽
要　①yāo　　要求　要挟
　　②yào　　需要　要紧　要塞
掖　①yē　　把被角掖好
　　②yè　　扶掖　奖掖
殷　①yīn　　殷切
　　②yān　　殷红
饮　①yǐn　　饮食　冷饮　饮料
　　②yìn　　饮马
应　①yīng　应该　应届　应名儿
　　②yìng　答应　应付　应用
晕　①yūn　　晕倒　头晕　晕厥
　　②yùn　　血晕　晕车　月晕

Z

载 ①Zǎi　登载　一年半载
　　②Zài　载体　载重　装载
脏 ①zāng　肮脏
　　②zàng　内脏
曾 ①zēng　曾祖　姓曾
　　②céng　曾经
轧 ①zhá　轧钢
　　②yà　轧平　轧花机
炸 ①zhá　炸糕　油炸
　　②zhà　轰炸　爆炸
粘 ①zhān　粘连　粘贴
　　②nián　粘液
涨 ①zhǎng　涨价　涨潮　涨落
　　②zhàng　涨红了脸
折 ①zhē　折腾
　　②zhé　折合　折服　折叠
　　③shé　折耗　姓折
挣 ①zhēng　挣扎
　　②zhèng　挣脱　挣钱
正 ①zhēng　正月
　　②zhèng　正确　正式　正义

着 ①zháo　着数　高着　失着
　　②zhāo　着急　着凉　着迷
　　③zhe　（助）意味着
　　④zhuo　着手　着想　着重
爪 ①zhǎo　爪牙　魔爪
　　②zhuǎ　爪子　爪儿
症 ①zhēng　症结
　　②zhèng　绝症
中 ①zhōng　中听　中看　中式
　　②zhòng　击中　中意
种 ①zhǒng　（名）种种播种
　　②zhòng　种田　种植
著 ①zhù　卓著　土著
　　②zhuó　执著
钻 ①zuān　钻探　钻孔
　　②zuàn　钻石　钻床　钻杆
作 ①zuō　作坊
　　②zuò　作法　作难
正 ①zhēng　正月
　　②zhèng　正经
择 ①zé　择交　选择
　　②zhái　择菜　择席

普通话水平测试用（60 篇）朗读作品

作品 1 号

那是力争上游的一种树，笔直的干，笔直的枝。它的干呢，通常是丈把高，像是加以人工似的，一丈以内，绝无旁枝；它所有的桠枝呢，一律向上，而且紧紧靠拢，也像是加以人工似的，成为一束，绝无横斜逸出；它的宽大的叶子也是片片向上，几乎没有斜生的，更不用说倒垂了；它的皮，光滑而有银色的晕圈，微微泛出淡青色。这是虽在北方的风雪的压迫下却保持着倔强挺立的一种树！哪怕只有碗来粗细罢，它却努力向上发展，高到丈许，两丈，参天耸立，不折不挠，对抗着西北风。

这就是白杨树，西北极普通的一种树，然而决不是平凡的树！

它没有婆娑的姿态，没有屈曲盘旋的虬枝，也许你要说它不美丽，——如果美是专指"婆娑"或"横斜逸出"之类而言，那么，白杨树算不得树中的好女子；但是它却是伟岸，正直，朴质，严肃，也不缺乏温和，更不用提它的坚强不屈与挺拔，它是树中的伟丈夫！当你在积雪初融的高原上走过，看见平坦的大地上傲然挺立这么一株或一排白杨树，难道你就只觉得树只是树，难道你就不想到它的朴质，严肃，坚强不屈，至少也象征了北方的农民；难道你竟一点儿也不联想到，在敌后的广大土//地上，到处有坚强不屈，就像这白杨树一样傲然挺立的守卫他们家乡的哨兵！难道你又不更远一点想到这样枝枝叶叶靠紧团结，力求上进的白杨树，宛然象征了今天在华北平原纵横决荡用血写出新中国历史的那种精神和意志。

（节选自茅盾《白杨礼赞》）

作品 2 号

两个同龄的年轻人同时受雇于一家店铺，并且拿同样的薪水。

可是一段时间后，叫阿诺德的那个小伙子青云直上，而那个叫布鲁诺的小伙子却仍在原地踏步。布鲁诺很不满意老板的不公正待遇。终于有一天他到老板那儿发牢骚了。老板一边耐心地听着他的抱怨，一边在心里盘算着怎样向他解释清楚他和阿诺德之间的差别。

"布鲁诺先生，"老板开口说话了，"您现在到集市上去一下，看看今天早上有什么卖的。"

布鲁诺从集市上回来向老板汇报说，今早集市上只有一个农民拉了一车土豆在卖。

"有多少？"老板问。

布鲁诺赶快戴上帽子又跑到集上，然后回来告诉老板一共四十袋土豆。

"价格是多少？"

布鲁诺又第三次跑到集上问来了价格。

"好吧，"老板对他说，"现在请您坐到这把椅子上一句话也不要说，看看阿诺德怎么说。"

阿诺德很快就从集市上回来了。向老板汇报说到现在为止只有一个农民在卖土豆，一共四十口袋，价格是多少多少；土豆质量很不错，他带回来一个让老板看看。这个农民一个钟头以后还会弄来几箱西红柿，据他看价格非常公道。昨天他们铺子的西红柿卖得很快，库存已经不//多了。他想这么便宜的西红柿，老板肯定会要进一些的，所以他不仅带回了一个西红柿做样品，而且把那个农民也带来了，他现在正在外面等回话呢。

此时老板转向了布鲁诺，说："现在您肯定知道为什么阿诺德的薪水比您高了吧！"

（节选自张健鹏、胡足青主编《故事时代》中《差别》）

作品 3 号

我常常遗憾我家门前那块丑石：它黑黝黝地卧在那里，牛似的模样；谁也不知道是什么时候留在这里的，谁也不去理会它。只是麦收时节，门前摊了麦子，奶奶总是说：这块丑石，多占地面呀，抽空把它搬走吧。

它不像汉白玉那样的细腻，可以刻字雕花，也不像大青石那样的光滑，可以供来浣纱捶布。它静静地卧在那里，院边的槐阴没有庇覆它，花儿也不再在它身边生长。荒草便繁衍出来，枝蔓上下，慢慢地，它竟锈上了绿苔、黑斑。我们这些做孩子的，也讨厌起它来，曾合伙要搬走它，但力气又不足；虽时时咒骂它，嫌弃它，也无可奈何，只好任它留在那里了。

终有一日，村子里来了一个天文学家。他在我家门前路过，突然发现了这块石头，眼光立即就拉直了。他再没有离开，就住了下来；以后又来了好些人，都说这是一块陨石，从天上落下来已经有二三百年了，是一件了不起的东西。不久便来了车，小心翼翼地将它运走了。这使我们都很惊奇，这又怪又丑的石头，原来是天上的啊！它补过天，在天上发过热、闪过光，我们的先祖或许仰望过它，它给了他们光明、向往、憧憬；而它落下来了，在污土里，荒草里，一躺就//是几百年了！

我感到自己的无知，也感到了丑石的伟大，我甚至怨恨它这么多年竟会默默地忍受着这一切！而我又立即深深地感到它那种不屈于误解、寂寞的生存的伟大。

（节选自贾平凹《丑石》）

作品 4 号

在达瑞八岁的时候，有一天他想去看电影。因为没有钱，他想是向爸妈要钱，还是自己挣钱。最后他选择了后者。他自己调制了一种汽水，向过路的行人出售。可那时正是寒冷的冬天，没有人买，只有两个人例外——他的爸爸和妈妈。

他偶然有一个和非常成功的商人谈话的机会。当他对商人讲述了自己的"破产史"后，商人给了他两个重要的建议：一是尝试为别人解决一个难题；二是把精力集中在你知道的、你会的和你拥有的东西上。

这两个建议很关键。因为对于一个八岁的孩子而言，他不会做的事情很多。于是他穿过大街小巷，不停地思考：人们会有什么难题，他又如何利用这个机会？

一天，吃早饭时父亲让达瑞去取报纸。美国的送报员总是把报纸从花园篱笆的一个特制的管子里塞进来。假如你想穿着睡衣舒舒服服地吃早饭和看报纸，就必须离开温暖的房间，冒着寒风，到花园去取。虽然路短，但十分麻烦。

当达瑞为父亲取报纸的时候，一个主意诞生了。当天他就按响邻居的门铃，对他们说，每个月只需付给他一美元，他就每天早上把报纸塞到他们的房门底下。大多数人都同意了，很快他有//了七十多个顾客。一个月后，当他拿到自己赚的钱时，觉得自己简直是飞上了天。

很快他又有了新的机会，他让他的顾客每天把垃圾袋放在门前，然后由他早上运到垃圾桶里，每个月加一美元。之后他还想出了许多孩子赚钱的办法，并把它集结成书，书名为《儿童挣钱的二百五十个主意》。为此，达瑞十二岁时就成了畅销书作家，十五岁有了自己的谈话节目，十七岁就拥有了几百万美元。

（节选自[德]博多·舍费尔《达瑞的故事》，刘志明译）

作品5号

这是入冬以来，胶东半岛上第一场雪。

雪纷纷扬扬，下得很大。开始还伴着一阵儿小雨，不久就只见大片大片的雪花，从彤云密布的天空中飘落下来。地面上一会儿就白了。冬天的山村，到了夜里就万籁俱寂，只听得雪花簌簌地不断往下落，树木的枯枝被雪压断了，偶尔咯吱一声响。

大雪整整下了一夜。今天早晨，天放晴了，太阳出来了。推开门一看，嗬！好大的雪啊！山川、河流、树木、房屋，全都罩上了一层厚厚的雪，万里江山，变成了粉妆玉砌的世界。落光了叶子的柳树上挂满了毛茸茸亮晶晶的银条儿；而那些冬夏常青的松树和柏树上，则挂满了蓬松松沉甸甸的雪球儿。一阵风吹来，树枝轻轻地摇晃，美丽的银条儿和雪球儿簌簌地落下来，玉屑似的雪末儿随风飘扬，映着清晨的阳光，显出一道道五光十色的彩虹。

大街上的积雪足有一尺多深，人踩上去，脚底下发出咯吱咯吱的响声。一群群孩子在雪地里堆雪人，掷雪球儿。那欢乐的叫喊声，把树枝上的雪都震落下来了。

俗话说，"瑞雪兆丰年"。这个话有充分的科学根据，并不是一句迷信的成语。寒冬大雪，可以冻死一部分越冬的害虫；融化了的水渗进土层深处，又能供应//庄稼生长的需要。我相信这一场十分及时的大雪，一定会促进明年春季作物，尤其是小麦的丰收。有经验的老农把雪比作是"麦子的棉被"。冬天"棉被"盖得越厚，明春麦子就长得越好，所以又有这样一句谚语："冬天麦盖三层被，来年枕着馒头睡"。

我想，这就是人们为什么把及时的大雪称为"瑞雪"的道理吧。

（节选自峻青《第一场雪》）

作品6号

我常想读书人是世间幸福人，因为他除了拥有现实的世界之外，还拥有另一个更为浩瀚也更为丰富的世界。现实的世界是人人都有的，而后一个世界却为读书人所独有。由此我想，那些失去或不能阅读的人是多么的不幸，他们的丧失是不可补偿的。世间有诸多的不平等，财富的不平等，权力的不平等，而阅读能力的拥有或丧失却体现为精神的不平等。

一个人的一生，只能经历自己拥有的那一份欣悦，那一份苦难，也许再加上他亲自闻知的那一些关于自身以外的经历和经验。然而，人们通过阅读，却能进入不同时空的诸多他人的世界。这样，具有阅读能力的人，无形间获得了超越有限生命的无限可能性。阅读不仅使他多识了草木虫鱼之名，而且可以上溯远古下及未来，饱览存在的与非存在的奇风异俗。

更为重要的是，读书加惠于人们的不仅是知识的增广，而且还在于精神的感化与陶冶。人们从读书学做人，从那些往哲先贤以及当代才俊的著述中学得他们的人格。人们从《论语》中学得智慧的思考，从《史记》中学得严肃的历史精神，从《正气歌》中学得人格的刚烈，从马克思学得人世//的激情，从鲁迅学得批判精神，从托尔斯泰学得道德的执著。歌德的诗句刻写着睿智的人生，拜伦的诗句呼唤着奋斗的热情。一个读书人，一个有机会拥有超乎个人生命体验的幸运人。

（节选自谢冕《读书人是幸福人》）

作品 7 号

一天，爸爸下班回到家已经很晚了，他很累也有点儿烦，他发现五岁的儿子靠在门旁正等着他。

"爸，我可以问您一个问题吗？"

"什么问题？" "爸，您一小时可以赚多少钱？""这与你无关，你为什么问这个问题？"父亲生气地说。

"我只是想知道，请告诉我，您一小时赚多少钱？"小孩儿哀求道。"假如你一定要知道的话，我一小时赚二十美金。"·

"哦，"小孩儿低下了头，接着又说，"爸，可以借我十美金吗？"父亲发怒了："如果你只是要借钱去买毫无意义的玩具的话，给我回到你的房间睡觉去。好好想想为什么你会那么自私。我每天辛苦工作，没时间和你玩儿小孩子的游戏。"

小孩儿默默地回到自己的房间关上门。

父亲坐下来还在生气。后来，他平静下来了。心想他可能对孩子太凶了——或许孩子真的很想买什么东西，再说他平时很少要过钱。父亲走进孩子的房间："你睡了吗？""爸，还没有，我还醒着。"孩子回答。

"我刚才可能对你太凶了，"父亲说，"我不应该发那么大的火儿——这是你要的十美金。""爸，谢谢您。"孩子高兴地从枕头下拿出一些被弄皱的钞票，慢慢地数着。

"为什么你已经有钱了还要？"父亲不解地问。

"因为原来不够，但现在凑够了。"孩子回答："爸，我现在有//二十美金了，我可以向您买一个小时的时间吗？明天请早一点儿回家——我想和您一起吃晚餐。"

（节选自唐继柳编译《二十美金的价值》）

作品 8 号

我爱月夜，但我也爱星天。从前在家乡七八月的夜晚在庭院里纳凉的时候，我最爱看天上密密麻麻的繁星。望着星天，我就会忘记一切，仿佛回到了母亲的怀里似的。

三年前在南京我住的地方有一道后门，每晚我打开后门，便看见一个静寂的夜。下面是一片菜园，上面是星群密布的蓝天。星光在我们的肉眼里虽然微小，然而它使我们觉得光明无处不在。那时候我正在读一些天文学的书，也认得一些星星，好像它们就是我的朋友，它们常常在和我谈话一样。

如今在海上，每晚和繁星相对，我把它们认得很熟了。我躺在舱面上，仰望天空。深蓝色的天空里悬着无数半明半昧的星。船在动，星也在动，它们是这样低，真是摇摇欲坠呢！渐渐地我的眼睛模糊了，我好像看见无数萤火虫在我的周围飞舞。海上的夜是柔和的，是静寂的，是梦幻的。我望着许多认识的星，我仿佛看见它们在对我眨眼，我仿佛听见它们在小声说话。这时我忘记了一切。在星的怀抱中我微笑着，我沉睡着。我觉得自己是一个小孩子，现在睡在母亲的怀里了。

有一夜，那个在哥伦波上船的英国人指给我看天上的巨人。他用手指着：//那四颗明亮的星是头，下面的几颗是身子，这几颗是手，那几颗是腿和脚，还有三颗星算是腰带。经他这一番指点，我果然看清楚了那个天上的巨人。看，那个巨人还在跑呢！

（节选自巴金《繁星》）

作品 9 号

假日到河滩上转转，看见许多孩子在放风筝。一根根长长的引线，一头系在天上，一头系在地上，孩子同风筝都在天与地之间悠荡，连心也被悠荡得恍恍惚惚了，好像又回到了童年。

儿时的放风筝，大多是自己的长辈或家人编扎的，几根削得很薄的篾，用细纱线扎成各种鸟兽的造型，糊上雪白的纸片，再用彩笔勾勒出面孔与翅膀的图案。通常扎得最多的是"老雕""美人儿""花蝴蝶"等。

我们家前院就有位叔叔，擅扎风筝，远近闻名。他扎得风筝不只体型好看，色彩艳丽，放飞得高远，还在风筝上绷一叶用蒲苇削成的膜片，经风一吹，发出"嗡嗡"的声响，仿佛是风筝的歌唱，在蓝天下播扬，给开阔的天地增添了无尽的韵味，给驰荡的童心带来几分疯狂。

我们那条胡同的左邻右舍的孩子们放的风筝几乎都是叔叔编扎的。他的风筝不卖钱，谁上门去要，就给谁，他乐意自己贴钱买材料。

后来，这位叔叔去了海外，放风筝也渐与孩子们远离了。不过年年叔叔给家乡写信，总不忘提起儿时的放风筝。香港回归之后，他在家信中说到，他这只被故乡放飞到海外的风筝，尽管飘荡游弋，经沐风雨，可那线头儿一直在故乡和//亲人手中牵着，如今飘得太累了，也该要回归到家乡和亲人身边来了。

是的。我想，不光是叔叔，我们每个人都是风筝，在妈妈手中牵着，从小放到大，再从家乡放到祖国最需要的地方去啊！

（节选自李恒瑞《风筝畅想曲》）

作品 10 号

爸不懂得怎样表达爱，使我们一家人融洽相处的是我妈。他只是每天上班下班，而妈则把我们做过的错事开列清单，然后由他来责骂我们。

有一次我偷了一块糖果，他要我把它送回去，告诉卖糖的说是我偷来的，说我愿意替他拆箱卸货作为赔偿。但妈妈却明白我只是个孩子。

我在运动场打秋千跌断了腿，在前往医院途中一直抱着我的，是我妈。爸把汽车停在急诊室门口，他们叫他驶开，说那空位是留给紧急车辆停放的。爸听了便叫嚷道："你以为这是什么车？旅游车？"

在我生日会上，爸总是显得有些不大相称。他只是忙于吹气球，布置餐桌，做杂务。把插着蜡烛的蛋糕推过来让我吹的，是我妈。

我翻阅照相册时，人们总是问："你爸爸是什么样子的？"天晓得！他老是忙着替别人拍照。妈和我笑容可掬地一起拍的照片，多得不可胜数。

我记得妈有一次叫他教我骑自行车。我叫他别放手，但他却说是应该放手的时候了。我摔倒之后，妈跑过来扶我，爸却挥手要她走开。我当时生气极了，决心要给他点儿颜色看。于是我马上爬上自行车，而且自己骑给他看。他只是微笑。

我念大学时，所有的家信都是妈写的。他//除了寄支票外，还寄过一封短柬给我，说因为我不在草坪上踢足球了，所以他的草坪长得很美。

每次我打电话回家，他似乎都想跟我说话，但结果总是说："我叫你妈来接。"

我结婚时，掉眼泪的是我妈。他只是大声擤了一下鼻子，便走出房间。

我从小到大都听他说："你到哪里去？什么时候回家？汽车有没有汽油？不，不准去。"爸完全不知道怎样表达爱。除非……会不会是他已经表达了，而我却未能察觉？

（节选自［美］艾尔玛·邦贝克《父亲的爱》）

作品 11 号

一个大问题一直盘踞在我脑袋里：

世界杯怎么会有如此巨大的吸引

力？除去足球本身的魅力之外，还有什么超乎其上而更伟大的东西？

近来观看世界杯，忽然从中得到了答案：是由于一种无上崇高的精神情感——国家荣誉感！

地球上的人都会有国家的概念，但未必时时都有国家的感情。往往人到异国，思念家乡，心怀故国，这国家概念就变得有血有肉，爱国之情来得非常具体。而现代社会，科技昌达，信息快捷，事事上网，世界真是太小太小，国家的界限似乎也不那么清晰了。再说足球正在快速世界化，平日里各国球员频繁转会，往来随意，致使越来越多的国家联赛都具有国际的因素。球员们不论国籍，只效力于自己的俱乐部，他们比赛时的激情中完全没有爱国主义的因子。

然而，到了世界杯大变。各国球员都回国效力，穿上与光荣的国旗同样色彩的服装。在每一场比赛前，还高唱国歌以宣誓对自己祖国的挚爱与忠诚。一种血缘情感开始在全身的血管里燃烧起来，而且立刻热血沸腾。

在历史时代，国家间经常发生对抗，好男儿戎装卫国。国家的荣誉往往需要以自己的生命去//换取。但在和平时代，唯有这种国家之间大规模对抗性的大赛，才可以唤起那种遥远而神圣的情感，那就是：为祖国而战！

（节选自冯骥才《国家荣誉感》）

作品 12 号

夕阳落山不久，西方的天空，还燃烧着一片橘红色的晚霞。大海，也被这霞光染成了红色，而且比天空的景色更要壮观。因为它是活动的，每当一排排波浪涌起的时候，那映照在浪峰上的霞光，又红又亮，简直就像一片片霍霍燃烧着的火焰，闪烁着，消失了。而后面的一排，又闪烁着，滚动着，涌了过来。

天空的霞光渐渐地淡下去了，深红的颜色变成了绯红，绯红又变为浅红。最后，当这一切红光都消失了的时候，那突然显得高而远了的天空，则呈现出一片肃穆的神色。最早出现的启明星，在这蓝色的天幕上闪烁起来了。它是那么大，那么亮，整个广漠的天幕上只有它在那里放射着令人注目的光辉，活像一盏悬挂在高空的明灯。

夜色加浓，苍空中的"明灯"越来越多了。而城市各处的真的灯火也次第亮了起来，尤其是围绕在海港周围山坡上的那一片灯光，从半空倒映在乌蓝的海面上，随着波浪，晃动着，闪烁着，像一串流动着的珍珠，和那一片片密布在苍穹里的星斗互相辉映，煞是好看。

在这幽美的夜色中，我踏着软绵绵的沙滩，沿着海边，慢慢地向前走去。海水，轻轻地抚摸着细软的沙滩，发出温柔的//刷刷声。晚来的海风，清新而又凉爽。我的心里，有着说不出的兴奋和愉快。

夜风轻飘飘地吹拂着，空气中飘荡着一种大海和田禾相混合的香味儿，柔软的沙滩上还残留着白天太阳炙晒的余温。那些在各个工作岗位上劳动了一天的人们，三三两两地来到这软绵绵的沙滩上，他们浴着凉爽的海风，望着那缀满了星星的夜空，尽情地说笑，尽情地休憩。

（节选自峻青《海滨仲夏夜》）

作品 13 号

生命在海洋里诞生绝不是偶然的，海洋的物理和化学性质，使它成为孕育原始生命的摇篮。

我们知道，水是生物的重要组成部分，许多动物组织的含水量在百分之八十以上，而一些海洋生物的含水量高达百分之九十五。水是新陈代谢的重要媒介，没有它，体内的一系列生理和生物化学反应就无法进行，生命也就停止。因此，在短时期内动物缺水要比缺少食物更加危险。水对今天的生命是如此重要，它对脆弱的原始生命，更是举足轻重了。生命在海洋里诞生，就不会有缺水之忧。

水是一种良好的溶剂。海洋中含有许多生命所必需的无机盐，如氯化钠、氯化钾、碳酸盐、磷酸盐，还有溶解氧，原始生命可以毫不费力地从中吸取它所需要的元素。

水具有很高的热容量，加之海洋浩大，任凭夏季烈日曝晒，冬季寒风扫荡，它的温度变化却比较小。因此，巨大的海洋就像是天然的"温箱"，是孕育原始生命的温床。

阳光虽然为生命所必需，但是阳光中的紫外线却有扼杀原始生命的危险。水能有效地吸收紫外线，因而又为原始生命提供了天然的"屏障"。

这一切都是原始生命得以产生和发展的必要条件。//

（节选自童裳亮《海洋与生命》）

作品 14 号

读小学的时候，我的外祖母去世了。外祖母生前最疼爱我，我无法排除自己的忧伤，每天在学校的操场上一圈儿又一圈儿地跑着，跑得累倒在地上，扑在草坪上痛哭。

那哀痛的日子，断断续续地持续了很久，爸爸妈妈也不知道如何安慰我。他们知道与其骗我说外祖母睡着了，还不如对我说实话：外祖母永远不会回来了。

"什么是永远不会回来呢？"我问着。

"所有时间里的事物，都永远不会回来。你的昨天过去，它就永远变成昨天，你不能再回到昨天。爸爸以前也和你一样小，现在也不能回到你这么小的童年了；有一天你会长大，你会像外祖母一样老；有一天你度过了你的时间，就永远不会回来了。"爸爸说。

爸爸等于给我一个谜语，这谜语比课本上的"日历挂在墙壁，一天撕去一页，使我心里着急"和"一寸光阴一寸金，寸金难买寸光阴"还让我感到可怕；也比作文本上的"光阴似箭，日月如梭"更让我觉得有一种说不出的滋味。

时间过得那么飞快，使我的小心眼儿里不只是着急，还有悲伤。有一天我放学回家，看到太阳快落山了，就下决心说："我要比太阳更快地回家。"我狂奔回去，站在庭院前喘气的时候，看到太阳//还露着半边脸，我高兴地跳跃起来，那一天我跑赢了太阳。以后我就时常做那样的游戏，有时和太阳赛跑，有时和西北风比快，有时一个暑假才能做完的作业，我十天就做完了；那时我三年级，常常把哥哥五年级的作业拿来做。每一次比赛胜过时间，我就快乐得不知道怎么形容。·

如果将来我有什么要教给我的孩子，我会告诉他：假若你一直和时间比赛，你就可以成功！

（节选自（台湾）林清玄《和时间赛跑》）

作品 15 号

三十年代初，胡适在北京大学任教授。讲课时他常常对白话文大加称赞，引起一些只喜欢文言文而不喜欢白话文的学生的不满。

一次，胡适正讲得得意的时候，一位姓魏的学生突然站了起来，生气地问："胡先生，难道说白话文就毫无缺点吗？"胡适微笑着回答说："没有。"那位学生更加激动了："肯定有！白话文废话太多，打电报用字多，花钱多。"胡适的目光顿时变亮了。轻声地解释说："不一定吧！前几天有位朋友给我打来电报，请我去政府部门工作，我决定不去，就回电拒绝了。复电是用白话写的，看来也很省字。请同学们根据我这个意思，用文言文写一个回电，看看究竟是白话文省字，还是文言文省字？"胡教授刚说完，同学们立刻认真地写了起来。

十五分钟过去，胡适让同学举手，报告用字的数目，然后挑了一份用字最少的文言电报稿，电文是这样写的：

"才疏学浅，恐难胜任，不堪从命。"白话文的意思是：学习不深，恐怕很难担任这个工作，不能服从安排。

胡适说，这份写得确实不错，仅用了十二个字。但我的白话电报却只用了五个字：

"干不了，谢谢！"

胡适又解释说："干不了"就有才疏学浅、恐难胜任的意思；"谢谢"既//对朋友的介绍表示感谢，又有拒绝的意思。所以，废话多不多，并不看它是文言文还是白话文，只要注意选用字词，白话文是可以比文言文更省字的。

（节选自陈灼主编《实用汉语中级教程》（上）中《胡适的白话电报》）

作品 16 号

很久以前，在一个漆黑的秋天的夜晚，我泛舟在西伯利亚一条阴森森的河上。船到一个转弯处，只见前面

黑黢黢的山峰下面一星火光蓦地一闪。

火光又明又亮，好像就在眼前……

"好啦，谢天谢地！"我高兴地说，"马上就到过夜的地方啦！"

船夫扭头朝身后的火光望了一眼，又不以为然地划起桨来。

"远着呢！"

我不相信他的话，因为火光冲破朦胧的夜色，明明在那儿闪烁。不过船夫是对的，事实上，火光的确还远着呢。

这些黑夜的火光的特点是：驱散黑暗，闪闪发亮，近在眼前，令人神往。乍一看，再划几下就到了……其实却还远着呢！……

我们在漆黑如墨的河上又划了很久。一个个峡谷和悬崖，迎面驶来，又向后移去，仿佛消失在茫茫的远方，而火光却依然停在前头，闪闪发亮，令人神往——依然是这么近，又依然是那么远……

现在，无论是这条被悬崖峭壁的阴影笼罩的漆黑的河流，还是那一星明亮的火光，都经常浮现在我的脑际，在这以前和在这以后，曾有许多火光，似乎近在咫尺，不止使我一人心驰神往。可是生活之河却仍然在那阴森森的两岸之间流着，而火光也依旧非常遥远。因此，必须加劲划桨……

然而，火光啊……毕竟……毕竟就//在前头！……

（节选自[俄]柯罗连科《火光》，张铁夫译）

作品 17 号

对于一个在北平住惯的人，像我，冬天要是不刮风，便觉得是奇迹；济南的冬天是没有风声的。对于一个刚由伦敦回来的人，像我，冬天要能看得见日光，便觉得是怪事；济南的冬天是响晴的。自然，在热带的地方，日光永远是那么毒，响亮的天气，反有点儿叫人害怕。可是，在北方的冬天，而能有温晴的天气，济南真得算个宝地。

设若单单是有阳光，那也算不了出奇。请闭上眼睛想：一个老城，有山有水，全在天底下晒着阳光，暖和安适地睡着，只等春风来把它们唤醒，这是不是理想的境界？小山把济南围了个圈儿，只有北边缺着点口儿。这一圈小山在冬天特别可爱，好像是把济南放在一个小摇篮里，它们安静不动地低声地说："你们放心吧，这儿准保暖和。"真的，济南的人们在冬天是面上含笑的。他们一看那些小山，心中便觉得有了着落，有了依靠。他们由天上看到山上，便不知不觉地想起：明天也许就是春天了吧？这样的温暖，今天夜里山草也许就绿起来了吧？就是

这点儿幻想不能一时实现，他们也并不着急，因为这样慈善的冬天，干什么还希望别的呢！

最妙的是下点儿小雪呀。看吧，山上的矮松越发的青黑，树尖儿上顶//着一髻儿白花，好像日本看护妇。山尖儿全白了，给蓝天镶上一道银边。山坡上，有的地方雪厚点儿，有的地方草色还露着；这样，一道儿白，一道儿暗黄，给山们穿上一件带水纹儿的花衣；看着看着，这件花衣好像被风儿吹动，叫你希望看见一点儿更美的山的肌肤。等到快日落的时候，微黄的阳光斜射在山腰上，那点儿薄雪好像忽然害羞，微微露出点儿粉色。就是下小雪吧，济南是受不住大雪的，那些小山太秀气。

（节选自老舍《济南的冬天》）

作品 18 号

纯朴的家乡村边有一条河，曲曲弯弯，河中架一弯石桥，弓样的小桥横跨两岸。

每天，不管是鸡鸣晓月，日丽中天，还是月华泻地，小桥都印下串串足迹，洒落串串汗珠。那是乡亲为了追求多棱的希望，兑现美好的遐想。弯弯小桥，不时荡过轻吟低唱，不时露出舒心的笑容。

因而，我稚小的心灵，曾将心声献给小桥：你是一弯银色的新月，给人间普照光辉；你是一把闪亮的镰刀，割刈着欢笑的花果；你是一根晃悠悠的扁担，挑起了彩色的明天！哦，小桥走进我的梦中。

我在漂泊他乡的岁月，心中总涌动着故乡的河水，梦中总看到弓样的小桥。当我访南疆探北国，眼帘闯进座座雄伟的长桥时，我的梦变得丰满了，增添了赤橙黄绿青蓝紫。

三十多年过去，我带着满头霜花回到故乡，第一紧要的便是去看望小桥。

啊！小桥呢？它躲起来了？河中一道长虹，浴着朝霞熠熠闪光。哦，雄浑的大桥敞开胸怀，汽车的呼啸、摩托的笛音、自行车的叮铃，合奏着进行交响乐；南来的钢筋、花布，北往的柑橙、家禽，绘出交流欢悦图……

啊！蜕变的桥，传递了家乡进步的消息，透露了家乡富裕的声音。时代的春风，美好的追求，我蓦地记起儿时唱//给小桥的歌，哦，明艳艳的太阳照耀了，芳香甜蜜的花果捧来了，五彩斑斓的岁月拉开了！

我心中涌动的河水，激荡起甜美的浪花。我仰望一碧蓝天，心底轻声呼喊：家乡的桥啊，我梦中的桥！

（节选自郑莹《家乡的桥》）

作品 19 号

三百多年前，建筑设计师莱伊恩受命设计了英国温泽市政府大厅。他运用工程力学的知识，依据自己多年的实践，巧妙地设计了只用一根柱子支撑的大厅天花板。一年以后，市政府权威人士进行工程验收时，却说只用一根柱子支撑天花板太危险，要求莱伊恩再多加几根柱子。

莱伊恩自信只要一根坚固的柱子足以保证大厅安全，他的"固执"惹恼了市政官员，险些被送上法庭。他非常苦恼，坚持自己原先的主张吧，市政官员肯定会另找人修改设计；不坚持吧，又有悖自己为人的准则。矛盾了很长一段时间，莱伊恩终于想出了一条妙计，他在大厅里增加了四根柱子，不过这些柱子并未与天花板接触，只不过是装装样子。

三百多年过去了，这个秘密始终没有被人发现。直到前两年，市政府准备修缮大厅的天花板，才发现莱伊恩当年的"弄虚作假"。消息传出后，世界各国的建筑专家和游客云集，当地政府对此也不加掩饰，在新世纪到来之际，特意将大厅作为一个旅游景点对外开放，旨在引导人们崇尚和相信科学。

作为一名建筑师，莱伊恩并不是最出色的。但作为一个人，他无疑非常伟大，这种//伟大表现在他始终恪守着自己的原则，给高贵的心灵一个美丽的住所：哪怕是遭遇到最大的阻力，也要想办法抵达胜利。

（节选自游宇明《坚守你的高贵》）

作品20号

自从传言有人在萨文河畔散步时无意发现了金子后，这里便常有来自四面八方的淘金者。他们都想成为富翁，于是寻遍了整个河床，还在河床上挖出很多大坑，希望借助它们找到更多的金子。的确，有一些人找到了，但另外一些人因为一无所得而只好扫兴归去。

也有不甘心落空的，便驻扎在这里，继续寻找。彼得·弗雷特就是其中一员。他在河床附近买了一块没人要的土地，一个人默默地工作。他为了找金子，已把所有的钱都押在这块土地上。他埋头苦干了几个月，直到土地全变成了坑坑洼洼，他失望了——他翻遍了整块土地，但连一丁点儿金子都没看见。

六个月后，他连买面包的钱都没有了。于是他准备离开这儿到别处去谋生。

就在他即将离去的前一个晚上，天下起了倾盆大雨，并且一下就是三天三夜。雨终于停了，彼得走出小木屋，发现眼前的土地看上去好像和以前不一样：坑坑洼洼已被大水冲刷平整，松软的土地上长出一层绿茸茸的小草。

"这里没找到金子，"彼得忽有所悟地说，"但这土地很肥沃，我可以用来种花，并且拿到镇上去卖给那些富人，他们一定会买些花装扮他们华丽的客//厅。如果真是这样的话，那么我一定会赚许多钱，有朝一日我也会成为富人……"

于是他留了下来。彼得花了不少精力培育花苗，不久田地里长满了美丽娇艳的各色鲜花。

五年以后，彼得终于实现了他的梦想——成了一个富翁。"我是唯一的一个找到真金的人！"他时常不无骄傲地告诉别人，"别人在这儿找不到金子后便远远地离开，而我的'金子'是在这块土地里，只有诚实的人用勤劳才能采集到。"

（节选自陶猛译《金子》）

作品21号

我在加拿大学习期间遇到过两次募捐，那情景至今使我难以忘怀。

一天，我在渥太华的街上被两个男孩子拦住去路。他们十来岁，穿得整整齐齐，每人头上戴着个做工精巧、色彩鲜艳的纸帽，上面写着"为帮助患小儿麻痹的伙伴募捐。"其中的一个，不由分说就坐在小凳上给我擦起皮鞋来，另一个则彬彬有礼地发问："小姐，您是哪国人？喜欢渥太华吗？""小姐，在你们国家有没有小孩儿患小儿麻痹？谁给他们医疗费？"一

181

连串的问题，使我这个有生以来头一次在众目睽睽之下让别人擦鞋的异乡人，从近乎狼狈的窘态中解脱出来。我们像朋友一样聊起天儿来……

几个月之后，也是在街上。一些十字路口处或车站坐着几位老人。他们满头银发，身穿各种老式军装，上面布满了大大小小形形色色的徽章、奖章，每人手捧一大束鲜花，有水仙、石竹、玫瑰及叫不出名字的，一色雪白。匆匆过往的行人纷纷止步，把钱投进这些老人身旁的白色木箱内，然后向他们微微鞠躬，从他们手中接过一朵花。我看了一会儿，有人投一两元，有人投几百元，还有人掏出支票填好后投进木箱。那些老军人毫不注意人们捐多少钱，一直不//停地向人们低声道谢。同行的朋友告诉我，这是为纪念二次大战中参战的勇士，募捐救济残废军人和烈士遗孀，每年一次；认捐的人可谓踊跃，而且秩序井然，气氛庄严。有些地方，人们还耐心地排着队。我想，这是因为他们都知道：正是这些老人们的流血牺牲换来了包括他们信仰自由在内的许许多多。

我两次把那微不足道的一点儿钱捧给他们，只想对他们说声"谢谢"。

（节选自青白《捐诚》）

作品 22 号

没有一片绿叶，没有一缕炊烟，没有一粒泥土，没有一丝花香，只有水的世界，云的海洋。

一阵台风袭过，一只孤单的小鸟无家可归，落到被卷到洋里的木板上，乘流而下，姗姗而来，近了，近了！……

忽然，小鸟张开翅膀，在人们头顶盘旋了几圈儿，"噗啦"一声落到了船上。许是累了？还是发现了"新大陆"？水手撵它它不走，抓它，它乖乖地落在掌心。可爱的小鸟和善良的水手结成了朋友。

瞧，它多美丽，娇巧的小嘴，啄理着绿色的羽毛，鸭子样的扁脚，呈现出春草的鹅黄。水手们把它带到舱里，给它"搭铺"，让它在船上安家落户，每天，把分到的一塑料筒淡水匀给它喝，把从祖国带来的鲜美的鱼肉分给它吃，天长日久，小鸟和水手的感情日趋笃厚。清晨，当第一束阳光射进舷窗时，它便敞开美丽的歌喉，唱啊唱，嘤嘤有韵，宛如春水淙淙。人类给它以生命，它毫不悭吝地把自己的艺术青春奉献给了哺育它的人。可能都是这样？艺术家们的青春只会献给尊敬他们的人。

小鸟给远航生活蒙上了一层浪漫色调。返航时，人们爱不释手，恋恋不舍地想把它带到异乡。可小鸟憔悴了，给水，不喝！喂肉，不吃！油亮的羽毛失去了光泽。是啊，我//们有自己的祖国，小鸟也有它的归宿，人和动物都是一样啊，哪儿也不如故乡好！

慈爱的水手们决定放开它，让它回到大海的摇篮去，回到蓝色的故乡去。离别前，这个大自然的朋友与水手们留影纪念。它站在许多人的头上，肩上，掌上，胳膊上，与喂养过它的人们，一起融进那蓝色的画面……

（节选自王文杰《可爱的小鸟》）

作品 23 号

纽约的冬天常有大风雪，扑面的雪花不但令人难以睁开眼睛，甚至呼吸都会吸入冰冷的雪花。有时前一天晚上还是一片晴朗，第二天拉开窗帘，却已经积雪盈尺，连门都推不开了。

遇到这样的情况，公司、商店常会停止上班，学校也通过广播，宣布停课。但令人不解的是，唯有公立小学，仍然开放。只见黄色的校车，艰难地在路边接孩子，老师则一大早就口中喷着热气，铲去车子前后的积雪，小心翼翼地开车去学校。

据统计，十年来纽约的公立小学只因为超级暴风雪停过七次课。这是多么令人惊讶的事。犯得着在大人都无须上班的时候让孩子去学校吗？小学的老师也太倒霉了吧？

于是，每逢大雪而小学不停课时，都有家长打电话去骂。妙的是，每个打电话的人，反应全一样——先是怒气冲冲地责问，然后满口道歉，最后笑容满面地挂上电话。原因是，学校告诉家长：

在纽约有许多百万富翁，但也有不少贫困的家庭。后者白天开不起暖气，供不起午餐，孩子的营养全靠学校里免费的中饭，甚至可以多拿些回家当晚餐。学校停课一天，穷孩子就受一天冻，挨一天饿，所以老师们宁愿自己苦一点儿，也不能停课。// 或许有家长会说：何不让富裕的孩子在家里，让贫穷的孩子去学校享受暖气和营养午餐呢？

学校的答复是：我们不愿让那些穷苦的孩子感到他们是在接受救济，因为施舍的最高原则是保持受施者的尊严。

（节选自（台湾）刘墉《课不能停》）

作品 24 号

十年，在历史上不过是一瞬间。只要稍加注意，人们就会发现：在这一瞬间里，各种事物都悄悄经历了自己的千变万化。

这次重新访日，我处处感到亲切和熟悉，也在许多方面发觉了日本的变化。就拿奈良的一个角落来说吧，我重游了为之感受很深的唐招提寺，在寺内各处匆匆走了一遍，庭院依旧，但意想不到还看到了一些新的东西。其中之一，就是近几年从中国移植来的"友谊之莲"。

在存放鉴真遗像的那个院子里，几株中国莲昂然挺立，翠绿的宽大荷叶正迎风而舞，显得十分愉快。开花的季节已过，荷花朵朵已变为莲蓬累累。莲子的颜色正在由青转紫，看来已经成熟了。

我禁不住想："因"已转化为"果"。

中国的莲花开在日本，日本的樱花开在中国，这不是偶然。我希望这样一种盛况延续不衰。可能有人不欣赏花，但决不会有人欣赏落在自己面前的炮弹。

在这些日子里，我看到了不少多年不见的老朋友，又结识了一些新朋友。大家喜欢涉及的话题之一，就是古长安和古奈良。那还用得着问吗，朋友们缅怀过去，正是瞩望未来。瞩目于未来的人们必将获得未来。

我不例外，也希望一个美好的未来。

为//了中日人民之间的友谊，我将不浪费今后生命的每一瞬间。

（节选自严文井《莲花和樱花》）

作品 25 号

梅雨潭闪闪的绿色招引着我们，我们开始追捉她那离合的神光了。揪着草，攀着乱石，小心探身下去，又鞠躬过了一个石穹门，便到了汪汪一碧的潭边了。

瀑布在襟袖之间，但是我的心中已没有瀑布了。我的心随潭水的绿而摇荡。那醉人的绿呀！仿佛一张极大极大的荷叶铺着，满是奇异的绿呀。我想张开两臂抱住她，但这是怎样一个妄想啊。

站在水边，望到那面，居然觉着有些远呢！这平铺着、厚积着的绿，着实可爱。她松松地皱缬着，像少妇拖着的裙幅；她滑滑的明亮着，像涂了"明油"一般，有鸡蛋清那样软，那样嫩；她又不杂些尘滓，宛然一块温润的碧玉，只清清的一色——但你却看不透她！

我曾见过北京什刹海拂地的绿杨，脱不了鹅黄的底子，似乎太淡了。我又曾见过杭州虎跑寺近旁高峻而深密的"绿壁"，丛叠着无穷的碧草与绿叶的，那又似乎太浓了。其余呢，西湖的波太明了，秦淮河的也太暗了。可爱的，我将什么来比拟你呢？我怎么比拟得出呢？大约潭是很深的，故能蕴蓄着这样奇异的绿；仿佛蔚蓝的天融了一块在里面似的，这才这般的鲜润啊。

那醉人的绿呀！我若能裁你以为带，我将赠给那轻盈的//舞女，她必

能临风飘举了。我若能挹你以为眼，我将赠给那善歌的盲妹，她必明眸善睐了。我舍不得你，我怎舍得你呢？我用手拍着你，抚摩着你，如同一个十二三岁的小姑娘。我又掬你入口，便是吻着她了。我送你一个名字，我从此叫你"女儿绿"，好吗？

第二次到仙岩的时候，我不禁惊诧于梅雨潭的绿了。

（节选自朱自清《绿》）

作品 26 号

我们家的后园有半亩空地，母亲说："让它荒着怪可惜的，你们那么爱吃花生，就开辟出来种花生吧。"我们姐弟几个都很高兴，买种，翻地，播种，浇水，没过几个月，居然收获了。

母亲说："今晚我们过一个收获节，请你们父亲也来尝尝我们的新花生，好不好？"我们都说好。母亲把花生做成了好几样食品，还吩咐就在后园的茅亭里过这个节。

晚上天色不太好，可是父亲也来了，实在很难得。

父亲说："你们爱吃花生吗？"

我们争着答应："爱！"

"谁能把花生的好处说出来？"

姐姐说："花生的味美。"

哥哥说："花生可以榨油。"

我说："花生的价钱便宜，谁都可以买来吃，都喜欢吃。这就是它的好处。"

父亲说："花生的好处很多，有一样最可贵：它的果实埋在地里，不像桃子、石榴、苹果那样，把鲜红嫩绿的果实高高地挂在枝头上，使人一见就生爱慕之心。你们看它矮矮地长在地上，等到成熟了，也不能立刻分辨出来它有没有果实，必须挖出来才知道。"

我们都说是，母亲也点点头。

父亲接下去说："所以你们要像花生，它虽然不好看，可是很有用，不是外表好看而没有实用的东西。"

我说："那么，人要做有用的人，不要做只讲体面，而对别人没有好处的人了。"//

父亲说："对。这是我对你们的希望。"

我们谈到夜深才散。花生做的食品都吃完了，父亲的话却深深地印在我的心上。

（节选自许地山《落花生》）

作品 27 号

我打猎归来，沿着花园的林荫路走着。狗跑在我前边。

突然，狗放慢脚步，蹑足潜行，好像嗅到了前边有什么野物。

我顺着林荫路望去，看见了一只嘴边还带黄色、头上生着柔毛的小麻雀。风猛烈地吹打着林阴路上的白桦树，麻雀从巢里跌落下来，呆呆地伏在地上，孤立无援地张开两只羽毛还未丰满的小翅膀。

我的狗慢慢向它靠近。忽然，从附近一棵树上飞下一只黑胸脯的老麻雀，像一颗石子似的落到狗的跟前。老麻雀全身倒竖着羽毛，惊恐万状，发出绝望、凄惨的叫声，接着向露出牙齿、大张着的狗嘴扑去。

老麻雀是猛扑下来救护幼雀的。它用身体掩护着自己的幼儿……但它整个小小的身体因恐怖而战栗着，它小小的声音也变得粗暴嘶哑，它在牺牲自己！

在它看来，狗该是多么庞大的怪物啊！然而，它还是不能站在自己高高的、安全的树枝上……一种比它的理智更强烈的力量，使它从那儿扑下身来。

我的狗站住了，向后退了退……看来，它也感到了这种力量。

我赶紧唤住惊慌失措的狗，然后我怀着崇敬的心情，走开了。

是啊，请不要见笑。我崇敬那只小小的、英勇的鸟儿，我崇敬它那种爱的冲动和力量。

爱，我想，比//死和死的恐惧更强大。只有依靠它，依靠这种爱，生命才能维持下去，发展下去。

（节选自[俄]屠格涅夫《麻雀》，巴金译）

作品 28 号

那年我六岁。离我家仅一箭之遥的小山坡旁，有一个早已被废弃的采石场，双亲从来不准我去那儿，其实那儿风景十分迷人。

一个夏季的下午，我随着一群小伙伴偷偷上那儿去了。就在我们穿越了一条孤寂的小路后，他们却把我一个人留在原地，然后奔向"更危险的地带"了。

等他们走后，我惊慌失措地发现，再也找不到要回家的那条孤寂的小道了。像只无头的苍蝇，我到处乱钻，衣裤上挂满了芒刺。太阳已经落山，而此时此刻，家里一定开始吃晚餐了，双亲正盼着我回家……想着想着，我不由得背靠着一棵树，伤心地呜呜大哭起来……

突然，不远处传来了声声柳笛。我像找到了救星，急忙循声走去。一条小道边的树桩上坐着一位吹笛人，手里还正削着什么。走近细看，他不就是被大家称为"乡巴佬儿"的卡廷吗？

"你好，小家伙儿，"卡廷说，"看天气多美，你是出来散步的吧？"

我怯生生地点点头，答道："我要回家了。"

"请耐心等上几分钟，"卡廷说，"瞧，我正在削一支柳笛，差不多就要做好了，完工后就送给你吧！"

卡廷边削边不时把尚未成形的柳笛放在嘴里试吹一下。没过多久，一支柳笛便递到我手中。我俩在一阵阵清脆悦耳的笛音//中，踏上了归途……

当时，我心中只充满感激，而今天，当我自己也成了祖父时，却突然领悟到他用心之良苦！那天当他听到我的哭声时，便判定我一定迷了路，但他并不想在孩子面前扮演"救星"的角色，于是吹响柳笛以便让我能发现他，并跟着他走出困境！就这样，卡廷先生以乡下人的纯朴，保护了一个小男孩儿强烈的自尊。

（节选自唐若水译《迷途笛音》）

作品 29 号

在浩瀚无垠的沙漠里，有一片美丽的绿洲，绿洲里藏着一颗闪光的珍珠。这颗珍珠就是敦煌莫高窟。它坐落在我国甘肃省敦煌市三危山和鸣沙山的怀抱中。

鸣沙山东麓是平均高度为十七米的崖壁。在一千六百多米长的崖壁上，凿有大小洞窟七百余个，形成了规模宏伟的石窟群。其中四百九十二个洞窟中，共有彩色塑像两千一百余尊，各种壁画共四万五千多平方米。莫高窟是我国古代无数艺术匠师留给人类的珍贵文化遗产。

莫高窟的彩塑，每一尊都是一件精美的艺术品。最大的有九层楼那么高，最小的还不如一个手掌大。这些彩塑个性鲜明，神态各异。有慈眉善目的菩萨，有威风凛凛的天王，还有强壮勇猛的力士……

莫高窟壁画的内容丰富多彩，有的是描绘古代劳动人民打猎、捕鱼、耕田、收割的情景，有的是描绘人们奏乐、舞蹈、演杂技的场面，还有的是描绘大自然的美丽风光。其中最引人注目的是飞天。壁画上的飞天，有的臂挎花篮，采摘鲜花；有的反弹琵琶，轻拨银弦；有的倒悬身子，自天而降；有的彩带飘拂，漫天遨游；有的舒展着双臂，翩翩起舞。看着这些精美动人的壁画，就像走进了//灿烂辉煌的艺术殿堂。

莫高窟里还有一个面积不大的洞窟——藏经洞。洞里曾藏有我国古代的各种经卷、文书、帛画、刺绣、铜像等共六万多件。由于清朝政府腐败无能，大量珍贵的文物被外国强盗掠走。仅存的部分经卷，现在陈列于北京故宫等处。

莫高窟是举世闻名的艺术宝库。这里的每一尊彩塑、每一幅壁画、每一件文物，都是中国古代人民智慧的结晶。

（节选自小学《语文》第六册中《莫高窟》）

作品 30 号

其实你在很久以前并不喜欢牡丹，因为它总被人作为富贵膜拜。后来你目睹了一次牡丹的落花，你相信所有的人都会为之感动：一阵清风徐来，娇艳鲜嫩的盛期牡丹忽然整朵整朵地坠落，铺撒一地绚丽的花瓣。那花瓣落地时依然鲜艳夺目，如同一只奉上祭坛的大鸟脱落的羽毛，低吟着壮烈的悲歌离去。

牡丹没有花谢花败之时，要么烁于枝头，要么归于泥土，它跨越萎顿和衰老，由青春而死亡，由美丽而消遁。它虽美却不吝惜生命，即使告别也要展示给人最后一次的惊心动魄。

所以在这阴冷的四月里，奇迹不会发生。任凭游人扫兴和诅咒，牡丹依然安之若素。它不苟且、不俯就、不妥协、不媚俗，甘愿自己冷落自己。它遵循自己的花期自己的规律，它有权利为自己选择每年一度的盛大节日。它为什么不拒绝寒冷？

天南海北的看花人，依然络绎不绝地涌入洛阳城。人们不会因牡丹的拒绝而拒绝它的美。如果它再被贬谪十次，也许它就会繁衍出十个洛阳牡丹城。

于是你在无言的遗憾中感悟到，富贵与高贵只是一字之差。同人一样，花儿也是有灵性的，更有品位之高低。品位这东西为气为魂为//筋骨为神韵，只可意会。你叹服牡丹卓尔不群之姿，方知品位是多么容易被世人忽略或是漠视的美。

（节选自张抗抗《牡丹的拒绝》）

作品 31 号

森林涵养水源，保持水土，防止水旱灾害的作用非常大。据专家测算，一片十万亩面积的森林，相当于一个两百万立方米的水库，这正如农谚所说的："山上多栽树，等于修水库。雨多它能吞，雨少它能吐。"

说起森林的功劳，那还多得很。它除了为人类提供木材及许多种生产、生活的原料之外，在维护生态环境方面也是功劳卓著。它用另一种"能吞能吐"的特殊功能孕育了人类。因为地球在形成之初，大气中的二氧化碳含量很高，氧气很少，气温也高，生物是难以生存的。大约在四亿年之前，陆地才产生了森林。森林慢慢将大气中的二氧化碳吸收，同时吐出新鲜氧气，调节气温：这才具备了人类生存的条件，地球上才最终有了人类。

森林，是地球生态系统的主体，是大自然的总调度室，是地球的绿色之肺。森林维护地球生态环境的这种"能吞能吐"的特殊功能是其他任何物体都不能取代的。然而，由于地球上的燃烧物增多，二氧化碳的排放量急剧增加，使得地球生态环境急剧恶化，主要表现为全球气候变暖，水分蒸发加快，改变了气流的循环，使气

候变化加剧，从而引发热浪、飓风、暴雨、洪涝及干旱。

为了//使地球的这个"能吞能吐"的绿色之肺恢复健壮，以改善生态环境，抑制全球变暖，减少水旱等自然灾害，我们应该大力造林、护林，使每一座荒山都绿起来。

（节选自《中考语文课外阅读试题精选》中《"能吞能吐"的森林》）

作品 32 号

朋友即将远行。

暮春时节，又邀了几位朋友在家小聚。虽然都是极熟的朋友，却是终年难得一见，偶尔电话里相遇，也无非是几句寻常话。一锅小米稀饭，一碟大头菜，一盘自家酿制的泡菜，一只巷口买回的烤鸭，简简单单，不像请客，倒像家人团聚。

其实，友情也好，爱情也好，久而久之都会转化为亲情。

说也奇怪，和新朋友会谈文学、谈哲学、谈人生道理等等，和老朋友却只话家常，柴米油盐，细细碎碎，种种琐事。很多时候，心灵的契合已经不需要太多的言语来表达。

朋友新烫了个头，不敢回家见母亲，恐怕惊骇了老人家，却欢天喜地来见我们，老朋友颇能以一种趣味性的眼光欣赏这个改变。

年少的时候，我们差不多都在为别人而活，为苦口婆心的父母活，为循循善诱的师长活，为许多观念、许多传统的约束力而活。年岁逐增，渐渐挣脱外在的限制与束缚，开始懂得为自己活，照自己的方式做一些自己喜欢的事，不在乎别人的批评意见，不在乎别人的诋毁流言，只在乎那一份随心所欲的舒坦自然。偶尔，也能够纵容自己放浪一下，并且有一种恶作剧的窃喜。

就让生命顺其自然，水到渠成吧，犹如窗前的//乌桕，自生自落之间，自有一份圆融丰满的喜悦。春雨轻轻落着，没有诗，没有酒，有的只是一份相知相属的自在自得。

夜色在笑语中渐渐沉落，朋友起身告辞，没有挽留，没有送别，甚至也没有问归期。

已经过了大喜大悲的岁月，已经过了伤感流泪的年华，知道了聚散原来是这样的自然和顺理成章，懂得这点，便懂得珍惜每一次相聚的温馨，离别便也欢喜。

（节选自《台湾》杏林子《朋友和其他》）

作品 33 号

我们在田野散步：我，我的母亲，我的妻子和儿子。

母亲本不愿出来的。她老了，身体不好，走远一点儿就觉得很累。我说，正因为如此，才应该多走走。母亲信服地点点头，便去拿外套。她现在很听我的话，就像我小时候很听她的话一样。

这南方初春的田野，大块小块的新绿随意地铺着，有的浓，有的淡，树上的嫩芽也密了，田里的冬水也咕咕地起着水泡。这一切都使人想着一样东西——生命。

我和母亲走在前面，我的妻子和儿子走在后面。小家伙突然叫起来："前面是妈妈和儿子，后面也是妈妈和儿子。"我们都笑了。

后来发生了分歧：母亲要走大路，大路平顺；我的儿子要走小路，小路有意思。不过，一切都取决于我。我的母亲老了，她早已习惯听从她强壮的儿子；我的儿子还小，他还习惯听从他高大的父亲；妻子呢，在外面，她总是听我的。霎时我感到了责任的重大。我想找一个两全的办法，找不出；我想拆散一家人，分成两路，各得其所，终不愿意。我决定委屈儿子，因为我伴同他的时日还长。我说："走大路。"

但是母亲摸摸孙儿的小脑瓜，变了主意："还是走小路吧。"她的眼随小路望去：那里有金色的菜花，两行整齐的桑树，//尽头一口水波粼粼的鱼塘。"我走不过去的地方，你就背着我。"母亲对我说。

这样，我们在阳光下，向着那菜花、桑树和鱼塘走去。到了一处，我蹲下来，背起了母亲；妻子也蹲下来，背起了儿子。我和妻子都是慢慢地，稳稳地，走得很仔细，好像我背上的同她背上的加起来，就是整个世界。

（节选自莫怀戚《散步》）

作品 34 号

地球上是否真的存在"无底洞"？按说地球是圆的，由地壳、地幔和地核三层组成，真正的"无底洞"是不应存在的，我们所看到的各种山洞、裂口、裂缝，甚至火山口也都只是地壳浅部的一种现象。然而中国一些古籍却多次提到海外有个深奥莫测的无底洞。事实上地球上确实有这样一个"无底洞"。

它位于希腊亚各斯古城的海滨。由于濒临大海，大涨潮时，汹涌的海水便会排山倒海般地涌入洞中，形成一股湍湍的急流。据测，每天流入洞内的海水量达三万多吨。奇怪的是，如此大量的海水灌入洞中，却从来没有把洞灌满。曾有人怀疑，这个"无底洞"，会不会就像石灰岩地区的漏斗、竖井、落水洞一类的地形。然而从二十世纪三十年代以来，人们就做了多种努力企图寻找它的出口，却都是枉费心机。

为了揭开这个秘密，一九五八年美国地理学会派出一支考察队，他们把一种经久不变的带色染料溶解在海水中，观察染料是如何随着海水一起沉下去。接着又察看了附近海面以及岛上的各条河、湖，满怀希望地寻找这种带颜色的水，结果令人失望。难道是海水量太大把有色水稀释得太淡，以致无法发现？//

至今谁也不知道为什么这里的海水会没完没了地"漏"下去，这个"无底洞"的出口又在哪里，每天大量的海水究竟都流到哪里去了？

（节选自罗伯特·罗威尔《神秘的"无底洞"》）

作品 35 号

我在俄国见到的景物再没有比托尔斯泰墓更宏伟、更感人的。

完全按照托尔斯泰的愿望，他的坟墓成了世间最美的，给人印象最深刻的坟墓。它只是树林中的一个小小的长方形土丘，上面开满鲜花——没有十字架，没有墓碑，没有墓志铭，连托尔斯泰这个名字也没有。

这位比谁都感到受自己的声名所累的伟人，却像偶尔被发现的流浪汉，不为人知的士兵，不留名姓地被人埋葬了。谁都可以踏进他最后的安息地，围在四周稀疏的木栅栏是不关闭的——保护列夫·托尔斯泰得以安息的没有任何别的东西，唯有人们的敬意；而通常，人们却总是怀着好奇，去破坏伟人墓地的宁静。

这里，逼人的朴素禁锢住任何一种观赏的闲情，并且不容许你大声说话。风儿俯临，在这座无名者之墓的树木之间飒飒响着，和暖的阳光在坟头嬉戏；冬天，白雪温柔地覆盖这片幽暗的圭土地。无论你在夏天或冬天经过这儿，你都想象不到，这个小小的、隆起的长方体里安放着一位当代最伟大的人物。

然而，恰恰是这座不留姓名的坟墓，比所有挖空心思用大理石和奢华装饰建造的坟墓更扣人心弦。在今天这个特殊的日子//里，到他的安息地来的成百上千人中间，没有一个有勇气，哪怕仅仅从这幽暗的土丘上摘下一朵花留作纪念。人们重新感到，世界上再没有比托尔斯泰最后留下的、这座纪念碑式的朴素坟墓，更打动人心的了。

（节选自[奥]茨威格《世间最美的坟墓》，张厚仁译）

作品 36 号

我国的建筑，从古代的宫殿到近代的一般住房，绝大部分是对称的，左边怎么样，右边怎么样。苏州园林可绝不讲究对称，好像故意避免似的。东边有了一个亭子或者一道回廊，西边决不会来一个同样的亭子或者一道同样的回廊。这是为什么？我想，用图画来比方，对称的建筑是图案画，不是美术画，而园林是美术画，美术画要求自然之趣，是不讲究对称的。

苏州园林里都有假山和池沼。

假山的堆叠，可以说是一项艺术而不仅是技术。或者是重峦叠嶂，或者是几座小山配合着竹子花木，全在乎设计者和匠师们生平多阅历，胸中有丘壑，才能使游览者攀登的时候忘却苏州城市，只觉得身在山间。

至于池沼，大多引用活水。有些园林池沼宽敞。就把池沼作为全园的中心，其他景物配合着布置。水面假如成河道模样，往往安排桥梁。假如安排两座以上的桥梁，那就一座一个样，决不雷同。

池沼或河道的边沿很少砌齐整的石岸，总是高低屈曲任其自然。还在那儿布置几块玲珑的石头，或者种些花草。这也是为了取得从各个角度看都成一幅画的效果。池沼里养着金鱼或各色鲤鱼，夏秋季节荷花或睡莲开//放，游览者看"鱼戏莲叶间"，又是入画的一景。

（节选自叶圣陶《苏州园林》）

作品 37 号

一位访美中国女作家，在纽约遇到一位卖花的老太太。老太太穿着破旧，身体虚弱，但脸上的神情却是那样祥和兴奋。女作家挑了一朵花说："看起来，你很高兴。"老太太面带微笑地说："是的，一切都这么美好，我为什么不高兴呢？""对烦恼，你倒真能看得开。"女作家又说了一句。没料到，老太太的回答更令女作家大吃一惊："耶稣在星期五被钉上十字架时，是全世界最糟糕的一天，可三天后就是复活节。所以，当我遇到不幸时，就会等待三天，这样一切就恢复正常了。"

"等待三天"，多么富于哲理的话语，多么乐观的生活方式。它把烦恼和痛苦抛下，全力去收获快乐。

沈从文在"文革"期间，陷入了非人的境地。可他毫不在意，他在咸宁时给他的表侄、画家黄永玉写信说："这里的荷花真好，你若来……"身陷苦难却仍为荷花的盛开欣喜赞叹不已，这是一种趋于澄明的境界，一种旷达洒脱的胸襟，一种面临磨难坦荡从容的气度，一种对生活童子般的热爱和对美好事物无限向往的生命情感。

由此可见，影响一个人快乐的，有时并不是困境及磨难，而是一个人的心态。如果把自己浸泡在积极、乐观、向上的心态中，快乐必然会//占据你的每一天。

（节选自《态度创造快乐》）

作品 38 号

泰山极顶看日出，历来被描绘成十分壮观的奇景。有人说：登泰山而看不到日出，就像一出大戏没有戏眼，味儿终究有点寡淡。

我去爬山那天，正赶上个难得的好天，万里长空，云彩丝儿都不见。素常，烟雾腾腾的山头，显得眉目分明。同伴们都欣喜地说："明天早晨准可以看见日出了。"我也是抱着这种想头，爬上山去。

一路从山脚往上爬，细看山景，我觉得挂在眼前的不是五岳独尊的泰山，却像一幅规模惊人的青绿山水画，从下面倒展开来。在画卷中最先露出的是山根底那座明朝建筑岱宗坊，慢慢地便现出王母池、斗母宫、经石峪。山是一层比一层深，一叠比一叠奇，层层叠叠，不知还会有多深多奇，万山丛中，时而点染着极其工细的人物。三母池旁的吕祖殿里有不少尊明塑，塑着吕洞宾等一些人，姿态神情是那样有生气，你看了，不禁会脱口赞叹说："活啦。"

画卷继续展开，绿阴森森的柏洞露面不太久，便来到对松山。两面奇峰对峙着，满山峰都是奇形怪状的老松，年纪怕都有上千岁了，颜色竟那么浓，浓得好像要流下来似的。来到这儿，你不妨权当一次画里的写意人物，坐在路旁的对松亭里，看看山色，听听流//水和松涛。

一时间，我又觉得自己不仅是在看画卷，却又像是在零零乱乱翻着一卷历史稿本。

（节选自杨朔《泰山极顶》）

作品39号

育才小学校长陶行知在校园看到学生王友用泥块砸自己班上的同学，陶行知当即喝止了他，并令他放学后到校长室去。无疑，陶行知是要好好教育这个"顽皮"的学生。那么他是如何教育的呢？

放学后，陶行知来到校长室，王友已经等在门口准备挨训了。可一见面，陶行知却掏出一块糖果送给王友，并说："这是奖给你的，因为你按时来到这里，而我却迟到了。"王友惊疑地接过糖果。

随后，陶行知又掏出一块糖果放到他手里，说："这第二块糖果也是奖给你的，因为当我不让你再打人时，你立即就住手了，这说明你很尊重我，我应该奖你。"王友更惊疑了，他眼睛睁得大大的。

陶行知又掏出第三块糖果塞到王友手里，说："我调查过了，你用泥块砸那些男生，是因为他们不守游戏规则，欺负女生；你砸他们，说明你很正直善良，且有批评不良行为的勇气，应该奖励你啊！"王友感动极了，他流着眼泪后悔地喊道："陶……陶校长你打我两下吧！我砸的不是坏人，而是自己的同学啊……"

陶行知满意地笑了，他随即掏出第四块糖果递给王友，说："为你正确地认识错误，我再奖给你一块糖果，只可惜我只有这一块糖果了。我的糖果//没有了，我看我们的谈话也该结束了吧！"说完，就走出了校长室。

（节选自《教师博览·百期精华》中《陶行知的"四块糖果"》）

作品40号

享受幸福是需要学习的，当它即将来临的时刻需要提醒。人可以自然而然地学会感官的享乐，却无法天生地掌握幸福的韵律。灵魂的快意同器官的舒适像一对孪生兄弟，时而相傍相依，时而南辕北辙。

幸福是一种心灵的震颤。它像会倾听音乐的耳朵一样，需要不断地训练。

简而言之，幸福就是没有痛苦的时刻。它出现的频率并不像我们想象的那样少。人们常常只是在幸福的金马车已经驶过去很远时，才拣起地上的金鬃毛说，原来我见过它。

人们喜爱回味幸福的标本，却忽略它披着露水散发清香的时刻。那时候我们往往步履匆匆，瞻前顾后不知在忙着什么。

世上有预报台风的，有预报蝗灾的，有预报瘟疫的，有预报地震的。没有人预报幸福。

其实幸福和世界万物一样，有它的征兆。

191

幸福常常是朦胧的，很有节制地向我们喷洒甘霖。你不要总希望轰轰烈烈的幸福，它多半只是悄悄地扑面而来。你也不要企图把水龙头拧得更大，那样它会很快地流失。你需要静静地以平和之心，体验它的真谛。

幸福绝大多数是朴素的。它不会像信号弹似的，在很高的天际闪烁红色的光芒。它披着本色的外衣，亲//切温暖地包裹起我们。

幸福不喜欢喧嚣浮华，它常常在暗淡中降临。贫困中相濡以沫的一块糕饼，患难中心心相印的一个眼神，父亲一次粗糙的抚摸，女友一张温馨的字条……这都是千金难买的幸福啊。像一粒粒缀在旧绸子上的红宝石，在凄凉中愈发熠熠夺目。

（节选自毕淑敏《提醒幸福》）

作品 41 号

在里约热内卢的一个贫民窟里，有一个男孩子，他非常喜欢足球，可是又买不起，于是就踢塑料盒，踢汽水瓶，踢从垃圾箱里拣来的椰子壳。他在胡同里踢，在能找到的任何一片空地上踢。

有一天，当他在一处干涸的水塘里猛踢一个猪膀胱时，被一位足球教练看见了。他发现这个男孩儿踢得很像是那么回事，就主动提出要送给他一个足球。小男孩儿得到足球后踢得更卖劲了。不久，他就能准确地把球踢进远处随意摆放的一个水桶里。

圣诞节到了，孩子的妈妈说："我们没有钱买圣诞礼物送给我们的恩人，就让我们为他祈祷吧。"

小男孩儿跟随妈妈祈祷完毕，向妈妈要了一把铲子便跑了出去。他来到一座别墅前的花园里，开始挖坑。

就在他快要挖好坑的时候，从别墅里走出一个人来，问小孩儿在干什么，孩子治起满是汗珠的脸蛋儿，说："教练，圣诞节到了，我没有礼物送给您，我愿给您的圣诞树挖一个树坑。"

教练把小男孩儿从树坑里拉上来，说，我今天得到了世界上最好的礼物。明天你就到我的训练场去吧。

三年后，这位十七岁的男孩儿在第六届足球锦标赛上独进二十一球，为巴西第一次捧回了金杯。一个原来不//为世人所知的名字——贝利，随之传遍世界。

（节选自刘燕敏《天才的造就》）

作品 42 号

记得我十三岁时，和母亲住在法国东南部的耐斯城。母亲没有丈夫，也没有亲戚，够清苦的，但她经常能拿出令人吃惊的东西，摆在我面前。她从来不吃肉，一再说自己是素食者。然而有一天，我发现母亲正仔细地用一小块碎面包擦那给我煎牛排用的油锅。我明白了她称自己为素食者的真正原因。

我十六岁时，母亲成了耐斯市美蒙旅馆的女经理。这时，她更忙碌了。一天，她瘫在椅子上，脸色苍白，嘴唇发灰。马上找来医生，做出诊断：她摄取了过多的胰岛素。直到这时我才知道母亲多年一直对我隐瞒的疾病——糖尿病。

192

　　她的头歪向枕头一边，痛苦地用手抓挠胸口。床架上方，则挂着一枚我一九三二年赢得耐斯市少年乒乓球冠军的银质奖章。

　　啊，是对我的美好前途的憧憬支撑着她活下去，为了给她那荒唐的梦至少加一点真实的色彩，我只能继续努力，与时间竞争，直至一九三八年我被征入空军。巴黎很快失陷，我辗转调到英国皇家空军。刚到英国就接到了母亲的来信。这些信是由在瑞士的一个朋友秘密地转到伦敦，送到我手中的。

　　现在我要回家了，胸前佩带着醒目的绿黑两色的解放十字绶//带，上面挂着五六枚我终身难忘的勋章，肩上还佩带着军官肩章。到达旅馆时，没有一个人跟我打招呼。原来，我母亲在三年半以前就已经离开人间了。

　　在她死前的几天中，她写了近二百五十封信，把这些信交给她在瑞士的朋友，请这个朋友定时寄给我。就这样，在母亲死后的三年半的时间里，我一直从她身上吸取着力量和勇气——这使我能够继续战斗到胜利那一天。

（节选自[法]罗曼·加里《我的母亲独一无二》）

作品43号

　　生活对于任何人都非易事，我们必须有坚韧不拔的精神。最要紧的，还是我们自己要有信心。我们必须相信，我们对每一件事情都具有天赋的才能，并且，无论付出任何代价，都要把这件事完成。当事情结束的时候，你要能问心无愧地说："我已经尽我所能了。"

　　有一年的春天，我因病被迫在家里休息数周。我注视着我的女儿们所养的蚕正在结茧，这使我很感兴趣。望着这些蚕执著地、勤奋地工作，我感到我和它们非常相似。像它们一样，我总是耐心地把自己的努力集中在一个目标上。我之所以如此，或许是因为有某种力量在鞭策着我——正如蚕被鞭策着去结茧一般。

　　近五十年来，我致力于科学研究，而研究，就是对真理的探讨。我有许多美好快乐的记忆。少女时期我在巴黎大学，孤独地过着求学的岁月；在后来献身科学的整个时期，我丈夫和我专心致志，像在梦幻中一般，坐在简陋的书房里艰辛地研究，后来我们就在那里发现了镭。

　　我永远追求安静的工作和简单的家庭生活。为了实现这个理想，我竭力保持宁静的环境，以免受人事的干扰和盛名的拖累。

　　我深信，在科学方面我们有对事业而不是//对财富的兴趣。我的唯一奢望是在一个自由国家中，以一个自由学者的身份从事研究工作。

　　我一直沉醉于世界的优美之中，我所热爱的科学也不断增加它崭新的远景。我认定科学本身就具有伟大的美。

（节选自[波兰]玛丽·居里《我的信念》，剑捷译）

作品44号

　　我为什么非要教书不可？是因为我喜欢当教师的时间安排表和生活节奏。七、八、九三个月给我提供了进行回顾、研究、写作的良机，并将三者有机融合，而善于回顾、研究和总结正是优秀教师素质中不可缺少的成分。

　　干这行给了我多种多样的"甘泉"去品尝，找优秀的书籍去研读，到"象牙塔"和实际世界里去发现。教学工作给我提供了继续学习的时间保证，以及多种途径、机遇和挑战。

然而，我爱这一行的真正原因，是爱我的学生。学生们在我的眼前成长、变化。当教师意味着亲历"创造"过程的发生——恰似亲手赋予一团泥土以生命，没有什么比目睹它开始呼吸更激动人心的了。

权利我也有了：我有权利去启发诱导，去激发智慧的火花，去问费心思考的问题，去赞扬回答的尝试，去推荐书籍，去指点迷津。还有什么别的权利能与之相比呢？

而且，教书还给我金钱和权利之外的东西，那就是爱心。不仅有对学生的爱，对书籍的爱，对知识的爱，还有教师才能感受到的对"特别"学生的爱。这些学生，有如冥顽不灵的泥块，由于接受了老师的炽爱才勃发了生机。

所以，我爱教书，还因为，在那些勃发生机的"特//别"学生身上，我有时发现自己和他们呼吸相通，忧乐与共。

（节选自[美]彼得·基·贝得勒《我为什么当教师》）

作品 45 号

中国西部我们通常是指黄河与秦岭相连一线以西，包括西北和西南的十二个省、市、自治区。这块广袤的土地面积为五百四十六万平方公里，占国土总面积的百分之五十七；人口二点八亿，占全国总人口的百分之二十三。

西部是华夏文明的源头。华夏祖先的脚步是顺着水边走的：长江上游出土过元谋人牙齿化石，距今约一百七十万年；黄河中游出土过蓝田人头盖骨，距今约七十万年。这两处古人类都比距今约五十万年的北京猿人资格更老。

西部地区是华夏文明的重要发源地，秦皇汉武以后，东西方文化在这里交汇融合，从而有了丝绸之路的驼铃声声，佛院深寺的暮鼓晨钟。敦煌莫高窟是世界文化史上的一个奇迹，它在继承汉晋艺术传统的基础上，形成了自己兼收并蓄的恢宏气度，展现出精美绝伦的艺术形式和博大精深的文化内涵。秦始皇兵马俑、西夏王陵、楼兰古国、布达拉宫、三星堆、大足石刻等历史文化遗产，同样为世界所瞩目，成为中华文化重要的象征。

西部地区又是少数民族及其文化的集萃地，几乎包括了我国所有的少数民族。在一些偏远的少数民族地区，仍保留//了一些久远时代的艺术品种，成为珍贵的"活化石"，如纳西古乐、戏曲、剪纸、刺绣、岩画等民间艺术和宗教艺术。特色鲜明、丰富多彩，犹如一个巨大的民族民间文化艺术宝库。

我们要充分重视和利用这些得天独厚的资源优势，建立良好的民族民间文化生态环境，为西部大开发作出贡献。

（节选自《中考语文课外阅读试题精选》中《西部文化和西部开发》）

作品 46 号

高兴，这是一种具体的被看得到摸得着的事物所唤起的情绪。它是心理的，更是生理的。它容易来也容易去，谁也不应该对它视而不见失之交臂，谁也不应该总是做那些使自己不高兴也使旁人不高兴的事。让我们说一件最容易做也最令人高兴的事吧，尊重你自己，也尊重别人，这是每一个人的权利，我还要说这是每一个人的义务。

快乐，它是一种富有概括性的生存状态、工作状态。它几乎是先验的，它来自生命本身的活力，来自宇宙、地球和人间的吸引，它是世界的丰富、绚丽、阔大、悠久的体现。快乐还是一种力量，是埋在地下的根脉。消灭一个人的快乐比挖掘掉一棵大树的根要难得多。

欢欣，这是一种青春的、诗意的情感。它来自面向着未来伸开双臂奔跑的冲力，它来自一种轻松而又神秘、朦胧而又隐秘的激动，它是激情即将到来的预兆，它又是大雨过后的比下雨还要美妙得多也久远得多的回味……

喜悦，它是一种带有形而上色彩的修养和境界。与其说它是一种情绪，不如说它是一种智慧、一种超拔、一种悲天悯人的宽容和理解，一种饱经沧桑的充实和自信，一种光明的理性，一种坚定//的成熟，一种战胜了烦恼和庸俗的清明澄澈。它是一潭清水，它是一抹朝霞，它是无边的平原，它是沉默的地平线，多一点儿、再多一点儿喜悦吧，它是翅膀，也是归巢。它是一杯美酒，也是一朵永远开不败的莲花。

（节选自王蒙《喜悦》）

作品 47 号

在湾仔，香港最热闹的地方，有一棵榕树，它是最贵的一棵树，不光在香港，在全世界，都是最贵的。

树，活的树，又不卖何言其贵？只因它老，它粗，是香港百年沧桑的活见证，香港人不忍看着它被砍伐，或者被移走，便跟要占用这片山坡的建筑者谈条件：可以在这儿建大楼盖商厦，但一不准砍树，二不准挪树，必须把它原地精心养起来，成为香港闹市中的一景。太古大厦的建设者最后签了合同，占用这个大山坡建豪华商厦的先决条件是同意保护这棵老树。

树长在半山坡上，计划将树下面的成千上万吨山石全部掏空取走，腾出地方来盖楼，把树架在大楼上面，仿佛它原本是长在楼顶上似的。建设者就地造了一个直径十八米、深十米的大花盆，先固定好这棵老树，再在大花盆底下盖楼。光这一项就花了两千三百八十九万港币，堪称是最昂贵的保护措施了。

太古大厦落成之后，人们可以乘滚动扶梯一次到位，来到太古大厦的顶层，出后门，那儿是一片自然景色。一棵大树出现在人们面前，树干有一米半粗，树冠直径足有二十多米，独木成林，非常壮观，形成一座以它为中心的小公园，取名叫"榕圃"。树前面//插着铜牌，说明原由。此情此景，如不看铜牌的说明，绝对想不到巨树根底下还有一座宏伟的现代大楼。

（节选自舒乙《香港：最贵的一棵树》）

作品 48 号

我们的船渐渐地逼近榕树了：我有机会看清它的真面目：是一棵大树，有数不清的丫枝，枝上又生根，有许多根一直垂到地上，伸进泥土里。一部分树枝垂到水面，从远处看，就像一棵大树斜躺在水面上一样。

现在正是枝繁叶茂的时节。这棵榕树好像在把它的全部生命力展示给我们看。那么多的绿叶，一簇堆在另一簇的上面，不留一点儿缝隙。翠绿的颜色明亮地在我们的眼前闪耀，似乎每一片树叶上都有一个新的生命在颤动，这美丽的南国的树！

船在树下泊了片刻，岸上很湿，我们没有上去。朋友说这里是"鸟的天堂"，有许多鸟在这棵树上做窝，农民不许人去捉它们。我仿佛听见几只鸟扑翅的声音，但是等到我的眼睛注意地看那里时，我却看不见一只鸟的影子，只有无数的树根立在地上，像许多根木桩。地是湿的，大概涨潮时河水常常冲上岸去。"鸟的天堂"里没有一只鸟，我这样想到。船开了，一个朋友拨着船，缓缓地流到河中间去。

第二天，我们划着船到一个朋友的家乡去，就是那个有山有塔的地方。从学校出发，我们又经过那"鸟的天堂"。

这一次是在早晨，阳光照在水面上，也照在树梢上。一切都//显得非常光明。我们的船也在树下泊了片刻。

起初四周围非常清静。后来忽然起了一声鸟叫。我们把手一拍，便看见一只大鸟飞了起来，接着又看见第二只，第三只。我们继续拍掌，很快地这个树林就变得很热闹了。到处都是鸟声，到处都是鸟影。大的，小的，花的，黑的，有的站在枝上叫，有的飞起来，在扑翅膀。

（节选自巴金《小鸟的天堂》）

作品 49 号

有这样一个故事。

有人问：世界上什么东西的气力最大？回答纷纭得很，有的说"象"，有的说"狮"，有人开玩笑似的说：是"金刚"，金刚有多少气力，当然大家全不知道。

结果，这一切答案完全不对，世界上气力最大的，是植物的种子。一粒种子所可以显现出来的力，简直是超越一切。

人的头盖骨，结合得非常致密与坚固，生理学家和解剖学者用尽了一切的方法，要把它完整地分出来，都没有这种力气。后来忽然有人发明了一个方法，就是把一些植物的种子放在要剖析的头盖骨里，给它以温度与湿度，使它发芽。一发芽，这些种子便以可怕的力量，将一切机械力所不能分开的骨骼，完整地分开了。植物种子的力量之大，如此如此。

这，也许特殊了一点儿，常人不容易理解。那么，你看见过笋的成长吗？你看见过被压在瓦砾和石块下面的一棵小草的生长吗？它为着向往阳光，为着达成它的生之意志，不管上面的石块如何重，石与石之间如何狭，它必定要曲曲折折地，但是顽强不屈地透到地面上来。它的根往土壤钻，它的芽往地面挺，这是一种不可抗拒的力，阻止它的石块，结果也被它掀翻，一粒种子的力量之大，//如此如此。

没有一个人将小草叫做"大力士"，但是它的力量之大，的确是世界无比。这种力是一般人看不见的生命力。只要生命存在，这种力就要显现。上面的石块，丝毫不足以阻挡。因为它是一种"长期抗战"的力；有弹性，能屈能伸的力；有韧性，不达目的不止的力。

（节选自夏衍《野草》）

作品 50 号

著名教育家班杰明曾经接到一个青年人的求救电话，并与那个向往成功、渴望指点的青年人约好了见面的时间和地点。

待那个青年如约而至时，班杰明的房门敞开着，眼前的景象却令青年人颇感意外——班杰明的房间里乱七八糟、狼藉一片。

没等青年人开口，班杰明就招呼道："你看我这房间，太不整洁了，请你在门外等候一分钟，我收拾一下，你再进来吧。"一边说着，班杰明就轻轻地关上了房门。

不到一分钟的时间，班杰明就又打开了房门并热情地把青年人让进客厅。这时，青年人的眼前展现出另一番景象——房间内的一切已变得井然有序，而且有两杯刚刚倒好的红酒，在淡淡的香水气息里还漾着微波。

可是，没等青年人把满腹的有关人生和事业的疑难问题向班杰明讲出来，班杰明就非常客气地说道："干杯。你可以走了。"

青年人手持酒杯一下子愣住了，既尴尬又非常遗憾地说："可是，我……我还没向您请教呢……"

"这些……难道还不够吗？"班杰明一边微笑着，一边扫视着自己的房间，轻言细语地说，"你进来又有一分钟了。"

"一分钟……一分钟……"青年人若有所思地说："我懂了，您让我明白了一分钟的时间可以做许//多事情，可以改变许多事情的深刻道理。"

班杰明舒心地笑了。青年人把杯里的红酒一饮而尽，向班杰明连连道谢后，开心地走了。

其实，只要把握好生命的每一分钟，也就把握了理想的人生。

（节选自纪广洋《一分钟》）

作品 51 号

有个塌鼻子的小男孩儿，因为两岁时得过脑炎，智力受损，学习起来很吃力。打个比方，别人写作文能写二三百字，他却只能写三五行。但即便这样的作文，他同样能写得很动人。

那是一次作文课，题目是《愿望》。他极其认真地想了半天，然后极认真地写，那作文极短。只有三句话：我有两个愿望，第一个是，妈妈天天笑眯眯地看着我说："你真聪明，"第二个是，老师天天笑眯眯地看着我说："你一点儿也不笨。"

于是，就是这篇作文，深深地打动了他的老师，那位妈妈式的老师不仅给了他最高分，在班上带感情地朗读了这篇作文，还一笔一画地批道：你很聪明，你的作文写得非常感人，请放心，妈妈肯定会格外喜欢你的，老师肯定会格外喜欢你的，大家肯定会格外喜欢你的。

捧着作文本，他笑了，蹦蹦跳跳地回家了，像只喜鹊。但他并没有把作文本拿给妈妈看，他是在等待，等待着一个美好的时刻。

那个时刻终于到了，是妈妈的生日——一个阳光灿烂的星期天：那天，他起得特别早，把作文本装在一个亲手做的美丽的大信封里，等着妈妈醒来。妈妈刚刚睁眼醒来，他就笑眯眯地走到妈妈跟前说："妈妈，今天是您的生日，我要//送给您一件礼物。"

果然，看着这篇作文，妈妈甜甜地涌出了两行热泪，一把搂住小男孩儿，搂得很紧很紧。

是的，智力可以受损，但爱永远不会。

（节选自张玉庭《一个美丽的故事》）

作品 52 号

小学的时候，有一次我们去海边远足，妈妈没有做便饭，给了我十块钱买午餐。好像走了很久，终于到海边了，大家坐下来便吃饭，荒凉的海边没有商店，我一个人跑到防风林外面去，级任老师要大家把吃剩的饭菜分给我一点儿。有两三个男生留下一点儿给我，还有一个女生，她的米饭拌了酱油，很香。我吃完的时候，她笑眯眯地看着我，短头发，脸圆圆的。

她的名字叫翁香玉。

每天放学的时候，她走的是经过我们家的一条小路，带着一位比她小的男孩儿，可能是弟弟。小路边是一条清澈见底的小溪，两旁竹阴覆盖，我总是远远地跟在她后面，夏日的午后特别炎热，走到半路她会停下来，拿手帕在溪水里浸湿，为小男孩儿擦脸。我也在后面停下来，把肮脏的手帕弄湿了擦脸，再一路远远跟着她回家。

后来我们家搬到镇上去了，过几年我也上了中学。有一天放学回家，在火车上，看见斜对面一位短头发、圆圆脸的女孩儿，一身素净的白衣黑裙。我想她一定不认识我了。火车很快到站了，我随着人群挤向门口，她也走近了，叫我的名字。这是她第一次和我说话。

她笑眯眯的，和我一起走过月台。以后就没有再见过//她了。

这篇文章收在我出版的《少年心事》这本书里。

书出版后半年，有一天我忽然收到出版社转来的一封信，信封上是陌生的字迹，但清楚地写着我的本名。

信里面说她看到了这篇文章心里非常激动，没想到在离开家乡，漂泊异地这么久之后，会看见自己仍然在一个人的记忆里，她自己也深深记得这其中的每一幕，只是没想到越过遥远的时空，竟然另一个人也深深记得。

（节选自苦伶《永远的记忆》）

作品 53 号

在繁华的巴黎大街的路旁，站着一个衣衫褴褛、头发斑白、双目失明的老人。他不像其他乞丐那样伸手向过路行人乞讨，而是在身旁立一块木牌，上面写着："我什么也看不见！"街上过往的行人很多，看了木牌上的字都无动于衷，有的还淡淡一笑，便姗姗而去了。

这天中午，法国著名诗人让·彼浩勒也经过这里。他看看木牌上的字，问盲老人："老人家，今天上午有人给你钱吗？"

盲老人叹息着回答："我，我什么也没有得到。"说着，脸上的神情非常悲伤。

让·彼浩勒听了，拿起笔悄悄地在那行字的前面添上了"春天到了，可是"几个字，就匆匆地离开了。

晚上，让·彼浩勒又经过这里，问那个盲老人下午的情况。盲老人笑着回答说："先生，不知为什么，下午给我钱的人多极了！"让·彼浩勒听了，摸着胡子满意地笑了。

"春天到了，可是我什么也看不见！"这富有诗意的语言，产生这么大的作用，就在于它有非常浓厚的感情色彩。是的，春天是美好的，那蓝天白云，那绿树红花，那莺歌燕舞，那流水人家，怎么不叫人陶醉呢？但这良辰美景，对于一个双目失明的人来说，只是一片漆黑。当人们想到这个盲老人，一生中竟连万紫千红的春天//都不曾看到，怎能不对他产生同情之心呢？

（节选自小学《语文》第六册中《语言的魅力》）

作品 54 号

有一次，苏东坡的朋友张鹗拿着一张宣纸来求他写一幅字，而且希望他写一点儿关于养生方面的内容。苏东坡思索了一会儿，点点头说："我得到了一个养生长寿古方，药只有四味，今天就赠给你吧。"于是，东坡的狼毫在纸上挥洒起来，上面写着："一曰无事以当贵，二曰早寝以当富，三曰安步以当车，四曰晚食以当肉。"

这哪里有药？张鹗一脸茫然地问。苏东坡笑着解释说，养生长寿的要诀，全在这四句里面。

所谓"无事以当贵"，是指人不要把功名利禄、荣辱过失考虑得太多，如能在情志上潇洒大度，随遇而安，无事以求，这比富贵更能使人终其天年。

"早寝以当富"，指吃好穿好、财货充足，并非就能使你长寿。对老年人来说，养成良好的起居习惯，尤其是早睡早起，比获得任何财富更加宝贵。

"安步以当车"，指人不要过于讲求安逸、肢体不劳，而应多以步行来替代骑马乘车，多运动才可以强健体魄，通畅气血。

"晚食以当肉"，意思是人应该用已饥方食、未饱先止代替对美味佳肴的贪吃无厌。他进一步解释，饿了以后才进食，虽然是粗茶淡饭，但其香甜可口会胜过山珍；如果饱了还要勉强吃，即使美味佳肴摆在眼前也难以//下咽。

苏东坡的四味"长寿药"，实际上是强调了情志、睡眠、运动、饮食四个方面对养生长寿的重要性，这种养生观点即使在今天仍然值得借鉴。

（节选自蒲昭和《赠你四味长寿药》）

作品 55 号

人活着，最要紧的是寻觅到那片代表着生命绿色和人类希望的丛林，然后选一高高的枝头站在那里观览人生，消化痛苦，孕育歌声，愉悦世界！

这可真是一种潇洒的人生态度，这可真是一种心境爽朗的情感风貌。

站在历史的枝头微笑，可以减免许多烦恼。在那里，你可以从众生相所包含的甜酸苦辣、百味人生中寻找你自己；你境遇中的那点儿苦痛，也许相比之下，再也难以占据一席之地；你会较容易地获得从不悦中解脱灵魂的力量，使之不致变得灰色。

人站得高些，不但能有幸早些领略到希望的曙光，还能有幸发现生命的立体的诗篇。每一个人的人生，都是这诗篇中的一个词、一个句子或者一个标点。你可能没有成为一个美丽的词，一个引人注目的句子，一个惊叹号，但你依然是这生命的立体诗篇中的一个音节、一个停顿、一个必不可少的组成部分。这足以使你放弃前嫌，萌生为人类孕育新的歌声的兴致，为世界带来更多的诗意。

最可怕的人生见解，是把多维的生存图景看成平面。因为那平面上刻下的大多是凝固了的历史——过去的遗迹；但活着的人们，活着却是充满着新生智慧的，由//不断逝去的"现在"组成的未来。人生不能像某些鱼类躺着游，人生也不能像某些兽类爬着走，而应该站着向前行，这才是人类应有的生存姿态。

（节选自[美]本杰明·拉什《站在历史的枝头微笑》）

作品 56 号

中国的第一大岛、台湾省的主岛台湾，位于中国大陆架的东南方，地处东海和南海之间，隔着台湾海峡和大陆相望。天气晴朗的时候，站在福建沿海较高的地方，就可以隐隐约约地望见岛上的高山和云朵。

台湾岛形状狭长，从东到西，最宽处只有一百四十多公里；由南至北，最长的地方约有三百九十多公里。地形像一个纺织用的梭子。

台湾岛上的山脉纵贯南北，中间的中央山脉犹如全岛的脊梁。西部为海拔近四千米的玉山山脉，是中国东部的最高峰。全岛约有三分之一的地方是平地，其余为山地。岛内有缎带般的瀑布，蓝宝石似的湖泊，四季常青的森林和果园，自然景色十分优美。西南部的阿里山和日月潭，台北市郊的大屯山风景区，都是闻名世界的游览胜地。

台湾岛地处热带和温带之间，四面环海，雨水充足，气温受到海洋的调剂，冬暖夏凉，四季如春，这给水稻和果木生长提供了优越的条件。水稻、甘蔗、樟脑是台湾的"三宝"。岛上还盛产鲜果和鱼虾。

台湾岛还是一个闻名世界的"蝴蝶王国"。岛上的蝴蝶共有四百多个品种，其中有不少是世界稀有的珍贵品种。岛上还有不少鸟语花香的蝴//蝶谷，岛上居民利用蝴蝶制作的标本和艺术品，远销许多国家。

（节选自《中国的宝岛——台湾》）

作品 57 号

对于中国的牛，我有着一种特别尊敬的感情。

留给我印象最深的，要算在田垄上的一次"相遇"。

一群朋友郊游，我领头在狭窄的阡陌上走，怎料迎面来了几头耕牛，狭道容不下人和牛，终有一方要让路。它们还没有走近，我们已经预计斗不过它，恐怕难免踩到田地泥水里，弄得鞋袜又泥又湿了。正踟蹰的时候，带头的一头牛，在离我们不远的地方停下来，抬起头看看，稍迟疑一下，就自动走下田去。一队耕牛，全跟着它离开阡陌，从我们身边经过。

我们都呆了，回过头来，看着深褐色的牛队，在路的尽头消失，忽然觉得自己受了很大的恩惠。

中国的牛，永远沉默地为人做着沉重的工作。在大地上，在晨光或烈日下，它拖着沉重的犁，低头一步又一步，拖出了身后一列又一列松土，好让人们下种。等到满地金黄或农闲时候，它可能还得担当搬运负重的工作；或终日绕着石磨，朝同一方向，走不计程的路。

在它沉默的劳动中，人便得到应得的收成。

那时候，也许，它可以松一肩重担，站在树下，吃几口嫩草。偶尔摇摇尾巴，摆摆耳朵，赶走飞附身上的苍蝇，已经算是它最闲适的生活了。

中国的牛，没有成群奔跑的习//惯，永远沉沉实实的，默默地工作，平心静气。这就是中国的牛！

（节选自小思《中国的牛》）

作品 58 号

不管我的梦想能否成为事实，说出来总是好玩儿的：

春天，我将要住在杭州。二十年前，旧历的二月初，在西湖我看见了嫩柳与菜花，碧浪与翠竹。由我看到的那点儿春光，已经可以断定，杭州的春天必定会教人整天生活在诗与图画之中。所以，春天我的家应当是在杭州。

夏天，我想青城山应当算作最理想的地方。在那里，我虽然只住过十天，可是它的幽静已拴住了我的心灵。在我所看见过的山水中，只有这里没有使我失望。到处都是绿，目之所及，那片淡而光润的绿色都在轻轻地颤动，仿佛要流入空中与心中似的。这个绿色会像音乐，涤清了心中的万虑。

秋天一定要住北平。天堂是什么样子，我不知道，但是从我的生活经验去判断，北平之秋便是天堂。论天气，不冷不热。论吃的，苹果、梨、柿子、枣儿、葡萄，每样都有若干种。论花草，菊花种类之多，花式之奇，可以甲天下。西山有红叶可见，北海可以划船——虽然荷花已残，荷叶可还有一片清香。衣食住行，在北平的秋天，是没有一项不使人满意的。

冬天，我还没有打好主意，成都或者相当得合适，虽然并不怎样和暖，可是为了水仙、素心腊梅，各色的茶花，仿佛就受一点儿寒//冷，也颇值得去了。昆明的花也多，而且天气比成都好，可是旧书铺与精美而便宜的小吃远不及成都那么多。好吧，就暂这么规定：冬天不住成都便住昆明吧。

在抗战中，我没能发国难财。我想，抗战胜利以后，我必能阔起来。那时候，假若飞机减价，一二百元就能买一架的话，我就自备一架，择黄道吉日慢慢地飞行。

（节选自老舍《住的梦》）

作品 59 号

我不由得停住了脚步。从未见过开得这样盛的藤萝，只见一片辉煌的淡紫色，像一条瀑布，从空中垂下，不见其发端，也不见其终极，只是深深浅浅的紫，仿佛在流动，在欢笑，在不停地生长。紫色的大条幅上，泛着点点银光，就像迸溅的水花。仔细看时，才知那是每一朵紫花中的最浅淡的部分，在和阳光互相挑逗。

这里除了光彩，还有淡淡的芳香。香气似乎也是浅紫色的，梦幻一般轻轻地笼罩着我。忽然记起十多年前，家门外也曾有过一大株紫藤萝，它依傍一株枯槐爬得很高，但花朵从来都稀落，东一穗西一串伶仃地挂在树梢，好像在察颜观色，试探什么。后来索性连那稀零的花串也没有了。园中别的紫藤花架也都拆掉，改种了果树。那时的说法是，花和生活腐化有必然关系。我曾遗憾地想：这里再看不见藤萝花了。

过了这么多年，藤萝又开花了，而且开得这样盛，这样密，紫色的瀑布遮住了粗壮的盘虬卧龙般的枝干，不断地流着，流着，流向人的心底。

花和人都会遇到各种各样的不幸，但是生命的长河是无止境的。我抚摸了一下那小小的紫色的花舱，那里满装了生命的酒酿，它张满了帆，在这//闪光的花的河流上航行。它是万花中的一朵，也正是由每一个一朵，组成了万花灿烂的流动的瀑布。

在这浅紫色的光辉和浅紫色的芳香中，我不觉加快了脚步。

（节选自宗璞《紫藤萝瀑布》）

作品60号

在一次名人访问中，被问及上个世纪最重要的发明是什么时，有人说是电脑，有人说是汽车，等等。但新加坡的一位知名人士却说是冷气机。他解释，如果没有冷气，热带地区如东南亚国家，就不可能有很高的生产力，就不可能达到今天的生活水准。他的回答实事求是，有理有据。

看了上述报道，我突发奇想：为什么没有记者问："二十世纪最糟糕的发明是什么?"其实二〇〇二年十月中旬，英国的一家报纸就评出了"人类最糟糕的发明"。获此"殊荣"的，就是人们每天大量使用的塑料袋。

诞生于上个世纪三十年代的塑料袋，其家族包括用塑料制成的快餐饭盒、包装纸、餐用杯盘、饮料瓶、酸奶杯、雪糕杯等等。这些废弃物形成的垃圾，数量多、体积大、重量轻、不降解，给治理工作带来很多技术难题和社会问题。

比如，散落在田间、路边及草丛中的塑料餐盒，一旦被牲畜吞食，就会危及健康甚至导致死亡。填埋废弃塑料袋、塑料餐盒的土地，不能生长庄稼和树木，造成土地板结，而焚烧处理这些塑料垃圾，则会释放出多种化学有毒气体，其中一种称为二噁英的化合物，毒性极大。

此外，在生产塑料袋、塑料餐盒的//过程中使用的氟利昂，对人体免疫系统和生态环境造成的破坏也极为严重。

（节选自林光如《最糟糕的发明》）

参考文献

[1] 虞上朔，杜爱贤．普通话口语交际．上海：上海交通大学出版社，2011．
[2] 王虹．中职生口语交际实训．北京：高等教育出版社，2010．
[3] 张严明，袁蕾．普通话口语表达技能教程．郑州：郑州大学出版社，2007．
[4] 赵林森．口语表达训练教材．北京：语文出版社．1985．
[5] 谢化浩．演讲态热势表达技巧，演讲写作技巧．北京：石油工业出版社，2004．
[6] 李珉．普通话口语交际．北京：高等教育出版社，2010．
[7] 新浪网·新浪教育
[8] 《演讲与口才》杂志